Lersch/von Haugwitz
Leben mit Zwillingen!

Die Autoren

Petra Lersch, Psychologin und Mutter von eineiigen Zwillingsbrüdern und einer Tochter, weiß aus eigener Erfahrung, wie turbulent und kunterbunt ein Leben mit Zwillingen sein kann, aber auch wie intensiv und doppelt beglückend. Seit 1999 gibt sie ihre Erfahrungen gemeinsam mit Dorothee von Haugwitz in Kursen für Zwillingsschwangere und werdende Zwillingseltern weiter.

Dorothee von Haugwitz, Hebamme und Mutter eines Sohnes, ist selbst Zwillingsschwester. Sie ist freiberuflich in der Geburtshilfe, Vor- und Nachsorge tätig und gibt Kurse für Schwangere. Aus langjähriger Erfahrung weiß sie, dass gerade Zwillingsgeburten in vielerlei Hinsicht oft unnötig angstbesetzt sind. Seit 1999 hat sie sich auf die Betreuung von Zwillingsfamilien spezialisiert.

Petra Lersch
Dorothee von Haugwitz

Leben mit Zwillingen!

Gut durch Trotzalter, Kindergarten und Grundschule

44

Heute noch gemeinsam im Sand ...
In großen Schritten entwickeln sich die Zwillinge weiter. Lesen Sie in den Elternthemen, wie Sie mit den doppelten Trotzköpfen umgehen können und das „Sauberwerden" unterstützen.

... und schon in der Schule

Ihre Zwillinge entdecken ihre eigenen
Interessen und gehen öfter getrennte
Wege – ein spannender Spagat. In den
Elternthemen finden Sie Wichtiges über
Einschulung und Wahl der weiterführen-
den Schule.

Vorwort

Ein Jahr ist vergangen, seit unser erstes Buch „Zwillinge – Gut durch Schwangerschaft, Geburt und erstes Lebensjahr" erschienen ist. Viele Eltern, die unseren Geburtsvorbereitungskurs besucht hatten und uns bei der Erstellung des ersten Bandes mit ihren Erfahrungen und Erinnerungen so wunderbar geholfen haben, fragten immer wieder nach, wann denn nun ein Buch käme, das auch ihre älter gewordenen Zwillinge betrifft.

Fragen, die Zwillingseltern speziell betreffen, und Situationen, die sie im Leben mit ihren Kindern anders erleben, gibt es viele. Und so entstand dieser zweite Band, der sich mit dem Leben mit Zwillingen bis zum Ende der Grundschulzeit beschäftigt.

Seit Oktober 1999 haben wir in unseren Geburtsvorbereitungskursen „Schwanger-mit-Zwillingen" über 400 Familien betreut. Die ältesten Kinder besuchen heute weiterführende Schulen. Wieder konnten wir auf den Erfahrungsschatz vieler Familien zurückgreifen. Unsere eigenen Erfahrungen als Mutter von jetzt 15-jährigen eineiigen Zwillingen mit einer jüngeren „Einlingstochter" und als zweieiige Zwillingsschwester und Hebamme, die viele Zwillingsfamilien auch nach der Geburt betreut hat, fließen ebenso mit ein.

Es gibt so vieles, was man über Zwillinge in Kindergarten und Grundschule schreiben könnte. Um das zu thematisieren, was Zwillingseltern auch wirklich wissen wollen, haben wir viele Familien befragt, zu welchen Themen sie gerne Anregungen und Hilfestellung hätten. Daraus ist dieses Buch entstanden, das Sie in vier Kapiteln durch das spannende Leben mit Ihren Zwillingen im zweiten Lebensjahr, in der Kindergartenzeit, im Vorschulalter und schließlich in der Grundschule bis hin zum Wechsel auf die weiterführende Schule führt. In jedem Teil finden Sie Informationen zur Entwicklung der beiden, darüber, wie sich die Beziehung der Kinder zueinander und zu anderen im Laufe der Zeit entwickelt und verändert, ebenso wie spezielle Tipps für den Alltag in den einzelnen Altersstufen. Jedes Alter hat seine speziellen Herausforderungen. Sei es das Trotzen oder das „Sauberwerden" mal zwei oder Fragen zum Thema Einschulung und Schulwahl – unsere Elternthemen, die Beiträge von Experten und die persönlichen Erlebnisberichte anderer Zwillingseltern bieten Ihnen hoffentlich die Denkanstöße und Hilfen, die Sie von einem Ratgeber erwarten.

Wir wünschen Ihnen, dass Sie das Leben mit Ihren Zwillingen genießen, auch wenn Sie manchmal seufzen bei zwei Stur-Köpfen, die – wenn es darauf ankommt – wie Pech und Schwefel gegen den Rest der Welt zusammenhalten. Vieles bleibt einfach eine Frage der Perspektive. Und so möchten wir Ihnen das Originalzitat eines Zwillings, kurz bevor dieser zweite Band in den Druck ging, mit auf den Weg geben: „Mama, schreib doch, dass es toll ist, Zwillinge zu haben. Dann hat man nämlich zwei, die immer helfen können!"

Petra Lersch und Dorothee von Haugwitz

Ein Danke

Dieses Buch ist mehr oder minder direkt im Anschluss an den ersten Band entstanden. Unsere Familien haben nach einer kurzen Erholungspause, in der sie wieder etwas mehr von uns hatten, weiterhin sehr viel Geduld und Einfühlungsvermögen gezeigt. Andreas, Elsbeth, Jan, Lars, Leon, Marianne und Rike haben uns zugehört, wenn die Sätze nicht fließen wollten, mit uns diskutiert, wenn wir dies brauchten, und uns an manchen Tagen und Abenden einfach gut umsorgt. Ohne sie alle hätten wir dies nicht geschafft!

Rike hatte die Idee, dass auch Geschwister einmal zu Wort kommen sollten. Beharrlich hat sie dafür gesorgt, dass diese Idee aufgegriffen wurde, und wir sind sicher, dass dieser andere Blickwinkel für viele interessant ist.

Viele, viele Zwillingsfamilien haben uns mit Rat und Tat unterstützt, ob als Models beim Fotoshooting, beim Ausfüllen diverser Fragebögen, durch Elternbeiträge oder durch Fragen und Diskussionen per Mail, am Telefon oder über andere Medien. Wir danken allen dafür und hoffen, all Eure Fragen gut beantwortet zu haben!

Frau Dr. Stegmann, Frau Dr. Watzlawik und Herrn Professor Spinath danken wir sehr herzlich für ihr Engagement. Die persönlichen Gespräche, für die sich alle viel Zeit genommen haben, waren sehr bereichernd für uns und haben uns neue Perspektiven eröffnet. Wir freuen uns, dass sie sich die Zeit für einen Expertenbeitrag in diesem Buch genommen haben, und hoffen auf viele weitere interessante Diskussionen!

Unser Dank gilt auch Frau Klabunn von der Lebenshilfe e. V. in Bonn, die mit viel Feingefühl dem Thema „Ein Zwilling ist behindert" mit auf den Weg geholfen hat.

Das Team des Trias-Verlages hat uns wieder in wunderbarer Weise unterstützt. Wir haben die fruchtbare Zusammenarbeit sehr genossen und bedanken uns für die Möglichkeit, gleich zwei Bücher in diesem Verlag zu veröffentlichen!

Petra Lersch und Dorothee von Haugwitz

Gemeinsam durch das zweite Jahr

Jedes Kind hat sein individuelles Entwicklungstempo. Dies ist bei Zwillingen nicht anders und eine spannende Herausforderung für Sie: Sie erleben tagtäglich Ihre zeitnah geborenen Kinder, die sich gegenseitig beeinflussen und sich dabei jedoch auch in ihrem eigenen Tempo entwickeln.

Die wichtigsten Meilensteine im zweiten Lebensjahr

Von pausbackigen Säuglingen zu properen Kleinkindern

Bis zum zweiten Geburtstag
- sind die Kinder zwischen 86 und 97 cm groß,
- wiegen zwischen 10 und 14 kg,
- tragen Kleidergröße 86 bis 92 und Schuhe in Größe 24 und
- haben, außer den Backenzähnen, alle Milchzähne.

Die ersten Erinnerungen
- Menschen und Orte werden wiedererkannt.
- Vorstellung von Mengen und Räumen entwickelt sich.
- Die Erinnerung regt an, Ordnung zu schaffen.

Vom „Strampler zum Jumper"

Die Kinder gehen auf Entdeckungstour
- im freihändigen Laufen vorwärts und rückwärts,
- beim Treppensteigen,
- beim Klettern auf eigenen Füßen genauso
- wie auf vier Rädern.

Hände sind zum Greifen da

Gegenstände können einhändig und beidhändig bewegt werden
- zum Türmebauen oder Klötzesortieren,
- zum Aufheben und Loslassen und
- mit Pinzetten- oder Zangengriff.

Soziale Wesen

Das Interesse am anderen wächst:
- Das Parallelspiel wird zum Sozialspiel.
- Verhaltensweisen wie Winken werden nachgeahmt.
- Empathie entwickelt sich.

Entdecken des eigenen „ICH"

Die Kinder
- erkennen sich selbst im Spiegel,
- benennen sich mit dem eigenen Namen und
- entwickeln ein Selbstbewusstsein und wollen alles alleine machen.
- Der Grundstein für das kommende Trotzverhalten ist gelegt.

Das erste Frage-Alter

Durch Nachahmung entstehen die ersten Wörter. Nach „Mama" und „Papa" folgt „Was'n?" – mit dieser Frage wird die Umwelt erkundet und der Wortschatz explodiert regelrecht.

Endlich durchschlafen

Mit einem Einschlafritual kommen auch die abenteuerlustigsten Kinder zur Ruhe und schaffen es meistens, nachts durchzuschlafen.

Entwicklung – Miteinander groß werden

Kinder wollen sich entwickeln, sie wollen wachsen, lernen, die Welt entdecken und Abenteuer erleben. Das liegt in der Natur der Dinge, das ist ihre Bestimmung. Dabei hat jedes Kind, ob Zwilling oder Einling, seine Vorlieben und seinen eigenen Zeitplan. Viele Studien belegen, dass Altersangaben zu Entwicklungsschritten nur vorsichtige Richtwerte sein können.

Körperliche Entwicklung

Ihre Kinder haben sich von zunächst zarten, dann vielleicht pausbackigen Säuglingen zu properen Kleinkindern entwickelt, die mit großer Neugier und wunderbaren Ideen miteinander die Welt entdecken wollen.

Zweieiige Zwillinge ähneln sich dabei in ihrer Entwicklung wie Geschwister, die zu unterschiedlichen Zeiten geboren sind. Eineiige Zwillinge gehen ihre Entwicklungsschritte meist gemeinsam oder nur wenig zeitversetzt, da sie genetisch zu 100 Prozent übereinstimmen. Die beiden wachsen im zweiten Lebensjahr ein riesiges Stück, bis zum zweiten Geburtstag bringen es Ihre Kinder auf stolze 86–97 cm. Notieren Sie sich diese Maße, denn ihre Kinder haben jetzt etwa die Hälfte ihrer endgültigen Körpergröße erreicht. Kinder wiegen bis zu ihrem zweiten Geburtstag annähernd 10 bis 14 kg. Lassen sie die beiden also ruhig auf ihren kräftigen Beinen laufen.

Beide – womöglich auch noch gleichzeitig – zu tragen, ist nun wirklich zu schwer.

Mädchen und Jungen unterscheiden sich in ihrem Wachstum im zweiten Lebensjahr noch nicht sonderlich. Auch hier gilt: Zweieiige Zwillinge wachsen so individuell wie zu unterschiedlichen Zeiten geborene Geschwister. Eineiige Zwillinge werden sehr ähnliche Wachstumskurven aufweisen.

Die Kinder tragen mittlerweile Kleidung in Größe 86/92 und wandeln auf schon großen Füßen durch die Welt. Bei einer Fußlänge von etwa 14,5 cm brauchen die beiden Schuhe in Größe 24. Das vollständige Milchzahngebiss von insgesamt 20 Zähnen lässt noch auf sich warten. Meist fehlen noch auf jeder Seite die vier Backenzähne. Diese sind üblicherweise bis zum Ende des dritten Lebensjahres komplett durchgebrochen.

Kognitive Entwicklung

Ihre Kinder erkunden jetzt immer eigenständiger und ideenreicher ihre Umgebung. Sie wollen sich nicht nur in der Welt zurechtfinden, sie wollen sie auch verstehen. Dazu erweitert sich ihr Erinnerungsvermögen. Menschen, die sie getroffen haben, können sie nun wiedererkennen, genauso wie Orte, die sie besucht haben. Die wachsenden motorischen und sprachlichen Fähigkeiten erlauben den beiden immer ausgefeiltere Experimente und Expeditionen, um die Welt zu entdecken.

Mit eigenen Ideen die Welt entdecken

Im zweiten Lebensjahr entwickelt sich die Vorstellungskraft. Ihre Kinder können sich für ein bestimmtes Ziel interessieren und sich vorstellen, wie sie dieses am besten erreichen. Haben sie sich für ein interessantes „Forschungsprojekt" entschieden, verfolgen sie die Durchführung ihres Plans, ohne sich davon ablenken zu lassen. „Wie viele Maiskörner passen wohl in die aufgeschraubte Taschenlampe?" oder „Lässt sich auch eine Mandarine in der Toilette herunterspülen?" sind nur zwei spannende Fragen, die es zu beantworten gilt. Ihre Zwillinge sind auf Entdeckungstour und dabei unterstützen sie sich gegenseitig aus Leibeskräften. Mit der ebenfalls neu gewonnenen Mobilität, der Fähigkeit, freihändig zu laufen und Stufen zu erklimmen, und mit wachsender Selbstständigkeit erkunden sie ihre Umgebung. Alle Räume, alle Etagen und das Außengelände werden inspiziert.

Ihre Kinder sind zunehmend in der Lage, sich auch draußen zu orientieren. Plätze, die sie vor nicht allzu langer Zeit besucht haben, erkennen sie wieder. Die beiden trauen sich zu zweit mehr zu als ein einzelnes Kind, sodass es auch schon mal passieren kann, dass Sie die beiden Abenteurer kurz aus den Augen verlieren.

Jetzt wird Ordnung groß-geschrieben

Mit geübten Griffen werden alle spannenden und noch so filigranen Dinge aufgehoben, genauestens untersucht und sortiert. Ihre Kinder lieben es in diesem Alter, Dinge zu ordnen. Bauklötze, Perlen, Stifte werden nach Größe, Formen oder Farbe sortiert.

Ihre Kinder entwickeln mit zwei Jahren nicht nur ein räumliches Verständnis, sie bekommen auch eine Vorstellung von Mengen. So können sie schon unterscheiden zwischen „ein" und „viele". Beliebt sind Spiele, bei denen Gegenstände in unterschiedlichen Formen und Größen in unterschiedliche Behälter sortiert werden.

Die Ordnungsliebe in diesem Alter geht so weit, dass Sie möglicherweise Szenen wie die folgende beobachten können: Lisa und Marie spielen im Garten. Plötzlich beginnt Marie bitterlich zu weinen und deutet in eine bestimmte Richtung. Lisa unterbricht ihr Spiel, beobachtet Marie und geht zielsicher zu einer im Gras liegenden roten Schaufel. Sie nimmt die Schaufel und wirft sie ordnungsgemäß in den Sandkasten, wo die Schaufel hingehört. Marie ist zufrieden und beide setzen ihr Spiel fort.

Das Gedächtnis läuft auf Hochtouren

Ihre Kinder schauen jetzt gerne, alleine oder gemeinsam, Bilderbücher an. Sie können nicht nur die Buchseiten selber umblättern, sondern erkennen Bilder wieder. Am Ende des zweiten Lebensjahres bemerken sie den Unterschied zwischen einem Bild und einem Gegenstand. Fragen Sie eines Ihrer Kinder: „Wo ist denn dein rotes Auto?", wird es sich aufmachen und danach suchen.

Vertraute Personen werden jetzt sicher erkannt und sogar mit ihren Namen angesprochen. Dabei können Zweijährige noch nicht richtig artikulieren, aber sie verwenden für eine Person immer die gleiche Namensschöpfung. Manchmal ergeben sich aus dieser Zeit Kosenamen, die ein Leben lang halten. Und so heißt die liebe Frau Freitag auch später bei allen immer noch „Weiag". Ihre Kinder reagieren jetzt auf den eigenen Namen.

Sprechen Sie beide einzeln an und vermeiden Sie Mischnamen. „Lisamarie, kommt bitte!" unterstützt ihre Individualität nicht, „Lisa, komm bitte, und Marie, komm du bitte auch" dagegen sehr.

Motorische Entwicklung

Ihre Zwillinge entwickeln sich regelrecht vom „Strampler zum Jumper". Täglich erweitern sie ihren Aktionsradius. Neugierde und eine natürliche Freude an Bewegung spornen an, immer wieder zu üben, um erworbene Fähigkeiten zu verbessern und sicherer zu werden.

Die motorische Entwicklung der beiden können Sie nicht beschleunigen. Das Laufenlernen entwickelt sich durch einen Reifungsprozess, der nach inneren Gesetzmäßigkeiten abläuft. Oft kann der eine Zwilling schon freihändig laufen und sein Geschwister tut es ihm nur eine Woche später nach. Oder der eine lernt Treppensteigen und nur wenig später steigen sie die Stufen gemeinsam. Es kann aber durchaus auch sein, dass das eine Kind schon mit neun Monaten, das andere erst mit siebzehn Monaten läuft. Eineiige Zwillinge entwickeln sich normalerweise in sehr viel ähnlicheren Zeitabschnitten als zweieiige.

Sie werden bei Ihren Zwillingen schon früh entdeckt haben, welches Ihrer Kinder eher zu den „Entdeckern" und welches zu den „Denkern" gehört. Und trotzdem lernen beide Laufen, jeder in seinem eigenen Tempo.

Bewegung kommt ins Spiel

Haben die beiden noch vor wenigen Wochen den aufrechten Stand erprobt und sich am Rand des Laufstalles entlang gehangelt, können sie mit zwei Jahren freihändig vorwärts rennen und rückwärtsgehen. Sie verfügen über eine immer bessere Körperkontrolle. Sie werden staunen, wie gut die beiden schon Fußball spielen können und nicht mehr auf den Po fallen, wenn sie den Ball kicken.

Nichts wird unversucht gelassen, um sich nach oben zu orientieren. Unterschätzen Sie Ihre Zweijährigen nicht. Sie können bereits auf einen Stuhl klettern und etwas Interessantes vom Tisch holen oder die ersten Sprossen einer Leiter erklimmen. Machen Sie Ihre Wohnung deshalb unbedingt kindersicher, bedenken Sie: Vier Arme, vier Beine und zwei Köpfe sind in der Umsetzung von Vorhaben doppelt kreativ! Und während Sie dem einen vielleicht gerade eine frische Windel anziehen, klettert der andere schnell auf den Küchentisch.

Unser Tipp

Schaffen Sie für jedes Ihrer Kinder ein eigenes Gefährt an. Die beiden sind überfordert, wenn sie hier teilen, warten und abwechseln lernen sollen.

Schaffen Sie nach Möglichkeit Bewegungsfreiräume für Ihre Kinder. Sie unterstützen damit die Entwicklung des Körperbewusstseins. Ihre Kinder lernen, eigene Fähigkeiten einzuschätzen. Lassen Sie die beiden mit einem altersentsprechenden Gefährt nach draußen. Ein Bobby Car ist bei Zweijährigen äußerst beliebt, auch das Folgemodell Dreirad oder bald auch ein Laufrad bieten spannende und anregende Spiel- und Bewegungsmöglichkeiten.

Auf Entdeckertour

Sich mit beiden Füßen fortbewegen, bremsen oder ausweichen schult das Gleichgewicht und die Reaktionsfähigkeit. Die Übung mit dem Laufrad schafft so wichtige Voraussetzungen für das spätere Erlernen des Fahrradfahrens. Das Ganze wird zum Abenteuer, wenn der Weg nicht nur über eine glatte Fahrbahn, sondern durch Wasserlachen und über den Strand führt.

Feinmotorische Entwicklung

Ihre Kinder entwickeln eine erstaunliche Geschicklichkeit mit den Händen, sie können mit verschiedenen Techniken greifen. Ob nun ein Papierschnipsel mit dem Pinzettengriff aufgehoben wird oder man zum Tragen des dicken Stoffbären besser mit beiden Händen zupackt, können beide immer besser einschätzen. Auch das Loslassen funktioniert jetzt ganz gezielt. So werden die beiden zu wahren Baumeistern. Sie türmen schon mehrere Bauklötze aufeinander und entdecken zum Bauen die Horizontale. Klötze, Autos oder schlichte Taschentücherpäckchen werden aneinandergereiht.

Ihre Zwillinge sortieren mit wachsender Begeisterung kleine Gegenstände in Behälter, um diese ebenso begeistert wieder auszukippen. Bald hantieren sie beidhändig und können dicke Holzperlen auf eine Schnur fädeln, Schraubverschlüsse öffnen und Stiftkappen abziehen. Was meist ohne Probleme klappt, ist das Auspacken eines Bonbons, und dass ein Bonbon in den Mund gehört, wissen die Kleinen schon ganz genau.

Selbstständigkeit ist angesagt. Ihre Kinder wollen am liebsten alles selber machen oder zumindest bei alltäglichen „Arbeiten" helfen. Wenn es um das Anziehen geht, holen sie bereitwillig ihre Schuhe und können schon Reißverschlüsse und Knöpfe öffnen. Das Ausziehen, vor allem von Socken und Gummibundhosen, geht allerdings noch wesentlich leichter als das Anziehen. Bei Tisch wollen beide am liebsten alleine essen. Jedes Kind nimmt gerne einen eigenen Löffel und zur Unterstützung seine andere Hand dazu.

Unser Tipp

Wenn Sie einen pflegeintensiven Fußboden unter dem Essplatz haben, schützen Sie ihn für die kommenden Wochen mit einer abwaschbaren Folie.

Links oder rechts – die Händigkeit zeigt sich

Die meisten Menschen sind „Einhänder" und benutzen für anspruchsvollere Aufgaben, wie das Schreiben, bevorzugt eine Hand. Bei 80–85 Prozent der Weltbevölkerung ist dies die rechte Hand. Die Vorliebe für eine Hand ist bei Zwillingen, auch bei eineiigen, nicht gleich. Ein Rechts- und ein Linkshänder als Kombination kommt bei Zwillingen genauso häufig vor wie bei unterschiedlich alten Geschwistern.

Diese sogenannte „Händigkeit" ist unabänderlich und vermutlich abhängig von der dominanten Gehirnhälfte. Deshalb sollte nie versucht werden, aus einem Linkshänder einen Rechtshänder zu machen. Der Versuch einer „Umschulung" bewirkt stets das Gegenteil der guten Absicht. Linkshändige Kinder werden dadurch allenfalls zu ungeschickten Rechtshändern, die niemals die Geschicklichkeit und Fertigkeit haben werden, die mit ihrer dominanten linken Hand möglich wäre.

Beobachten Sie Ihre Kinder gut, vielleicht haben Sie schon früh eine Präferenz bemerkt. Manche Kinder bevorzugen schon ab dem sechsten Lebensmonat eine Hand, mit der sie nach dem Spielzeug greifen. In der Regel wird die konstante Bevorzugung einer Hand mit ein bis zwei Jahren deutlich, ist aber noch nicht festgelegt.

Nehmen Sie keinen Einfluss auf den Handgebrauch ihrer Kinder, sondern lassen Sie sie selbst ausprobieren, welches ihre dominante Hand ist. Sie können die bevorzugte Seite gut herausfinden, indem Sie Gegenstände, die Sie Ihren Kindern anreichen, immer in die Mitte halten und beobachten, welche Hand das Kind benutzt. Es gibt Menschen, die mit beiden Händen gleichermaßen gut zurechtkommen. Beidhänder üben aber auf Dauer bestimmte Tätigkeiten mehr mit der einen oder der anderen Hand aus.

Gefühl und Mitgefühl

Ihre Kinder können ihre Gefühle immer besser ausdrücken. Sie zeigen deutlich, ob sie traurig sind, sich freuen oder Angst haben. Sie fordern aktiv Unterstützung und Trost ein, wenn sie sich beispielsweise wehgetan haben. Auch lernen sie in diesem Alter, die Gefühle anderer zu erkennen und zu verstehen. Sie entwickeln soziale Kompetenz. Zwillingsschwester oder Zwillingsbruder sind auch hier zum Üben bestens geeignet.

Gefühle entwickeln sich

Schon von Geburt an können Neugeborene Gefühle wahrnehmen und äußern. Vom Schreien anderer Babys lassen sie sich anstecken, sie schreien mit, weil sie sich selbst betroffen fühlen. Im zweiten Lebensjahr können sie Emotionen wie Ärger, Zuneigung, Eifersucht und Schuldgefühle deutlich in Mimik und Gestik und zunehmend verbal äußern. Sobald sich ein ausgeprägtes Ich-Bewusstsein entwickelt hat, wird Kindern bewusst, dass auch ihre Mitmenschen Gefühle haben und diese äußern. Kinder können Gefühle jetzt nicht nur mitempfinden, sondern auch am Gegenüber wahrnehmen. Sie verstehen, dass es nicht ihnen selbst, sondern dem anderen schlecht geht, sie entwickeln Empathie.

Natürlich können sie sich noch nicht gedanklich in jemanden hineinversetzen, aber sie schwingen emotional mit. Sie werden Ihre Kinder jetzt häufiger im Spiel mit Puppen und Stofftieren erleben, die sie einfühlsam umsorgen, füttern und pflegen.

Was Einzelkinder meist erst mit Eintritt in die Kinderbetreuung erleben, ist für Zwillinge von Geburt an selbstverständlich, die Gemeinschaft mit Gleichaltrigen. Zwillinge erwerben viel früher soziale Kompetenz. Wenn die Mutter von Johann und Rasmus beispielsweise beiden die Hände geben möchte, damit sie die Treppe herunterspringen, halten sich die beiden lieber gegenseitig helfend die Hände.

Das soziale Miteinander

Zwischen dem ersten und zweiten Geburtstag nimmt das Interesse am Geschwister und an anderen Kindern deutlich zu. Zweijährige beschäftigen sich intensiv miteinander, wobei sie gerne imitieren, um ihr Verhalten mit dem des anderen abzustimmen. Im Spiel agieren sie oft nebeneinander mit vergleichbaren Spielsachen oder zeigen Interesse für dasselbe Spielzeug, um miteinander in Kontakt zu kommen. Sie können bei Ihren Zwillingen beobachten, dass sie sich zum Beispiel bewusst etwas anreichen. Als Elias vor sich hinjammerte, kam sein Bruder Jakob und drückte ihm einen Schnuller in die Hand mit den Worten: „Hier, dudu!"

Das Miteinander verläuft natürlich nicht immer reibungslos. Meist entstehen Konflikte wegen Besitzansprüchen, die Kinder in diesem Alter nicht alleine klären können. Wird ein und derselbe Gegenstand begehrt, verstehen Kinder Begriffe wie „teilen" oder „abwarten" noch nicht. Unterstützen Sie die beiden, indem Sie ruhig und gerecht intervenieren. Lea spielt gerade mit dem Ball, ihr Bruder Felix kommt und reißt den Ball aus ihren Händen, Lea protestiert lautstark. Geben Sie als Erstes Lea den Ball zurück und erklären Sie Felix, dass Lea den Ball nicht abgeben wollte, er hätte sie zuerst fragen müssen. Bieten Sie ihm ein anderes Spielzeug an, mit dem es sich beschäftigen kann.

Die Entwicklung einer eigenen Persönlichkeit

Eineiige Zwillinge gleichen sich tatsächlich wie ein Ei dem anderen und unterscheiden sich anfangs oft nur durch ihre Fingerabdrücke. Wie sie verbringen auch zweieiige Zwillinge zumindest die ersten Lebensjahre intensiv miteinander. Dabei beeinflussen sie sich gegenseitig in ihrer Entwicklung, sodass auch Entwicklungsschritte in sehr ähnlichen Zeitabschnitten passieren. Da liegt die Vermutung nahe, Zwillinge, erst recht eineiige, könnten nur schwer zu einer eigenen Persönlichkeit finden oder ihre Individualität frei entfalten. Zahlreiche wissenschaftliche Studien haben sich mit diesem Thema beschäftigt und kommen einheitlich zu einem Ergebnis, das Sie beruhigen wird. Vergessen Sie das Zwillingsdasein lieber öfter einmal und sehen Sie Ihre Kinder „einfach" als Geschwister.

Die Entdeckung des „ICH"

Kinder erkennen schon im Säuglingsalter, dass sie getrennt von anderen, also eigenständige Personen sind. Sie erfahren, dass ihr Handeln Reaktionen erzeugen kann. Unterschiede zwischen dem eigenen Selbst und anderen lernen und erfahren sie durch Interaktionen mit einer Bezugsperson. Mimik und Verhalten des Gegenübers geben ihnen Aufschluss über sich selbst.

Das Selbst"bewusst"sein entsteht, was sich unter anderem in der visuellen Selbsterkennung zeigt. Mit ungefähr zwei Jahren benennen Kinder ihr Spiegelbild mit dem eigenen Namen. Eine Studie der TU Braunschweig zeigte, dass eineiige Zwillinge etwas mehr Zeit

---

WISSEN

Gleich und doch verschieden – die Epigenetik und ihre Bedeutung für Zwillinge

Eineiige Zwillinge haben zur Zeit ihrer Geburt identische Erbinformationen, die in der Reihenfolge (Sequenz) bestimmter chemischer Bausteine der DNA gespeichert sind. Und dennoch werden sie sich im Laufe ihres Lebens immer unähnlicher. Warum entwickelt nur Ludwig Heuschnupfen, während Leopold unbeeindruckt durch die Natur streift?
Die Epigenetik, ein Zweig der Genetik, erforscht, welche Auswirkungen Veränderungen in unserem Erbgut haben, die nicht mit Veränderungen der DNA-Sequenz verbunden sind und die dafür sorgen, dass auch aus genetisch ursprünglich identischen Menschen individuelle Persönlichkeiten werden. Möglicherweise liegt eine Ursache solcher Veränderungen in Umwelteinflüssen.

Nicht alle genetischen Informationen, die in der DNA und dem genetischen Code gespeichert sind, werden benutzt. Auch Leopold hat die Veranlagung zu Heuschnupfen, bei ihm ist diese genetische Information aber nicht „angeknipst" worden. Ähnliches gilt für die Ausprägung bestimmter Verhaltensmuster. Susi und Nina sind zunächst beide eher schüchtern und introvertiert, und doch wird Susi später Schauspielerin, während Nina als Bibliothekarin arbeitet.
Diese Mechanismen, die die genetischen Informationen individuell aus- bzw. anknipsen, sorgen dafür, dass sich eineiige Zwillinge im Laufe ihrer Entwicklung sowohl in ihrem Aussehen als auch in ihrer Persönlichkeit voneinander unterscheiden.

brauchen, um ihr Spiegelbild von dem der Zwillingsschwester oder des Zwillingsbruders unterscheiden zu können, manchmal bis zum vierten Lebensjahr.

Aber auch eineiige Zwillinge erleben sich mit etwa zwei Jahren als eigenständige Persönlichkeiten. Sie sind sich, wie Einlinge und zweieiige Zwillinge, ihres eigenen Tuns bewusst und nennen sich gerne bei ihrem Namen. Sie zeigen genauso eine gewisse Verlegenheit, sobald sie sich ihrer Wirkung auf andere bewusst werden. Dieses neu erworbene Selbstbewusstsein bringt den Wunsch nach Selbstbestimmung und Autonomie mit sich. Sie wollen alles selber machen, vom Schuheanziehen bis zum Einfügen des letzten Puzzleteils. Sie sind zunehmend in der Lage, sich durchzusetzen. So werden Sie auf die Frage: „Möchtest du …?" schon mal ein durch kräftiges Kopfschütteln begleitetes „Nein" zu hören bekommen, ein erstes Anzeichen der beginnenden Trotzphase.

Zwillinge und Persönlichkeit

Um sich klarer darüber zu werden, was eine Persönlichkeit in den Grundzügen ausmacht, entwickelten Psychologen in den 1930er Jahren ein Modell, das den Charakter eines Menschen möglichst unabhängig von Umwelteinflüssen beschreiben soll. „The Big Five", das Fünf-Faktoren-Modell, entstand und wird bis heute in der Persönlichkeitspsychologie verwendet.

Alle Faktoren haben in jeder Ausprägung ihre Berechtigung und sollten nicht dazu führen, einen Menschen negativ zu bewerten, weil er beispielsweise Veränderungen gegenüber eher misstrauisch ist oder auf konservative Werte setzt. Auch jeden Ihrer Zwillinge werden Sie spontan einordnen können und schnell Unterschiede oder Tendenzen erkennen, die in eine

---

WISSEN

„The Big Five" – die fünf Basisdimensionen der Persönlichkeit

Emotionale Ansprechbarkeit:
Reagiert ein Mensch schnell emotional oder bleibt er eher länger ruhig?

Extraversion:
Liebt jemand eher Ausgelassenheit und Geselligkeit oder bevorzugt er das Alleinsein oder eine kleine Runde?

Soziale Verträglichkeit:
Wie tritt ein Mensch anderen Menschen gegenüber? Eher positiv und hilfsbereit oder eher skeptisch, mit einer stärkeren Tendenz, an sich selbst zu denken?

Gewissenhaftigkeit:
Ist ein Mensch eher sehr genau und zeigt er im Alltag eine hohe Selbstdisziplin oder kann er vieles locker sehen und sich gut auch einmal gehen lassen?

Offenheit für Erfahrungen:
Genießt ein Mensch eher die Veränderung oder hält er lieber an dem fest, was er bereits kennt?

übereinstimmende Richtung weisen. Meist ist der einer der Forschere oder Dominantere und der andere eher zurückhaltend und stiller.

Ob derartige Persönlichkeitsmerkmale angeboren sind oder sich im Laufe der Zeit durch Erziehung und Umwelt entwickeln, wurde in einer großen Studie an der Universität Bielefeld (German Observational Study of Adult Twins, GOSAT) untersucht. Dazu wurden eineiige und zweieiige Zwillinge miteinander verglichen. Dabei zeigte sich: Wie Menschen sich verhalten, scheint zu einem großen Teil genetisch festgelegt zu sein, aber das soziale Umfeld und die Erfahrungen, die Menschen machen, beeinflussen ihre eigene Persönlichkeitsentwicklung. Gene legen Verhalten nicht genau fest, sie bestimmen nur Tendenzen, aber nicht Verhaltensweisen. So werden sich eineiige Zwillinge aufgrund ihrer genetischen Übereinstimmungen so ähnlich sein wie sonst keine zwei Menschen auf der Welt. Auch ihre Charaktere ähneln sich in den Grundzügen sehr, aber ihre eigenen, individuellen Erfahrungen werden sie zu eigenständigen Persönlichkeiten heranwachsen lassen.

Die Sprachentwicklung

Die Entwicklung der Sprache verläuft unterschiedlich. Während einige Kinder am Ende des ersten Lebensjahres zu sprechen beginnen, lässt das Reden bei anderen bis zum dritten Lebensjahr auf sich warten. Das ist ganz normal – Entwicklung darf auch hier in einem individuellen Tempo verlaufen. Dabei unterscheiden sich Kinder viel mehr in ihren Ausdrucksmöglichkeiten als in ihrem Sprachverständnis. Erst eine gemeinsame Gefühlsbeziehung veranlasst Kinder, auf den Sprechenden zu achten, Kontakt aufzunehmen und eine zwischenmenschliche Beziehung aufzubauen. Auf dieser Basis entwickelt sich Kommunikation. Förderlich für das Sprechenlernen ist das Sprechen selbst. Bleiben Sie im Gespräch mit Ihren Kindern, auch wenn Sie den ganzen Tag über nur kleinteilig erzählen, was Sie gerade im Moment machen. Sie können auch vorlesen und mit Ihren Kindern singen. In jedem Fall gilt: Reden ist Gold und Schweigen ist unangebracht.

Wie Sprache entsteht

Ihre Kinder haben bereits fleißig Fähigkeiten trainiert, die es ihnen ermöglichen, sprechen zu lernen. Mit großen wachen Augen beobachten sie ihre Mitmenschen und hören ihnen aufmerksam zu. Sie imitieren geschickt Mundbewegungen und wiederholen das Gesprochene nach besten Kräften. Darüber kommen sie mit vertrauten Personen ins Gespräch und

natürlich versteht der Gesprächspartner, dass die Kinder mit „agga" den Bagger meinen, von dem gerade erzählt wurde.

Noch bevor sie Worte und Sätze bilden können, passen sich Kinder in Rhythmus und Tonfall der Familiensprache an. Und trotzdem klingen die ersten Wortschöpfungen ihrer Zwillinge für Sie meist wie eine Sprache aus einer anderen Welt. Kinder imitieren nicht nur Gesprochenes, sondern so ziemlich alle Geräusche, die sie in ihrem Umfeld zu hören bekommen. Husten, Schmatzen, Hundegebell, sogar Motorengeräusche und ahmen auch diese gerne nach. So wird der Hund zum „Wau-wau" und das Huhn zum „Gag-Gag".

Entscheidend für die Entwicklung der Sprache ist die Fähigkeit, die Aufmerksamkeit zwei unterschiedlichen Dingen gleichzeitig zu widmen, einmal beispielsweise dem Vater, der gerade spricht, und dem Gegenstand, nämlich dem Traktor, über den gerade gesprochen wird. Um eine Verbindung zwischen beiden herzustellen, schauen Kinder zuerst aufmerksam auf den Vater, der gerade vorliest, und dann auf den Traktor im Bilderbuch, um den es geht. Sie hören, was der Vater sagt, registrieren, was sie sehen, und speichern diese Information ab. Damit ist der Grundstein für das Sprachverständnis und die Begriffsbildung gelegt. Etwa zur gleichen Zeit beginnen sie mit Zeigegesten. Sie zeigen beispielsweise auf einen Hund und fordern damit andere Personen auf, mit ihnen darüber ins Gespräch zu kommen. Auf diese Weise lernen sie eine Menge, in diesem Fall über Hunde.

Sprache verstehen und selbst sprechen
Mit Beginn des zweiten Lebensjahres kennen Kinder Personen und Gegenstände aus ihrem täglichen Umfeld mit Namen. Sie zeigen auf ihren Vater, wenn Sie fragen: „Wo ist der Papa?", und zeigen auf den Zwillingsbruder oder die -schwester, wenn er oder sie gemeint

ist. Sie verstehen einfache Aufforderungen wie „Gib mir den Ball" oder „Hol bitte deine Gummistiefel". Die meisten Kinder verstehen mit eineinhalb Jahren schon 50–100 Wörter, können hingegen nur etwa zwei bis zehn Wörter sprechen. Diese beziehen sich meist auf vertraute Personen. Ein gesprochenes „Mama" oder „Papa" wird mit großer Freude von den Eltern aufgenommen und wiederholt. Kinder erfahren so, dass ein Wort eine positive Reaktion auslöst, und wiederholen es gerne immer wieder.

Ihre Kinder sind zunehmend in der Lage, mit einem Wort einen ganzen Sachverhalt auszudrücken. Mit der entsprechenden Intonation wird aus dem schlichten Wort „Keks" entweder eine höfliche Anfrage, ob dieser wohl zu haben sei, oder eine dringende Aufforderung, die keinen Aufschub duldet. Kinder erweitern so mehr und mehr ihren Wortschatz. Sie beginnen, zwei Wörter zu Sätzen zu kombinieren; ob als Frage oder Feststellung erkennen sie an der Betonung: „Nina auch?" oder „Tella putt". Verstehen können Sie diese Worte manchmal nur, wenn Sie die Tagesgeschehnisse miterlebt haben. Aber Ihre Kinder sind hartnäckig, wenn Nina nun etwas haben will, wird sie es Ihnen bestimmt verständlich machen. Und den kaputten Teller entdecken Sie unter Umständen später im Mülleimer.

Ihre Kinder haben Sprache vollständig entdeckt, wenn sie die Wörter auch verstehen. Die beiden sagen nicht nur „ham-ham", wenn sie ihre Teller sehen, sondern auch, wenn sie Hunger empfinden und an etwas zu essen denken.

Das erste Frage-Alter

Mit Einwortsätzen erweitern Kinder hervorragend ihr Allgemeinwissen. Die wissbegierige Frage: „Was'n?" versteht jeder Erwachsene und natürlich auch der Zwillingsbruder oder die Zwillingsschwester. Durch die Antworten lernen Kinder Gegenstände in ihrer Umgebung kennen und erweitern ihren Wortschatz. Sie fragen gezielt nach bestimmten Begriffen und Namen, und das so lange, bis ihr Wissensdurst gestillt ist. Damit kommt es zu einer regelrechten Wortexplosion, sodass ihr aktiver Wortschatz bis zum zweiten Geburtstag auf über 50 Wörter herangewachsen ist.

Zwillinge im Gespräch

Mit den ersten eigenen Wortschöpfungen führen Kinder oft ganz versunken Selbstgespräche, etwa wenn sie in ein Spiel vertieft sind oder sie morgens wach im Bett liegen. Sie reden in einem für andere unverständlichen Kauderwelsch mit der Sprachmelodie der Familie. Wachsen Kinder mit einem gleichaltrigen Geschwister auf und stehen beide in ihrer Sprachentwicklung auf der gleichen Stufe, unterhalten sie sich gerne auch miteinander. Sie haben schon ausreichend Zeit zusammen verbracht, in der sie eine gemeinsame Geheimsprache, eine Zwillingssprache, entwickelt, die sie beide gleichermaßen verstehen. Selbst die Eltern der Kinder bleiben hier außen vor. So lernen Zwillinge auch vom Geschwister Bezeichnungen von Gegenständen, die sich „einbürgern" und die alle gerne benutzen. Diese Zwillingssprache verliert sich im Laufe der Zeit von ganz alleine wieder – meistens dann, wenn die Kinder sich mehr für andere Menschen und vor allem andere Kinder interessieren. Eltern müssen sich keine Sorgen um die Sprachentwicklung ihrer Zwillinge machen. Diese verläuft bei Zwillingen im Gegensatz zu Einlingen zwar etwas verzögert, aber jedes Kind wird sprechen lernen – eben in seinem eigenen Tempo. Lesen Sie dazu mehr ab S. 61.

Die Zwillinge Laszlo und Leon standen morgens oft in ihren Kinderbetten und unterhielten sich vergnügt über die Brüstung hinweg in ihrer Zwillingssprache. Sie verstanden sich prächtig und es schien, als würden sie Pläne für den kommenden Tag schmieden. Kamen die Eltern dazu, verstummte das Gespräch.

Spiele

Das Spielverhalten spiegelt die Entwicklung Ihrer Kinder sowohl im motorischen als auch im kognitiven und sozialen Bereich wider. Auch wenn sich Zweijährige einem Spiel ausdauernder widmen können, springen sie altersgemäß oft zwischen verschiedenen Aktivitäten hin und her. Freuen Sie sich, wenn Ihre Kinder sich bis zu zehn Minuten mit der Puzzlebox beschäftigen, dazu gehört viel Konzentration.

Durch Spielen lernen

Kinder imitieren mit Vorliebe alles, was vertraute Personen sagen und tun. Indem sie Handlungen nachahmen, erfahren sie, welche Funktionen bestimmte Gegenstände haben. Sie kämmen sich mit der Bürste die Haare, essen mit dem Löffel den Teller leer und stecken den Schlüssel ins Schloss. Sie beginnen, mit kleinen Rollenspielen alltägliche Szenen darzustellen, das gemeinsame Essen oder das Zubettgehen wird mit Puppen und Stofftieren zelebriert.

Haben sich ihre Kinder bis zum ersten Geburtstag noch mit dem Ein- und Ausräumen, dem Sortieren und Stapeln von Gegenständen beschäftigt, verwenden sie Materialien und Gegenstände im zweiten Lebensjahr funktionsgerechter. Mit Klötzen wird gebaut und mit Stiften wird gekritzelt. Am Ende des zweiten Lebensjahres wird nicht mehr nur in die Höhe gebaut, sondern Gegenstände werden in der Horizontalen aneinandergereiht. Riesenschlangen aus Stofftieren, Wäscheklammern oder Autos werden in eine bestimmte Reihenfolge gebracht. Noch beliebter sind Holzeisenbahnen, weil man die aneinandergereihten Wagen auch noch in Bewegung setzen kann.

„Compliance"

Ihre Kinder wollen gerne mithelfen, egal, ob Sie gerade Wäsche einsortieren, Gemüse putzen, ein Regal zusammenbauen oder im Garten arbeiten. Der Wunsch, aktiv an etwas teilnehmen zu können, rückt in den Mittelpunkt ihres Interesses. Kleine Aufträge können sie schon ausführen und bewältigen. Ein Lob erfüllt sie mit Stolz und motiviert zur Erledigung weiterer Arbeiten, wie zum Beispiel das Aufräumen ihrer Spielsachen. Ihre Kinder entwickeln die sogenannte „Compliance", die Bereitschaft, auf Wünsche einer erwachsenen Bezugsperson einzugehen, Anweisungen zu befolgen und mitzumachen. Im Laufe der kindlichen Entwicklung nimmt die Bereitschaft, mitzumachen und auch ohne Aufsicht Handlungsvorgaben zu befolgen, immer weiter zu.

Gemeinsames Spiel

Im zweiten Lebensjahr werden Ihre Zwillinge oft nebeneinander spielen, durchaus mit vergleichbaren Spielsachen, zunächst aber ohne Blickkontakt. Erst allmählich wächst das Interesse am Spiel des anderen. Und so entsteht aus dem Nebeneinanderspielen mit Blickkontakt das einfache Sozialspiel. Gegenseitiges Geben, Nehmen und sogar gegenseitiges Füttern beginnt. Dies erfordert schon ein gewisses Maß an Kommunikation, um die Aufmerksamkeit seines Gegenübers zu wecken und sein eigenes Vorhaben verständlich zu machen. Sie werden zum Beispiel beobachten können, dass beide beim vermeintlichen Kartenspiel sehr ernsthaft Karten hin und her tauschen und sich dabei offensichtlich einvernehmlich unterhalten. Immer häufiger finden Sie die beiden im eigenen Zimmer in ein gemeinsames Spiel vertieft.

Daran sollten Sie denken

Die Entwicklung Ihrer Zwillinge wird, wie schon im ersten Lebensjahr, regelmäßig durch Ihren Kinderarzt begleitet. Zum zweiten Geburtstag steht die sogenannte U7, die 7. Vorsorgeuntersuchung, an.

Ihre beiden sind so weit entwickelt, dass sie im Laufschritt ihre Umgebung „unsicher machen". Für diese Erkundungstouren sollten die eigenen vier Wände so sicher wie möglich gestaltet sein. Zweijährige brauchen dazu nicht nur ausreichend Spielraum, sondern auch das passende Schuhwerk.

Kindervorsorge

Die Kindervorsorgeuntersuchungen gehören seit vielen Jahren zu den Pflichtleistungen der Krankenkassen und dienen der Kontrolle des Entwicklungsstandes der Kinder. Die Früherkennung und Behandlung von Erkrankungen und Störungen, die eine normale geistige und körperliche Entwicklung beeinträchtigen könnten, stehen dabei im Vordergrund. In einigen Bundesländern besteht sogar eine verbindliche Einlade- und Meldepflicht dazu.

U7 21.–24. Lebensmonat (2. Lebensjahr)
Jedes Kind hat zur Geburt ein eigenes gelbes Untersuchungsheft bekommen. Darin wurden und werden alle Vorsorgeuntersuchungen dokumentiert. Zum Ende des zweiten Lebensjahres findet die U7 statt. Bis zur Volljährigkeit Ihrer Kinder werden noch sieben weitere Untersuchungen vorgenommen. Inhaltlich beschäftigt sich die U7 hauptsächlich mit der Beurteilung der Sprach- und Hörentwicklung, der motorischen Fähigkeiten sowie der Entwicklung des Sozialverhaltens. Sollten noch Impfungen ausstehen, können diese bei der U7 durchgeführt werden.

Zum Arzttermin getrennt oder zusammen?
Zur U7 werden Sie als Eltern ausführlich über die Entwicklung Ihrer Kinder befragt, die Kinder werden im Spiel beobachtet und kleine Tests werden durchgeführt, wie zum Beispiel Türmchen bauen. Diesen Termin können Sie mit beiden Kindern gemeinsam wahrnehmen. Bestehen Sie bei der Terminvereinbarung darauf, mit den Zwillingen ohne große Wartezeiten dranzukommen; zwei Kinder im Wartezimmer zu beschäftigen, ist kein Vergnügen. Hilfreich ist es, wenn Sie einen zweiten Erwachsenen mitnehmen: Der Vater, die Oma, ein Babysitter oder eine Freundin kann sich dann um das Kind kümmern, das fertig ist und beim Anziehen helfen oder trösten nach dem Impfen, während Sie sich mit dem Arzt besprechen.

Unser Tipp

Stellen Sie sich selbst Fragen: Sind Ihre Zwillinge gleichermaßen geschickt? Können sie sich beide gut verständlich machen?

Für Ihre Zwillinge wird der Kinderarztbesuch weniger aufregend sein, wenn die Schwester oder der Bruder mit dabei ist. In diesem Alter interagieren Zwillinge in der Regel intensiv und zeigen im gemeinsamen Spiel, also in einer ihnen vertrauten Situation, selbstverständlich ihr Können. Der Kinderarzt ist zudem auf Ihre Beobachtungen angewiesen, weil Kinder in diesem Alter oft sehr verlegen sind und sich von Fremden schwer aus der Reserve locken lassen.

Achten Sie dabei auf das Hörvermögen Ihre Kinder. Sollten Sie feststellen, dass eines Ihrer Kinder überhaupt nicht oder nur schlecht auf Ihre Aufforderungen reagiert oder bestimmte Aktivitäten oder Spiele immer vermeidet, notieren Sie auch dies und sprechen Sie Ihren Kinderarzt darauf an. Hilfreich ist es, wenn Sie auf die U7 vorbereitet sind und sich zu jedem Kind Besonderheiten in seiner Entwicklung notieren, zum Beispiel anhand typischer Spielsituationen oder Vorlieben und Abneigungen.

Kindersicherheit im Haus

Es ist unrealistisch zu glauben, Sie müssten nur richtig aufpassen, dann ginge schon nichts schief. Ihre Kinder erkunden mit vier Armen, vier Beinen und zwei Köpfen die Welt und zusammen kommen die beiden auf die tollsten Ideen.

- Räumen sie alle kleinen Teile sicher weg, damit Ihre Kinder sie nicht verschlucken können.
- Plastiktüten und Luftballons gehören nicht ohne Aufsicht in Kinderhände.
- Reinigungsmittel, besondere Flüssigkeiten und Medikamente lagern Sie in einem abschließbaren Hochschrank.
- Rauchen Sie niemals in der Wohnung, sondern allenfalls auf dem Balkon oder im Garten. Bedenken Sie: Zigaretten oder gefüllte Aschenbecher sind ein Vergiftungsrisiko für Ihre Kinder.
- Verzichten sie für eine Weile auf Zimmerpflanzen in den Räumen, in denen Sie sich mit Ihren Kindern aufhalten. Selbst der zum Schutz über den Blumentopf gestülpte Nylonstrumpf hält zwanzig kleinen Fingerchen nur bedingt stand.
- Zum Schutz vor Verbrennungen wird ein Kamin mit flexiblen Laufstallelementen abgetrennt und der Herd mit einem speziellen Schutzgitter gesichert. Ein Wasserkocher gehört außer Reichweite von Kindern.
- Sichern Sie Steckdosen, Lampenkabel und Lichtschalter.
- Lassen Sie Ihre Kinder weiterhin niemals alleine auf dem Wickeltisch!

- Sichern Sie Treppenauf- und -abgänge.
- Prüfen Sie das Außengelände auf für Kinder spannende Stellen. Kellertreppen, Gartengeräte und Gartenteiche müssen kindersicher sein.

Egal wie vernünftig Ihre Kinder Ihnen erscheinen, verlassen Sie sich nicht darauf. Es ist ganz normal, dass Verbote im zweiten Lebensjahr nur in Anwesenheit der Bezugspersonen befolgt werden. Und glauben Sie uns, Sie werden schon bald wieder Zimmerpflanzen in der Wohnung haben und offene Treppenhäuser und filigrane Glasdekorationen genießen. Alles hat eben seine Zeit.

Kindersicherheit unterwegs

Wenn Sie mit dem Auto unterwegs sind, gibt es in Sachen Verkehrssicherheit einiges zu beachten:

- Die richtige Größe des Autokindersitzes: Wechseln Sie von der Babyschale der Größe 0/0+ erst zur nächsten Größe der Gruppe 1, wenn Ihre Kinder mindestens 12 Kilo wiegen oder der Kopf des jeweiligen Kindes zwei Finger breit über den Rand der Säuglingsschale hinausragt, außerdem sollten Ihre Kinder sitzen können.
- Die richtige Befestigung: Die sicherste Methode ist die ISOFIX-Steckverbindung, da die Halterung direkt mit dem Chassis verbunden ist. Sollten Sie die Kindersitze mit den Gurten befestigen, was den Sicherheitsnormen entspricht, achten Sie auf die korrekte Gurtführung: Der Schultergurt muss hinter der Schale, der Beckengurt über der Schale entlang geführt werden. Benutzen Sie schon den nächstgrößeren Sitz, muss der Gurt immer unter den dafür vorgesehenen Hörnchen verlaufen.
- Der richtige Platz ist links und rechts auf der Rückbank. Fahren Sie mit mehr als zwei Kindern, können Sie das älteste Kind mit

dem entsprechenden Sitz vorne mitfahren lassen. Der mittlere Platz auf der Rückbank ist nur mit einem Dreipunktgurt sicher.

Die Verwendung von Sitzen, die vor 1999 hergestellt worden sind, ist verboten, Informationen finden Sie auf dem aufgeklebten Prüfsiegel, über das jeder Sitz verfügen muss.

Spielraum für zwei

Ihre Kinder brauchen Bewegung, das ist wichtig für Ihre Entwicklung. Spielplätze bieten vielfältige Anregungen für alle Sinne, zum Klettern, Wippen, Rennen und Buddeln. Achten Sie darauf, dass Sie beide Kinder bei verschiedenen Aktivitäten gut gleichzeitig im Blick behalten können. Haben Sie einen kleinen Garten (keinen offenen Teich!), statten Sie ihn mit dem einen oder anderen Spielgerät aus und genießen sie den Zwillingsvorteil. Die beiden können sich wie auf einem Spielplatz gut beschäftigen. Auf einem Balkon mit Geländersicherung bietet eine aufgeklappte Sandmuschel ebenfalls zahlreiche Beschäftigungsmöglichkeiten.

Schaffen Sie in der Wohnung eine Schlechtwetter-Alternative, z. B. eine Ecke im Zimmer, in der Sie eine Krabbelhöhle bauen, die nur über einen Kriechtunnel zu erreichen ist, ein Plastikplanschbecken, dass Sie mit Bällen oder vielen Kissen füllen, einen Parcours aus Pappkartons – Ihrer Fantasie sind keine Grenzen gesetzt.

Die eineinhalbjährigen eineiigen Zwillinge Sven und Nils haben sich zum Beispiel begeistert immer wieder mit einem Papphaus beschäftigt. Ein großer Karton, mit der offenen Seite nach unten aufgestellt und mit eingeritzten Fenstern und Eingangstür versehen, sorgte für viele schöne Stunden des Miteinanderspielens. Die beiden klopften abwechselnd an die Haustür, krabbelten

hinein und schauten gerne zum Fenster hinaus. Klopfte man von außen an und fragte: „Ist jemand zu Hause?", erklang dumpfes Kichern in Stereo.

Die Kreativwerkstatt auf dem Esszimmertisch macht auch Ihnen Freude, wenn der Tisch mit Wachstuch und die Kinder mit Malkitteln ausgestattet sind. Wird mit Fingerfarbe oder Knete gearbeitet, legen Sie auch den Fußboden mit Malerfolie aus. Lassen sie Ihre Kinder nach Möglichkeit alles selber ausprobieren. Helfen Sie nur, wenn eines Ihrer Kinder Unterstützung einfordert, weil beispielsweise das Zusammenkleben nicht funktioniert. Geben Sie Hilfestellung so, dass Ihre Kinder ihre Arbeit selbstständig zu Ende bringen und so ein Erfolgserlebnis verbuchen können.

Ihre Kinder leben im Hier und Jetzt und gehen voll in ihrer Spielwelt auf. Kündigen Sie daher rechtzeitig das Ende eines Spiels an, falls Sie einen Termin wahrnehmen müssen. Am besten geben Sie mehrere Signale: „Ich sage gleich noch mal Bescheid, dann müsst ihr aufhören!"

Unser Tipp

Stellen Sie eine Sanduhr ins Kinderzimmer, sodass Ihre Kinder das Spiel selber beenden können, wenn der Sand nahezu durchgelaufen ist.

Achtung beim Schuhkauf

Aus den ersten Schuhen sind Ihre Zwillinge herausgewachsen, sie tragen nun Schuhe bis Größe 24. Höchstwahrscheinlich werden Sie in jeder Saison für jedes Kind neue Schuhe einkaufen, denn Kinderfüße wachsen in den ersten drei Lebensjahren durchschnittlich 1,5 mm im Monat. Nicht zu vergessen das Paar Gummistiefel für jeden, unverzichtbare Begleiter beim Erkunden der Welt.

Auch wenn die beiden gleich groß und eineiig sind, bedeutet das nicht automatisch, dass sie die gleiche Schuhgröße haben. Zum Schuhkauf messen Sie unbedingt Länge und Breite der Füße aus. Unpassende Schuhe können zu irreversiblen Verformungen der Füße führen. Und weil zwei Kinder sich nicht unbedingt bereitwillig ihre vier Füße vom Fachverkäufer ausmessen lassen, fertigen Sie am besten aus Pappe zu Hause einen Umriss von jedem Fuß Ihrer Kinder an, wobei Sie am längsten Zeh 12 mm dazugeben müssen. Wenn diese Form in den ausgesuchten Schuh hineinpasst, können Sie davon ausgehen, dass der Schuh gut sitzt.

Die Entwicklung Frühgeborener

Laut unserer eigenen Statistik (basierend auf 235 Familien) wurden etwa 35 Prozent aller Zwillinge vor der vollendeten 37. Schwangerschaftswoche geboren und gelten damit offiziell als Frühchen. Allerdings waren nur knapp 2 Prozent sehr extreme Frühgeborene mit einem Geburtstermin vor der 29. Schwangerschaftswoche.

Zwillinge sind häufig reifer als im gleichen Schwangerschaftsalter geborene Einlinge. Je größer und reifer Frühgeborene bei der Geburt sind, desto unkomplizierter verläuft ihre weitere Entwicklung. Gerade für Geburten ab der 32. Schwangerschaftswoche gilt, dass die Entwicklung der Kinder in der überwiegenden Anzahl der Fälle völlig normal verläuft. Die Möglichkeiten der frühen Förderung helfen überdies vielen unreif geborenen Kindern, ihre Entwicklung aufzuholen.

Wachsen und Entwickeln

In welchen Schritten die körperliche und geistige Entwicklung von Frühgeborenen verläuft, ist ganz unterschiedlich. Sie sollten sich als Eltern nicht verunsichern lassen, wenn sich Ihre Zwillinge unterschiedlich entwickeln. Jedes Kind hat sein eigenes Tempo, wobei sich eineiige Zwillinge genetisch bedingt gleichmäßiger entwickeln als zweieiige. Bemerkungen Außenstehender sollten Sie gelassen hinnehmen. Ein „So klein und zart, die können doch noch gar nicht so alt sein" oder ein „Wie, die beiden laufen noch nicht freihändig?!" dürfen Sie getrost ignorieren. Es macht überhaupt keinen Sinn, zum Beispiel Kinder, die 12 Wochen zu früh mit einem Gewicht von unter 1500 Gramm geboren sind, mit einem reif geborenen, 3700 Gramm schweren Kind zu vergleichen.

Auch Bücher über die Entwicklung von Kindern oder die Wachstumskurven in den gelben Kinder-Untersuchungsheften beschreiben in der Regel den Verlauf reif geborener Kinder und berücksichtigen nicht die individuelle Entwicklung von Frühgeborenen. Entscheidend für die Beurteilung ist immer der errechnete Entbindungstermin und damit das korrigierte Lebensalter Ihrer Frühchen. So ist sichergestellt, dass von Ihren Kindern nicht mehr verlangt wird, als sie tatsächlich leisten können. Eltern Frühgeborener sind meistens mit der Entwicklung ihrer Kinder sehr zufrieden. Sie wissen, was ihre beiden in ihrem Leben schon alles geschafft haben.

Wie schnell Frühgeborene ihre Entwicklung aufholen, lässt sich nicht genau vorhersagen. Die ersten Langzeitstudien zeigen, dass Frühchen mehrheitlich bis zum Kindergartenalter sowohl in ihrer körperlichen als auch ihrer geistigen Entwicklung zu reif geborenen Kindern aufschließen.

Expertenbeitrag

Die Entwicklung frühgeborener Kinder im Kleinkindalter

Zwillinge haben es manchmal sehr eilig, auf die Welt zu kommen. Aber das ist nicht immer ein Grund zu großer Sorge. Bei Frühgeburten zwischen der 32. und 36. (+6) Schwangerschaftswoche kann man von einer regelrechten Entwicklung ausgehen. Die üblicherweise vorgesehenen Vorsorgeuntersuchungen bei einem niedergelassenen Kinderarzt reichen völlig aus. Zu einer angemessenen Beurteilung der Entwicklung sollte allerdings stets vom korrigierten Alter der Kinder ausgegangen werden.

Bei Risikofrühgeborenen, die vor der 32. Schwangerschaftswoche auf die Welt kommen, kann die Entwicklung teilweise deutlich verzögert verlaufen. Für diese Kinder wurde in Deutschland ein Nachsorgeprogramm etabliert, das von sozialpädiatrischen Zentren oder in Spezialambulanzen der entsprechenden Kinderklinik durchgeführt wird.

Während dem Laien im ersten Lebensjahr die Entwicklung des Gewichts und der Motorik, im zweiten Lebensjahr die Sprachentwicklung als die hervorstechenden Merkmale erscheinen, berücksichtigt die moderne Entwicklungsdiagnostik weitere Faktoren. Es werden nicht nur die Funktion der Sinnesorgane überprüft, die Fein- und Grobmotorik, sondern auch sozial emotionale Leistungen und das Zusammenspiel der einzelnen Komponenten. Ebenso wichtig ist die Beurteilung des sozialen Umfelds. Die Methoden der Wahl sind ausführliche klinische und neurologische Untersuchungen gepaart mit standardisierten Entwicklungstests. Die Ergebnisse werden mit den Eltern besprochen. Möglicherweise werden Zusatzuntersuchungen und ein Förderangebot empfohlen.

Risikofrühgeborene sollten im Vorschulalter noch einmal zu einer psychomotorischen Untersuchung vorgestellt werden, weil unter Umständen erst dann Teilleistungsstörungen oder Verhaltensauffälligkeiten festgestellt werden können. Um den Schuleintritt nicht zu erschweren, können diese im Vorfeld positiv beeinflusst werden. Dazu stehen verschiedene Fördermöglichkeiten zur Verfügung, die mit zunehmendem Alter immer spezifischer auf das Problem des Kindes eingehen können. Im ersten und zweiten Lebensjahr hat sich eine Förderung durch Physiotherapie und Frühförderung etabliert. Darüber hinaus gibt es eine Fülle von weiteren Förderangeboten.

Trotz aller Möglichkeiten findet die beste Förderung immer in der Familie statt. Bei Zwillingen, die sich unterschiedlich entwickeln, erfordert es von den Eltern eine besondere Sensibilität, auf die Bedürfnisse des Einzelnen einzugehen. Der verzögert entwickelte Zwilling orientiert sich häufig am normal entwickelten und profitiert davon. Umgekehrt kann der normal entwickelte in seiner Entwicklung gebremst werden, profitiert aber auf der sozial-emotionalen Ebene.

Zusammenfassend lässt sich sagen:
- Die meisten Zwillinge entwickeln sich trotz Frühgeburtlichkeit normal.
- Für Risikofrühgeborene existiert in Deutschland ein etabliertes Nachsorgeprogramm und wenn notwendig ein großes Förderangebot.
- Die beste Förderung geschieht in der Familie.

Frau Dr. G. Stegmann, Fachärztin der Pädiatrie im Nachsorgeteam für Frühgeborene an der Universitätskinderklinik Bonn

Nehmen Sie mit Ihren Kindern in jedem Fall an den empfohlenen Kontrolluntersuchungen teil. Auch wenn eine frühe Geburt die Entwicklung eines Kindes beeinflusst, braucht nicht jedes früh geborene Kind eine besondere Therapie oder Fördermaßnahme. Die enge Zusammenarbeit mit Ihrem Kinderarzt stellt aber sicher, dass ein etwaiger Förderbedarf bei jedem Ihrer Kinder rechtzeitig erkannt wird.

So kann eine notwendige Förderung frühzeitig begonnen werden. Ob ein Kind besser durch Ergotherapie, Physiotherapie, Logopädie oder andere Methoden gefördert wird, entscheidet der Kinderarzt gemeinsam mit den Eltern. Hilfreiche Informationen bieten Ihnen in jedem Fall der Verein „Lebenshilfe e.V." und die Initiative „Frühchen e.V.". Beide Institutionen sind überregional organisiert. Sie finden also einen Ansprechpartner in Ihrer Nähe. Einige Adressen haben wir im Serviceteil für Sie zusammengestellt.

Umgang mit Frühchen

Beurteilen Sie Ihre Kinder immer nach dem korrigierten Lebensalter. So vermeiden Sie eine Überforderung der beiden und bleiben selbst gelassener im Umgang mit ihnen. Sind Ihre beiden beispielsweise in der 32. Schwangerschaftswoche geboren, werden sie schon im ersten Lebensjahr die Erfahrung gemacht haben, dass Ihre Kinder mit sechs Wochen noch nicht bewusst gelächelt haben oder sich im Alter von drei Monaten vom Rücken auf den Bauch drehen konnten. Beide Entwicklungsschritte haben sie vollzogen, aber ganz verständlich und nachvollziehbar eben später – passend zu ihrem errechneten Entbindungstermin. Genauso werden sie ihre Entwicklung im zweiten Lebensjahr fortführen: Sie werden nicht mit etwa 16 Monaten die ersten Treppenstufen steigen, sondern passend zeitversetzt mit etwa 22 Monaten. Ihre Kinder behalten die Zeit, die sie zu früh geboren sind, als Entwicklungsspielraum. Freuen Sie sich daran, wenn eines oder beide etwas Neues gelernt haben, setzen Sie sich und die Kinder aber nicht unter Druck, wenn sie einfach ihre Zeit brauchen.

Möchten Sie mit Ihren Kindern eine Spielgruppe besuchen, kann die Kursleitung Ihnen eine Gruppe anbieten, in der die teilnehmenden Kinder dem Entwicklungsstand Ihrer Zwillinge entsprechen. Das Miteinander der Kinder wird so viel entspannter sein und auch Sie kommen weniger unter Erklärungsdruck.

Zwillingsbeziehungen

„Wer Freude genießen will, muss sie teilen. Das Glück wurde als Zwilling geboren." schreibt der Dichter George Gordon Lord Byron.

Die Beziehung von Zwillingen ist einzigartig. Dichter und Denker beschäftigt diese Zweisamkeit seit jeher. Das Leben mit einem Menschen vom ersten Augenblick an zu verbringen, von ähnlichen Bedürfnissen angetrieben zu sein und Erfahrungen miteinander zu teilen, nährt den Wunschtraum von bedingungsloser Gemeinschaft.

Zwillinge unter sich

Zwillinge verbringen ihre ersten Lebensjahre intensiv miteinander. Das führt zu einer großen Verbundenheit. Der eine Zwilling wird für den anderen zu einer wichtigen Bezugsperson, auf die er erst einmal nicht ohne weiteres verzichten kann. Das Zwillingsgeschwister ist gleichrangiger Spielgefährte, Verbündeter und Vertrauter. Gemeinsam bilden die beiden ein starkes Team und ergänzen sich in ihren Fähigkeiten. Das stärkt den Rücken, wenn es zum Beispiel darum geht, etwas zu wagen. So erlebten wir, dass die Zwillinge Pia und Margret mit fast zwei Jahren gemeinsam auf der zweiten Treppenstufe stehen blieben. Eine sagte: „Hand", die andere reagierte prompt, legte ihre Hand in die der Schwester und dann sprangen sie gemeinsam, sich an den Händen haltend, die Treppenstufe hinunter.

„Ich auch!"

Bekommt Lea ein Stück Brötchen, möchte Marie auch eins haben. Setzt sich Felix auf den Schoß der Mutter, muss Max auch dorthin, obwohl er gerade noch zufrieden mit Bauklötzen gespielt hat. Zwillinge beobachten einander und ahmen einander nach. Was der eine probiert, möchte der andere auch erfahren. Und wenn es um die Zuwendung einer Bezugsperson oder ums Essen geht, haben Kinder ein auf ihre Bedürfnisse bezogenes Gerechtigkeitsempfinden, ganz nach dem Motto „Der andere hat und ich will auch".

Dieses Konkurrenzverhalten ist im zweiten Lebensjahr normal. In diesem Alter haben Kinder noch keine Vorstellung von „deins", sondern sie gehen erst einmal davon aus, dass ihnen alles zur Verfügung steht, was für den Moment ihr Interesse geweckt hat. Haben sie etwas anderes ins Visier genommen, wird der eben noch begehrte Gegenstand schnell wieder uninteressant. Es kommt zwar vor, dass einer dem anderen ein Spielzeug anbietet, allerdings nicht, um zu teilen oder etwas abzugeben. Kinder holen sich so die Bestätigung, dass etwas ungefährlich ist. Will der andere das Angebotene annehmen und zeigt so, dass es anscheinend unbedenklich ist, zieht das erste Kind seine Hand meist zurück. Es hat erfahren, was es wissen wollte. Das wird der andere nicht akzeptieren. So kommt es immer wieder zum Streit, der aber nur kurz andauert. Denn da gibt es glücklicherweise schon das Nächste zu entdecken.

Alles gemeinsam

Der Schritt über die Schwelle in die fremde Welt vor der Tür fällt deutlich leichter, wenn man ihn nicht alleine bewältigen muss, sondern sich mit dem Bruder oder der Schwester Schulter an Schulter behutsam vorwärtstasten kann. Und auch Neues auszuprobieren macht gemeinsam einfach doppelt so viel Spaß. Zumal sich zu zweit aus jeder Situation gut gelaunt ein Ausweg findet lässt.

Umgang mit Konkurrenzverhalten

Geben Sie jedem Kind ein eigenes Brötchenstück, einen eigenen Teller, einen eigenen Löffel, und das nach Möglichkeit gleichzeitig. Kinder sind noch nicht in der Lage, Zeitspannen einzuschätzen. Ein „Gleich bist Du dran" fühlt sich an wie ein „Nein" und sie können noch nicht abwarten. Wenn ein Kind den begehrten Platz auf dem Schoß einnehmen darf, steht dies dem anderen Zwilling gleichermaßen zu. Passenderweise sind Eltern mit zwei Beinen ausgestattet, für jeden Zwilling eines.

Jedes Kind braucht eigenes Spielzeug, begehrte Stücke kaufen Sie am besten in zweifacher Ausführung. Die Vielfalt in Form eines roten und grünen Bobbycars kann zu erbitterten Kämpfen um den Favoriten führen; kaufen Sie lieber zwei rote. Sollten die Kinder sich streiten, weil sie „ihr" Gefährt nicht erkennen können, helfen ihnen ein aufgemalter Marienkäfer und ein Schmetterling, die Fahrzeuge zuzuordnen.

unser Tipp

Kennzeichnen Sie auf diese Weise auch andere Besitztümer der Kinder, wie zum Beispiel Gummistiefel oder die Zahnbürste. Das wird auch anderen Betreuungspersonen den Alltag mit Ihren Zwillingen enorm erleichtern.

Rollenverteilung

Zwillingen wird gerne eine bestimmte Rolle zugeschrieben, um beide besser voneinander abgrenzen zu können. Wer so eng miteinander aufwächst, wird oft verglichen. Dadurch werden Unterschiede oder Ähnlichkeiten intensiver hervorgehoben. Für die Kinder ist das nicht von Vorteil. Sie befinden sich noch ganz am Anfang ihrer Entwicklung und sollten diese möglichst unbeeinflusst von Erwartungen Erwachsener durchleben.

Erwartungen der Eltern

Für Eltern ist die Geburt ihrer Zwillinge ein intensives Erlebnis. Sind die Kinder vielleicht durch eine Sterilitätsbehandlung entstanden oder wegen einer Besonderheit der Zwillingsschwangerschaft intensiv überwacht worden, erfahren die Zwillinge schon vor ihrer Geburt eine besondere Aufmerksamkeit. Wuchs eines Ihrer Kinder nicht besonders gut und gab Anlass zu einer Geburtseinleitung, bewirken solche Besonderheiten schon eine Rollenzuordnung, bevor die Kinder überhaupt auf der Welt sind. „Das Kleine", unser „Sorgenkind", wird zum Beispiel ähnliche Schwierigkeiten haben, aus dieser Schublade wieder herauszukommen, wie „das Dickerchen", das sich als Neugeborenes besser, größer und schneller entwickelt hat.

Bewertungen der Umwelt

Im ersten Lebensjahr der Kinder konzentrieren sich Freunde und Verwandte in erster Linie auf die grobmotorischen Fähigkeiten der Kinder. Im zweiten Lebensjahr, wenn beide laufen können, verschiebt sich der Fokus. Plötzlich geht es darum, wer ruhiger und folgsamer ist, sich nicht dreckig macht und auch die entfernte Verwandtschaft noch anlächelt. Dementsprechend werden Kindern je nach ihrem Verhalten gerne Rollen zugeschrieben. Entwickelt Marie zuerst grobmotorische Fähigkeiten, ist sie im ersten Lebensjahr schnell die Forsche, die die Nase vorne hat.

Pia kann unterdessen schon zwei Bauklötze aufeinanderstapeln, eine feinmotorische Höchstleistung, die aber weniger auffällt. Im zweiten Lebensjahr ist sie aber vielleicht das „liebe Kind", während Marie „die Wilde" ist!

Vermeiden Sie es, Ihre Kinder zu bewerten, vor allem niemals in deren Beisein. Konzentrieren Sie sich auf die positiven Aspekte. Beobachten Sie Ihre Zwillinge aufmerksam und loben Sie jedes Kind für seine neu erworbene Fähigkeit, die es in seiner individuellen Entwicklung dazu gewonnen hat. Das wird auch auf Ihr Umfeld abfärben. Sollte es anders sein, weisen Sie andere darauf hin, wie Sie es gerne hätten. Erklären Sie der Oma, die voller Bewunderung nur von Philipp schwärmt, der schon freihändig Treppen steigen kann, dass Marcel sehr aufmerksam Musik hört und sofort auf seine Lieblingslieder mit Händeklatschen reagiert. Erweitern Sie das Bewusstsein für diese kleinen Besonderheiten der anderen.

Beziehung zu Geschwistern

Die Ankunft von Geschwistern ist für alle immer ein besonderes Ereignis, mit dem Unterschied, dass Eltern sich mehr oder weniger bewusst für weitere Kinder entschieden haben. Erstgeborene hingegen werden vor vollendete Tatsachen gestellt. Es bedarf einer behutsamen Aufmerksamkeit für ältere Kinder, damit sie ihre neue Position innerhalb der Familie finden.

Alles ist möglich

Wachsen die jüngeren Zwillinge heran, ergeben sich für das ältere Kind ganz neue Situationen. Die beiden werden aktiv, können herumlaufen und hinterherrennen. Sie werden zudem lautstark einfordern, wenn sie mitspielen wollen. Das größere Kind kann nicht einfach weggehen und in Ruhe woanders weiterspielen. Kinder im zweiten Lebensjahr kommen allmählich in die Trotzphase. Sie werden nicht nur ihren Eltern gegenüber trotzen, sondern auch das ältere Geschwister wird das „Nein"-Gebrüll aushalten müssen.

Ist der Altersabstand zwischen dem älteren Kind und den Zwillingen eher gering, werden sich die Interessen immer mehr überschneiden. Sind die Kinder dazu noch gleichgeschlechtlich, kann ein sehr harmonisches Miteinander entstehen. Ist das ältere Kind dagegen bereits in der Schule, wird es für die Kleinen zum großen Helden und immer einen Fanklub um sich haben.

Umgang mit Geschwistern

Ältere Kinder müssen spüren, dass ihr Platz in der Familie unangetastet bleibt. Sie brauchen ihren Freiraum und sollten nach Möglichkeit ein eigenes Zimmer oder zumindest eine Rückzugsmöglichkeit innerhalb der Wohnung haben. So können sie alleine mit gleichaltrigen Freunden spielen oder ungestört von den Kleinen Hausaufgaben erledigen. Klare Regeln für die kleineren Geschwister sind dabei wichtig. Ist die Zimmertür zu, müssen sie draußen bleiben! Wenn Ihr ältestes Kind noch Unterstützung braucht, organisieren Sie entweder eine Betreuung für die Zwillinge oder eine Hausaufgabenbetreuung für Ihr Schulkind.

Schaffen Sie nach wie vor Exklusivzeiten für Ihr großes Kind, das genauso Ihre Liebe und Aufmerksamkeit braucht. Nehmen Sie sich die Zeit, nur mit ihm etwas Altersgemäßes zu unternehmen. Während Mama und Papa mit dem großen Max ins Kino gehen, kann gut ein Babysitter auf Marie und Lilly aufpassen. So merkt Max: „Ich bin meinen Eltern so wichtig, dass auch mal ein anderer auf die Kleinen aufpassen muss."

Auch wenn ihr Ältestes schon groß genug ist, um Verantwortung übernehmen zu können,

spannen Sie es nicht übermäßig zur Betreuung der Zwillinge ein. Sie sind die Eltern und damit für deren Betreuung verantwortlich. Fragen Sie ihren großen Sohn oder Ihre große Tochter, ob er/sie Spaß an der Betreuung hat und sich, vielleicht gegen eine kleine Belohnung, eine Spielstunde mit den beiden vorstellen kann.

Dina

» Cool

Im Laufe des zweiten Lebensjahres wurden die Zwillinge für die zwei älteren Schwestern (6 und 4 Jahre alt) allmählich interessanter. Endlich konnten sie mit ihnen Laufen üben, wie im Bilderbuch über kleine Geschwister verheißen wurde. Wie gut, dass jeder ein Baby hatte, das in seine Arme laufen konnte! Bald verfügten die Zwillinge über Worte, die von „Cool das" bis zu französischen Ballettbegriffen wie „sauté echappé" mit dazugehörigen Bewegungen reichten.

Für die häufigeren Zeiten, in denen ein gemeinsames Spiel ausdrücklich nicht gewünscht wurde, installierten wir ein Gitter, hinter dem die Großen in Ruhe puzzeln konnten oder die Kleinen aus dem Verkehr gezogen wurden.

Es kam auch vor, dass die Zwillinge gleichzeitig schliefen und die Älteren die Mama eine halbe Stunde für sich hatten.

Längere Aktionen mit den Großen mussten frühzeitig geplant werden. Oma war gerne bereit, die Zwillinge eine Weile zu übernehmen.

Für die Erstgeborene war es klar, groß zu sein. Die Mittlere hat immer noch Schwierigkeiten mit ihrer Position in der Geschwisterreihe („Warum haben wir eigentlich so viele Kinder?"). Bald kam das „meine Mama"-Spiel auf, in dem jedes Kind versuchte, die anderen an Lautstärke und zunehmender Nähe zu übertrumpfen. Eine solche Konkurrenz gibt es jedoch wahrscheinlich auch in jeder kinderreichen Familie ohne Zwillinge." ▬

Das Leben mit einem behinderten Kind

Wenn ein Zwilling gesund und der andere durch eine Behinderung eingeschränkt ist, bedeutet das für den Familienalltag eine straffe Organisation. Allein in Deutschland leben in drei Prozent aller Familien „besondere" Kinder, Kinder mit einem Handicap.

Handicap-Kinder sind pflegebedürftiger, es müssen mehr Arzttermine wahrgenommen werden, eine besondere Therapie oder Frühförderung wird anstehen und will begleitet sein. Dazu kommt die Sorge um das behinderte Kind auf der einen Seite und das schlechte

Gewissen, weil das nicht behinderte Kind notgedrungen oft „nebenher" läuft. Wir können Sie nur ermutigen, sich rechtzeitig Unterstützung und Hilfe zu holen. Sie müssen den Alltag mit Ihren Zwillingen nicht alleine bewältigen. Es ist wichtig, sich Hilfe und den Kontakt zu anderen Familien zu suchen, die in einer ähnlichen Situation sind. Das schafft emotionale Unterstützung und schützt vor Überforderung. Zum Thema Betreuung und Hilfen finden Sie Adressen im Serviceteil. Planen Sie für jedes Kind „Exklusivzeit" ein, ebenso auch für sich als Eltern. Bestellen Sie auch für Ihr behindertes Kind einen Babysitter, um mit seinem Geschwister einen Kurs wahrzunehmen und umgekehrt. Eventuell finden Sie auch in einer Kinderklinik vor Ort Schwestern und Pfleger oder Pflegeschüler, die eine kompetente Betreuung übernehmen.

Treffen Sie Entscheidungen, die Ihrem behinderten wie auch Ihrem nicht behinderten Kind gerecht werden. Sitzt ein Kind beispielsweise im Rollstuhl, das andere wünscht sich aber nichts sehnlicher, als zu tanzen, ermöglichen Sie Ihrem nicht behinderten Kind den Tanzkurs. Sein Zwilling wird sich vielmehr mit freuen, als eifersüchtig sein. Wird Ihnen eine spezielle Kur für Ihr behindertes Kind empfohlen, nehmen Sie den Zwilling mit, er wird sich in eine integrative Gruppe gut einfinden.

Verlieren Sie nicht den Blick für jedes Ihrer Kinder. Ist ein Kind behindert, wird von seinem Geschwister schnell zu viel Rücksichtnahme oder Selbstständigkeit erwartet. Das behinderte Kind hingegen wird oft zu sehr bevormundet und in seiner Selbstständigkeit gehemmt, weil man ihm ja helfen möchte. Vergleichen Sie jeden Ihrer Zwillinge immer wieder mit anderen Kindern, die sich auf einem entsprechenden Entwicklungsstand befinden, und in der entsprechenden Altersgruppe. Das relativiert einerseits die Unterschiede zwischen den beiden und erleichtert es Ihnen zudem, die individuelle Entwicklung jedes Kindes gerecht zu beurteilen und sich daran zu erfreuen.

Elternthema: der doppelte Trotzkopf

Der „Trotz im Doppel" stellt Eltern im Alltag vor so manche Geduldsprobe. Genießen Sie also jeden Morgen, an dem Ihre Kinder widerstandslos in den erstbesten Pullover schlüpfen. So plötzlich und unvermittelt, wie die Trotzphase begonnen hat, hört sie auch wieder auf. Zurück bleiben die Anekdoten: „Weißt du noch, mit Ferdi und Billa im Supermarkt?"

Mit der wachsenden Selbstwahrnehmung und den Fortschritten ihrer geistigen und körperlichen Fähigkeiten entwickeln Kinder genaue Vorstellungen darüber, was sie wollen. Ist der eigene Wille erst einmal entdeckt, erleben sie sich als Mittelpunkt ihres eigenen Universums und können noch nicht verstehen, dass nicht alles genau so abläuft, wie sie es sich vorgestellt haben.

Die ersten „typischen" Trotzreaktionen treten meist gehäuft ab Mitte des zweiten Lebensjahres auf. Hier macht sich erstmals der kindliche Selbstbehauptungswille bemerkbar. Mit Beginn des dritten Lebensjahres und mit zunehmenden sprachlichen Fähigkeiten nimmt die Heftigkeit solcher „Auftritte" oft schon wieder ab. Wie intensiv und wie lange jedes Kind in dieser Entwicklungsphase steckt, ist individuell verschieden. Kinder kommen in dieser Zeit einer durch und durch positiven Entwicklungsaufgabe nach. In der Entwicklungspsychologie wird die Trotzphase deshalb als „Autonomiephase" bezeichnet, in der sich Kinder zu eigenständigen, unabhängigen Menschen entwickeln.

Warum trotzen Kinder?

Trotzende Kinder stoßen mitunter an die eigenen Grenzen. Da weiß man genau, was man tun oder haben will, wie das rote Auto oben im Regal, und kann den Eltern nicht begreiflich machen, dass es eben das rote und nicht das blaue Auto ist, das sie kaufen sollen. Oder man will unbedingt die Socken alleine anziehen und sie passen einfach nicht über die Ferse. „Ich will, aber ich kann nicht."

Dazu entwickeln Kleinkinder ständig neue Fähigkeiten, die sie alleine ausprobieren wollen, z. B. die Milch einschütten, das Brot mit dem großen Brotmesser abschneiden oder die Straße überqueren. Aber die Eltern setzen, zum Schutz ihrer Sprösslinge, Grenzen. „Ich will, ich darf aber nicht."

Kinder sollen Regeln befolgen, dabei wissen sie noch gar nicht, was richtig und was falsch ist, warum die Matsch-Gummistiefel vor der Türe ausgezogen werden müssen oder die Klobürste nicht zum Bodenwischen da ist. „Ich muss, ich will aber nicht!"

Sie haben so zwangsläufig mit Frusterlebnissen zu kämpfen. Fällt in dieser Umbruchphase auch noch ein gewohntes, alltägliches Ritual unerwartet aus oder wird verändert, sind Kinder schlichtweg überfordert. Wollen und

Nicht-Können, Misserfolg und Enttäuschung führen dann zu heftigen Trotzreaktionen.

Die Kinder äußern ihre Wut und Enttäuschung mit großem Gebrüll, sie schreien und toben, trampeln, treten um sich und werfen vielleicht Gegenstände umher, bis die Wut verraucht ist. Sie erproben, wozu der eigene Wille nützt und wie weit sie gehen können, und das mit Ausdauer. Wenn sie keine eindeutige Antwort bekommen oder eine Grenze erfahren, beginnt die nächste Runde.

Trotzen ist wichtig. Dickköpfig sein, Nein sagen, seinen Willen durchsetzen wollen ist wichtig, um sich über die Möglichkeiten des eigenen Handelns klar zu werden. Kinder erzwingen durch ihren Eigensinn von ihren Eltern eindeutige Standpunkte. Ein zweifelsfreies Ja schafft Freiräume, ein klares Nein setzt deutlich Grenzen. So ergeben sich Spielregeln für das alltägliche Miteinander. Ein einmaliges Ja oder Nein reicht oft nicht aus, um sich seiner Sache wirklich sicher sein zu können. Deshalb müssen Kinder eine Antwort auf eine Frage immer wieder einfordern, bis sie sich dessen sicher sind. Trotzen ist also ein ganz gesundes Verhalten. Kinder grenzen sich ab und zeigen durch ihren Zorn den Drang zur Selbstbestimmung.

Umgang mit Trotzen mal zwei

Natürlich sind Trotzanfälle für Eltern schwer auszuhalten. Man kann sie nicht ignorieren, sie machen wütend, sie geschehen oft in der Öffentlichkeit und werden gerne von anderen kommentiert. Ertragen Sie die Phase am besten mit Humor, häufigem tiefem Durchatmen und dem Ausblick, dass sie vorübergeht. Sie können Ihren Kindern nicht ersparen, Frust und Enttäuschung zu erleben. Machen Sie ihnen aber klar, wie sie diese starken Gefühle zeigen und bewältigen können.

Trotzen Zwillinge anders?

Wir haben „unsere" Zwillingseltern befragt und können diese Frage getrost mit Nein beantworten. Zwillinge trotzen genauso wie Einlinge, unterschiedlich heftig und ausdauernd, selten sind dabei beide Kinder gleichermaßen dickköpfig. Die beiden wechseln sich gerne ab. Kaum ist der eine fertig, legt der andere los – wie in einem komponierten Stück, das es mit wechselnden Einsätzen vorzutragen gilt. Die Trotzphase dauert mit Zwillingen auf keinen Fall doppelt so lange, sie ist nur an manchen Tagen doppelt nervenaufreibend.

Dabei hat jeder den anderen gut beobachtet und probt nun den Aufstand auf seine Weise. Die Reaktion des Publikums scheint äußerst wichtig zu sein, auch die Eltern werden genauestens beobachtet. Zuweilen reagiert der momentan ruhigere Zwilling auch ängstlich oder besorgt und rettet sich lieber auf den elterlichen Arm.

Klare Grenzen beugen vor

Zeitlicher Stress und unklare Regeln gepaart mit dem starken eigenen Willen sind die „besten" Zutaten für einen Trotzanfall. Ist dieser erst einmal auf dem Weg, nützt oft nichts mehr. Dem Kind geht es nicht mehr ums Recht haben, sondern um den Trotz an sich. Der Forderung „Ich will, dass kein Wind mehr ist" können auch die engagiertesten Eltern nicht nachkommen.

Regeln im Alltag geben Sicherheit in Zeiten, in denen Kinder viele neue Fähigkeiten entwickeln. Gestalten Sie den Tag dazu nach dem Motto „Weniger ist mehr", so hilft das, Überforderung und zeitlichen Stress zu vermeiden. Legen Sie Regeln fest und setzen Sie Grenzen dort, wo sie wichtig sind. Wenn man eine Straße überquert, geht man an der Hand. Bleiben Sie konsequent und setzen Sie sich mit entschiedenem Auftreten durch. Stimme und Mimik sollen dabei zur Botschaft passen. Ein Nein mit lauter, klarer Stimme und aufrechter Haltung vorgetragen, kommt an. In diesem Alter sind Sie ein wichtiges Vorbild für Ihre Kinder, deshalb ist es wichtig, dass auch Sie sich an die Regeln halten. Möchten Sie, dass vor dem Essen die Hände gewaschen werden, machen Sie es den Kindern vor. Regeln brauchen Konsequenzen, die Ihre Kinder kennen müssen. Kündigen Sie also vorher an, was passieren wird: „Wenn du die Apfelschorle auf den Tisch schüttest, werde ich dir deinen Becher wegnehmen."

Entscheiden lassen, da wo es geht

Kinder brauchen die Erfahrung, dass sie mit ihrem Willen etwas verändern und beeinflussen können. Je mehr Sie verbieten und Druck ausüben, desto mehr Widerstand entsteht. Überdenken Sie deshalb, ob Verbote notwendig sind. Will Joyce nur aus dem roten und Janice aus dem violetten Becher trinken, lassen Sie die beiden diese eigene, für sie wichtige Entscheidung treffen. Geht es dagegen zum Beispiel um Zähneputzen, bleiben Sie konsequent. Bieten Sie Ihren Kindern dann zwei Alternativen, zwischen denen sie selbst wählen können: „Willst du jetzt Zähne putzen oder in fünf Minuten?" Ihre Kinder entscheiden so selbst innerhalb des von Ihnen vorgegebenen Spielraums.

Dieses Vorgehen ist auch hilfreich, wenn Ihre Kinder ihr Spielen beenden sollen, weil Sie es

so wollen. Geben Sie ihnen Gelegenheit, sich darauf einzustellen. „Jonas, Tom, gleich ist es Zeit zum Abendessen. Möchtet ihr jetzt Hände waschen oder wenn eure Autos alle im Parkhaus eingeparkt sind?"

Wenn der Anfall da ist ...

Das Beste ist, ruhig und gelassen zu bleiben. Das ist oft schwierig! Es hilft, sich klarzumachen, dass dies eine wichtige Phase der Entwicklung ist, die wieder vorübergehen wird. Sprechen Sie ruhig, aber bestimmt mit dem kleinen „Rumpelstilzchen". Wenn möglich, nehmen Sie Ihr Kind in den Arm. Ihr Kind muss wissen, dass es mit Geschrei und Getrampel nichts erreicht, aber trotzdem von Ihnen geliebt wird.

Zwillingseltern stehen häufig vor der Situation, dass nur eines Ihrer Kinder lautstark trotzt, während das andere abwartend oder sogar eher ängstlich dem Treiben zusieht. Trösten Sie Ihr ruhiges Kind und erklären Sie ihm, dass der andere sich jetzt beruhigen muss und sie alle später wieder zusammen spielen werden. Bleiben Sie gleichzeitig in Kontakt mit dem kleinen Wüterich. Sprechen Sie mit ihm, setzen Sie sich in die Nähe und versuchen Sie, ihn von seiner Wut abzulenken.

Bekam Jakob einen Wutanfall, haben die Eltern oft erfolgreich versucht, ihn zum Lachen zu bringen, und angefangen, Grimassen zu schneiden. Oft hat sein Zwillingsbruder Robert mitgemacht und schlussendlich musste die ganze Familie lachen.

Führen Sie keine „Kollektivstrafen" ein. Will Sina partout ihre Schuhe vor dem Spielplatzbesuch nicht anziehen, während Lukas schon sehnsüchtig in voller Montur darauf wartet, dass es endlich losgeht, machen Sie sich auf den Weg. Packen Sie die Schuhe ein und tragen Sie Sina in den Zwillingsbuggy. Schnallen Sie sie an und sagen Sie Ihr deutlich und bestimmt, dass sie mitfahren und ihrem Bruder beim Spielen zuschauen muss, solange sie keine Schuhe trägt.

Verletzt eines Ihrer Kinder den Zwilling oder andere in einem Trotzanfall, sind klare, konsequente Grenzen gefragt. Haut es zum Beispiel in seiner Wut den Spielgefährten mit einer Schaufel, greifen Sie sofort mit einem lauten „Nein!" ein. Nehmen Sie dem wütenden Kind die Schaufel weg und trösten Sie das „Opfer". Der „Täter" muss einige Minuten auf die „Strafbank", bis er sich beruhigt hat.

Unser Tipp

Achten Sie darauf, dass die Konsequenzen nur das Kind trägt, das sich nicht an die Regeln hält!

Wenn man nicht mehr weiter weiß

Manchmal schaden Kinder sich und anderen in ihrem Trotzverhalten. Den eigenen Kopf mit Wucht auf den Boden zu hauen oder Schreien bis zur eigenen Bewusstlosigkeit sind Verhaltensweisen, die Eltern an Grenzen bringen. Holen Sie sich rechtzeitig Rat und Hilfe bei Ihrem Kinderarzt oder einer Beratungsstelle. Adressen finden Sie im Serviceteil.

Konstanze

» Es geht vorbei

Meine Mädchen haben mich mit ihren Trotzanfällen beinahe zum Lachen gebracht. Nicht selten legte die eine los, wenn die andere sich gerade beruhigt hatte. Dabei haben sie mich ganz genau beobachtet. Diejenige, die grad brav ist, achtet genau auf das Programm der anderen und dessen Wirksamkeit bei mir und probiert es bei nächster Gelegenheit selbst aus. Nora und Anna jedenfalls sind darin wahre Profis. Sie schlugen schon wütend die Stirn auf den Boden, als sie noch nicht mal krabbeln konnten. War der Auslöser zunächst oft im eigenen Spiel zu finden, ging es später nur noch um das Ausloten der mütterlichen Grenzen. Ich habe einmal bei Anna, unserer „Trotzkönigin", einen Tag lang ausprobiert, ihr alles zu erlauben: Sandalen im Winter – ja gern! Vom Fußboden essen? Bitteschön! Zahncreme in die Haare? Na klar! Am Ende lag sie schreiend auf dem Boden: „Sonne soll scheinen!" – seitdem das geflügelte Wort in unserer Familie für die Unerfüllbarkeit trotziger Kinderwünsche!

Geholfen hat mir vor allem,
- zu erkennen, was die Kinder anstrengt. Kam der Wutausbruch gegen 19 Uhr, dann war schon ab 14 Uhr zu viel Programm. Mir wurde klar, dass schon viel länger vor dem eigentlichen Ausbruch die Möglichkeit zur Abwendung verpasst war.
- zu denken, dass ich die Kinder schließlich nicht zu braven Jasagern erziehen will.
- zu wissen, dass sie bei mir alle Register ziehen, weil sie wissen, dass ich sie trotzdem liebe.
- zu wissen, dass es anderen Müttern genau so geht.« ▬

Tipps für den Alltag

Alltag mit Zweijährigen heißt, sich als Familie immer wieder neu zu sortieren. Für viele Eltern endet die Elternzeit, damit steht der Wiedereinstieg ins Berufsleben an und die Eingewöhnung in eine Kinderbetreuung. Aber auch ohne solch große Veränderungen werden Sie Ihren Alltag dem Entwicklungsstand Ihrer Kinder immer wieder aufs Neue anpassen.

Ihre Zwillinge werden sich jetzt ab und an zu zweit zum Spielen in ihr Zimmer oder ihren Spielbereich zurückziehen. Die meiste Zeit des Tages verbringen sie nach wie vor in Ihrer Nähe, um jederzeit den Kontakt zum „sicheren Hafen" herstellen und sich mit einem Blick oder einem kurzen Ruf rückversichern zu können. Mit zunehmender Selbstständigkeit werden sich aber die täglichen Rituale des Familienlebens, ob gemeinsame Mahlzeiten oder der Schlafrhythmus, mit den wechselnden Bedürfnissen Ihrer Kinder verändern.

Wohnen

Ihre Zwillinge werden im zweiten Lebensjahr noch gut in einem gemeinsamen Zimmer den Tag und vor allem die Nacht verbringen können. Das Bedürfnis nach eigenen Spielsachen und Besitztümern entwickelt sich zwar, aber ein eigenes Zimmer brauchen die Kinder noch nicht dafür. Die beiden beschäftigen sich ja gerade erst zunehmend miteinander und haben von sich aus nicht das Bedürfnis, getrennt zu sein. Sie können für jedes Kind eine eigene Kiste ins Kinderzimmer stellen, in der jedes seine Schätze aufbewahren kann. Oder Sie richten für jedes eine eigene Ecke ein, die mit einem Motiv, einer Farbe oder einem Namensschild gekennzeichnet ist, sodass die Kinder ihre eigenen Sachen zuordnen können.

Damit sich Ihre Kinder in Ihrer Nähe gut beschäftigen können und Sie die beiden immer gut im Blick haben, richten Sie eine Spielecke in den Zimmern ein, in denen sie sich tagsüber hauptsächlich aufhalten. Ein Spielherd in der Küche beispielsweise animiert die Kinder zum spielerischen Kochen, während Sie für alle das Mittagessen zubereiten. Auf einer gemütlichen Sitzgelegenheit neben dem Sandkasten können auch Sie unbesorgt entspannen, wenn die Kinder sich draußen aufhalten wollen.

Ein Balkon, eine Terrasse oder ein noch so kleiner Garten sind wunderbare Erweiterungen der Spielmöglichkeiten, Hauptsache, Sie bleiben in Blick- oder Hörweite der Kinder. Auch müssen die beiden gut beaufsichtigt werden. Neugierig, wie sie sind, werden sie alles gerne anfassen und erkunden und immer noch in den Mund stecken. Auch wollen sie zuweilen über gewagte Kletteraktionen versuchen, ein Ziel zu erreichen, wenn etwas ihr Interesse geweckt hat. Tipps und Tricks zum Thema „Kindersicherheit in Haus und Garten" finden Sie auf Seite 46.

Schlafen

Ihre Kinder brauchen im zweiten Lebensjahr immer weniger Schlaf. Zu Beginn des zweiten Lebensjahres schlafen sie meist zweimal am Tag etwa eine Stunde, am Ende des Jahres genügt ihnen eine ausgiebige Mittagsruhe.

Durchschnittlich schlafen Zweijährige noch bis zu 14 Stunden, davon 10 bis 11 Stunden in der Nacht. Das Schlafbedürfnis variiert abhängig von Wachstums- und Entwicklungsschüben und kann natürlich bei Zwillingen unterschiedlich sein. Sind Ihre Kinder ausgeschlafen, werden beide ausgeglichen und zufrieden spielen.

Nächtliche Ängste

Das zweite Lebensjahr ist aber auch eine Zeit, in der Kinder beginnen, sich von den Eltern zu lösen. Das kann zur Folge haben, dass sie nachts mit Ängsten kämpfen und sich vergewissern müssen, dass ihre Eltern für sie da sind. Seien Sie nicht verwundert, wenn Ihre Kinder, obwohl sie bis dato durchgeschlafen haben, in der Nacht zu Ihnen ins Bett gekrabbelt kommen und Ihre Nähe suchen. Wird es Ihnen im eigenen Bett zu eng, machen Sie es so wie die alleinerziehende Mutter des älteren Mirco und der Zwillinge Ben und Nick. Eines Nachts krabbelten nacheinander alle drei Kinder unter ihre Decke und sie selber hatte kaum eine Handbreit Platz für sich. Nach einer schlaflosen Nacht funktionierte sie kurzerhand das Schlafzimmer zu einer Bettstadt um. Neben ihrem Bett entstand ein großes Matratzenlager. Die Kinder schliefen zufrieden auf ihren Matratzen neben der Mutter und sie selber behielt Platz für sich. Nach einigen Wochen konnte sie die Kinder nach und nach mit ihren Matratzen wieder in ihre eigenen Betten umziehen.

Das abendliche Einschlafen

Das abendliche Einschlafen ist für Kinder eine ganz besondere Situation. Sie beenden ihr Spiel, trennen sich unter Umständen von einem Lieblingsspielzeug und sollen dann ohne die Eltern im Bett bleiben, wo sie doch besonders im zweiten Lebensjahr Angst haben, dass die Eltern fort sein könnten.

Generell funktioniert das Zubettbringen deutlich besser, wenn Ihre Kinder gelernt haben, selbstständig einzuschlafen. Sind Sie bis jetzt immer mit den Kindern zusammen zu Bett gegangen oder haben Sie beide zum Einschlafen gestillt, so spricht auch dagegen nichts, solange Sie alle mit dieser Lösung zufrieden sind. Möchten Sie den Abend nun gerne anders gestalten, müssen Sie Ihre Kinder behutsam an ein anderes Einschlafritual gewöhnen. Je konstanter Sie dieses Ritual in seiner Abfolge und einem Zeitfenster gestalten, desto eher werden sich Ihre Kinder daran gewöhnen.

Viele Eltern haben gute Erfahrungen damit gemacht, nach dem gemeinsamen Abendessen noch eine Runde zu spielen. Dann wurde gemeinsam aufgeräumt und es ging ins Badezimmer, ausziehen, waschen, Zähne putzen und dann ab ins Bett. Nach einer vorgelesenen Gutenachtgeschichte und einer gesungenen Zugabe wurde die Leselampe durch das Nachtlicht ersetzt, es gab noch einen dicken Kuss auf die Wange und meistens klappte das Einschlafen mit einem Kuscheltiger oder dem Lieblingsauto im Arm ganz gut. Kinder brauchen in diesem Alter zum Einschlafen etwas Vertrautes, ob nun Kuscheltier, Schmusetuch oder Schnuller, dies alles dient ihnen als Trost und Ersatz für die abwesenden Eltern und darf natürlich nicht fehlen.

Zwillinge haben sich gegenseitig fürs gute Einschlafen und ebenso ihre Geschwister. Nutzen Sie den Geschwistervorteil für sich. Lassen Sie Ihre Kinder gemeinsam in einem Zimmer oder in einem Bett schlafen, wenn sie das wollen. So ist auch das Gleichgewicht mit den Eltern hergestellt, die ja ebenfalls gemeinsam in einem Zimmer schlafen.

Gemeinsam am Familientisch

Ab dem ersten Geburtstag können Ihre Kinder mit „vom Tisch" essen, dabei steht das soziale Erleben der gemeinsamen Mahlzeit im Mittelpunkt. Lassen Sie Ihre Kinder alles probieren, schließlich soll Essen schmecken und Spaß machen.

Was auf den Teller kommt

Kinder benötigen jetzt circa 1100 Kalorien (4605 Kilojoule) verteilt auf drei Hauptmahlzeiten und je eine Zwischenmahlzeit am Vor- und Nachmittag. Die Trinkmenge ist ausreichend, wenn der Urin hell ist und nicht stark riecht, der Stuhlgang sollte weich und geformt sein. Bieten Sie Ihnen Wasser oder ungesüßten Tee als Getränk an. Achten Sie auf abwechslungsreiche und vielseitige Kost. Manche Kinder probieren etwas Neues erst im zehnten Anlauf, bieten Sie ihnen daher Neues häufiger an. Sorgen Sie sich nicht, wenn jedes Ihrer Kinder eine ganz eigene Auswahl trifft. Die Zwillinge Peter und Paul aßen zeitweise nur Beilagen wie Nudeln, Kartoffeln und Reis, dazu Joghurt und Brot. Sie haben trotzdem zugenommen und sich gut entwickelt.

Unser Tipp

Die Mengen, die Sie Ihren Kinder anbieten, richten sich nach der Größe ihrer Hände: Eine Portion entspricht einer eigenen Handvoll.

Fertigprodukte, die durch bunte und kindgerechte Verpackungen vielversprechend daherkommen, bieten keinen ausreichenden Nährwert. Oft sind neben zu viel Fett und Zucker unnötige Zusatzstoffe und Geschmacksverstärker enthalten, die gesundheitsbedenklich sind. Fastfood, panierte Fertigprodukte wie Fischstäbchen, Pommes frites, Chicken-

WISSEN

Die optimale Tagesration

- zwei Hände voll Obst, zum Beispiel ein kleiner Apfel oder eine Banane und eine Schale Kirschen
- drei Hände voll Gemüse, zum Beispiel gekochten Brokkoli, eine Möhre und Kohlrabi-Scheibchen
- vier Hände voll Getreide oder vier handtellergroße Stücke Getreideprodukte, zum Beispiel morgens und abends eineinhalb Scheiben Brot, am Nachmittag Dinkelstangen oder ein Rosinenbrötchen
- drei Hände voll Milchprodukte, zum Beispiel ein Joghurt, ein Glas Milch und eine handtellergroße Scheibe Käse
- ein handtellergroßes Stück Fleisch oder Fisch oder ein Ei
- sechs Gläser Wasser oder ungesüßter Kräuter- oder Früchtetee

Nuggets und Cerealien gehören im zweiten Lebensjahr nicht auf den Tisch, ebenso wenig auch Müsliriegel und Kindermilchprodukte.

Esskultur in der Familie

Regelmäßige, gemeinsame Mahlzeiten, für die genügend Zeit eingeplant ist, strukturieren den Tag und sind wichtig für das familiäre Miteinander. Regeln und Manieren bei Tisch schauen sich Ihre Kinder von den „Großen" ab. Zudem prägen sich im Kindesalter Essgewohnheiten derart ein, dass ein Mensch sie oft sein Leben lang beibehält. Sie legen also den Grundstein für eine gesunde Ernährung und Esskultur.

Bieten Sie Ihren Zwillingen einen festen Sitzplatz am Tisch mit einem eigenem Gedeck und einer Serviette. Legen Sie den Löffel mittig vor den Teller, sodass jedes Kind selbst entscheiden kann, mit welcher Hand es essen möchte. Beginnen Sie die Mahlzeit gemeinsam, zum Beispiel mit einem Spruch, bei dem jeder einen guten Appetit wünscht.

Regeln für gemeinsame Mahlzeiten, die sich bewährt haben, sind:
- Wir decken den Tisch gemeinsam und räumen ihn gemeinsam ab.
- Gegessen wird am Tisch, das Herumlaufen mit vollem Mund ist zu gefährlich.
- Ablenkungen sind unerwünscht, Radio, Fernseher, Handys werden ausgeschaltet.
- Gespielt wird nach dem Essen.

Ihre Kinder werden essen, wenn sie Hunger haben, und aufhören, wenn sie satt sind. So entwickeln sie selbst ein Gefühl für die Menge, die sie benötigen. Deshalb zwingen Sie Ihre Kinder nicht, den Teller leer zu essen, das Wetter wird am nächsten Tag bestimmt trotzdem sonnig werden. Am besten lassen Sie Ihre Kinder selbstständig essen. Greifen Sie nur ein, wenn sie Hilfe brauchen.

Das Immunsystem

Die meisten Kinder durchlaufen im zweiten Lebensjahr eine ganz normale „Lernphase" ihres Immunsystem. Jedes Kind macht acht bis zwölf Infekte durch, um seine Abwehrkräfte zu entwickeln. Hat in den ersten Monaten, während die Kinder gestillt wurden, der Nestschutz durch die mütterlichen Antikörper die Kinder vor Infekten bewahrt, nutzt das Immunsystem die Kleinkindzeit, um die wichtigsten Erreger kennenzulernen und wirksam zu bekämpfen.

Häufigkeit von Infekten

Werden Ihre Kinder zu Hause betreut, werden sie vermutlich weniger krank sein als in einer Fremdbetreuung mit anderen Kindern und vielen ihnen noch unbekannten Krankheitserregern. Werden Kinder noch dazu in rauchfreier Umgebung groß, sind sie ganz klar im Vorteil. Statistisch gesehen leiden sie vor allem seltener an Mittelohrentzündungen als ihre „mitrauchenden" Altersgenossen. Einen positiven Effekt auf die Infektanfälligkeit hat auch das Stillen über den sechsten Lebensmonat hinaus. Die über die Muttermilch weitergegebenen Immunglobuline schützen auch größere Kinder vor Bronchitis, Durchfallerkrankungen und Mittelohrentzündungen.

Dass ein Zwilling den anderen ansteckt, können Sie nicht verhindern. Wichtig ist das gründliche und häufige Händewaschen, um den Austausch von Erregern zu minimieren. Generell sollte der erste Gang nach der Ankunft zu Hause zum Waschbecken führen. Neigen Ihre Kinder zu übermäßig vielen Infekten, sprechen Sie mit Ihrem Arzt darüber, eventuell ist eine Allergie der Auslöser dafür. Oft klingen die häufigen Infekte im späten Kindergartenalter von selbst ab.

Fieber – wenn die Abwehrkräfte mobilisiert werden

Kinder fiebern häufig und manchmal recht hoch. Fieber beginnt bei einer (rektal gemessenen) Temperatur von 38,5 °C, von hohem Fieber spricht man ab 39,5 °C. Jedes Kind fiebert anders, es kann vorkommen, dass der eine Zwilling trotz einer Körpertemperatur von über 39 °C vergnügt mit seinen Autos spielt, während der andere mit der gleichen Temperatur erschöpft und quengelnd auf Ihrem Arm getragen werden will. Hohes Fieber sagt nicht zwangsläufig etwas darüber aus, wie gefährlich eine Erkrankung ist.

Auch die Gefahr eines Fieberkrampfes hängt weniger von der Höhe des Fiebers ab als davon, wie rasch die Körpertemperatur ansteigt. Zwei bis vier Prozent aller Kinder im Kleinkindalter bekommen einmal in ihrem Leben einen Fieberkrampf. Dabei zuckt das Kind am ganzen Körper und ist nicht ansprechbar. Nehmen Sie beim ersten Fieberkrampf Kontakt mit Ihrem Kinderarzt auf, nehmen Sie Ihr Kind auf den Schoß und waschen Sie ihm mit lauwarmem Wasser Gesicht, Unterarme und Unterschenkel ab. In der Regel hört der Krampf nach nur wenigen Minuten von alleine wieder auf und verursacht keine gesundheitlichen Einschränkungen.

Typisch für das zweite Lebensjahr ist das Dreitagefieber, eine harmlose Viruserkrankung. Es verläuft mit einem über drei bis maximal acht Tage lang anhaltenden hohen Fieber. Sinkt das Fieber, tritt ein Hautausschlag mit feinen, manchmal leicht erhabenen Flecken an Rumpf und Nacken, zuweilen auch im Gesicht auf. Das Dreitagefieber ist ansteckend; wundern Sie sich also nicht, wenn der Zweite anfängt zu fiebern, wenn Sie bei Ihrem Ersten den Hautausschlag bemerken.

Was hilft bei Fieber?

Kinder brauchen Ruhe und natürlich vertraute Personen um sich. Sie werden bei Ihren Zwillingen beobachten können, dass sich der eine oft um den anderen sorgt und rührend kümmert. Als der kleine Marlon krank auf dem Sofa lag, setzte sich sein Zwillingsbruder neben ihn und „erzählte" ihm etwas. Als wenig später Paolo krank wurde, war es Marlon, der mit einem Bilderbuch am Bett seines Bruders saß.

Achten Sie darauf, dass Ihr fieberndes Kind ausreichend Flüssigkeit zu sich nimmt; große Portionen essen muss es nicht. Sind Hände und Füße kalt, hat das Fieber seinen Höhepunkt noch nicht erreicht. Halten Sie Ihr Kind in diesem Fall warm, um den natürlichen Abwehrmechanismus des Körpers zu unterstützen. Sind Hände und Füße warm und fängt das Kind gar an zu schwitzen, ziehen Sie so viel aus wie möglich und waschen Sie das Kind mit lauwarmem Wasser ab. Auch Kräutertees und kühlende Wickel an Puls und Waden können bei Kleinkindern das Fieber wirksam senken (Rezept Anleitung im Serviceteil). Fiebersenkende Medikamente sollten Sie nur nach Absprache mit Ihrem Kinderarzt geben. Fühlt sich das kranke Kind sehr schlecht oder steigt die Temperatur schon tagsüber auf über 39 °C, ist der Einsatz eines Fieberzäpfchens sinnvoll. Ist Ihr Kind mit dem Medikament fieberfrei, sollten Sie nicht zu früh zur Tagesordnung übergehen. Halten Sie unbedingt Erholungstage ein.

Mobil mit Zwillingen

Der tägliche Spaziergang hat sich mit dem Älterwerden der Kinder zu einem neuen Abenteuer entwickelt. Beide Kinder können im zweiten Lebensjahr gut und sicher laufen, schon ganz ordentlich beschleunigen, Treppenstufen alleine bewältigen und vor allem in verschiedenen Richtungen losspurten. Sollen die beiden einmal auf Sie warten müssen, dann kann es vorkommen, dass sie sich ganz mutig, Hand in Hand, schon auf den Weg machen. Sie haben ja nicht viel zu befürchten, wenn sie zu zweit unterwegs sind.

Ganz schön unternehmungslustig

Noch immer ist der Kinderwagen das beste Transportmittel. Er bietet ausreichend Platz für zwei müde Kinder, die Wickeltasche, eine Knabber-Box für unterwegs und die nötigsten Utensilien für den Ausflug zum Spielplatz. Müssen Sie einen Termin einhalten, schnallen Sie beide Kinder an und machen Sie sich auf den Weg. Können Sie mit den Kindern in Ruhe den Weg erkunden, nehmen Sie den Wagen mit und lassen Sie die beiden dort laufen, wo nichts passieren kann. Die beiden sind ausdauernde Erforscher des Wegesrandes. Jeder Stein, jedes Hölzchen, alle Blumen und Tiere werden ausgiebig begutachtet und untersucht.

Auch kleine Ausflüge mit den Dreirädern können Sie mit den Kindern schon unternehmen. Der nahe gelegene Bäcker oder der Kiosk sind spannende Ausflugsziele. Die Einkäufe kommen in die entsprechenden Anhänger und werden stolz nach Hause gefahren.

Haben Sie schon ein großes Kind, kann ein nur wenig älteres Geschwister auf dem Kiddy Board mitfahren. Es gibt mittlerweile Rollbretter, die an einer Seite des Zwillingswagens

montiert werden können. Haben Sie zu Ihren fast zweijährigen Zwillingen ein Baby bekommen, tragen Sie das Baby am besten in einem Tragetuch oder Tragesack und setzen Sie die Zwillinge in den Kinderwagen. Die „Großen" sind noch zu klein, um auf einem Rollbrett mitzufahren. Sind Sie gerne mit dem Fahrrad unterwegs, bietet sich die Anschaffung eines Fahrradanhängers an. Die Zwillinge können bequem zu zweit darin Platz nehmen. Einige Modelle lassen sich mit wenigen Handgriffen zu einem Buggy umbauen, der sich ganz leicht schieben lässt und für die Kinder bequem ist.

Zugfahrten sind in diesem Alter komfortabel. In vielen Zügen gibt es Eltern-Kind-Abteile, die mit einer Spielecke ausgestattet sind. Zugbegleiter helfen Ihnen auf Anfrage mit dem Gepäck und dem Kinderwagen. Wollen Sie mit Kindern fliegen, werden sie einen von der Fluggesellschaft bestimmten Prozentsatz des normalen Flugpreises bezahlen müssen, bekommen dafür aber einen eigenen Platz für jeden.

Was tun bei schlechtem Wetter

Wer sich vom Wetter nicht abschrecken lässt, kann im Regenanzug mit den Kindern herrliche Abenteuer auf einer Pfützenrunde erleben. Je nach Interessenlage Ihrer Kinder können Sie zum Beispiel einen Ausflug zum Bahnhofsparkplatz machen, zum Züge beobachten. Genauso spannend kann die Kleintierecke des benachbarten Baumarktes mit Zooabteilung sein oder das Bällebad im Foyer eines Möbelmarktes. Trockenen Fußes kann auch zu Hause ein schöner Nachmittag mit gemeinsamen Spielen oder einer selber gebauten Bewegungsbaustelle verbracht werden.

Die Welt entdecken

Ein Urlaub am Meer ist mit Zweijährigen
eine entspannte Unternehmung. Für die
Kinder gibt es am Strand unendlich viel
zu entdecken. Schon wenige Ausrüs-
tungsteile reichen aus, um die beiden
kleinen Forscher einen ganzen Tag lang
zu beschäftigen: für jeden eine Schaufel
zum Buddeln und einen Eimer zum
Wasserschippen und es kann losgehen.
Und ganz nebenbei stärkt die Meeres-
luft das Immunsystem.

Christina

» Mit Entdeckern unterwegs

Ich bin mit unseren beiden Töchtern viel unterwegs. Durch die vielen Anregungen ist ihre Stimmung viel gelöster und sie streiten sich kaum. Unser liebstes Ziel ist der Spielplatz, am besten mit einer anderen Mutter zusammen. Dann können wir gemeinsam auf die Racker aufpassen. Wenn ich allein bin, wähle ich abgeschlossene Spielplätze oder solche, die mitten im Park liegen. Das ist deutlich stressfreier.

Tiere beobachten ist auch wunderbar, ob es im Park ist, auf einem Bauernhof oder im Zoo. Den Kindern reichen zwar Eichhörnchen und Amseln, aber für die Eltern ist ein Zoo oder Wildpark eine schöne Abwechslung und dazu eine tagesfüllende Veranstaltung. Dabei mag ich der Übersichtlichkeit wegen lieber kleine Parks und besuche die lieber an Vormittagen als an den Wochenenden: zwei kleine Kinder sind einfach zu schnell in Menschengruppen verschwunden.

Ich beobachte bei solchen Unternehmungen immer die Stimmung meiner Kinder. Schon ein Entdecker, der die Treppe zum Rhein herunterläuft, während ich mit dem zweiten Kind und dem Buggy oben stehe, ist eine Herausforderung.

Einen Buggy oder eine Trage zum Sichern eines Kindes habe ich immer dabei, wirklich immer. Und ich bin innerlich immer darauf vorbereitet, einem Fremden zuzurufen: „Halten Sie mal das Kind auf.« ▬

Erziehungstipps für den Alltag

Im zweiten Lebensjahr wird Selbstständigkeit großgeschrieben. Ihre Kinder wollen alles selber ausprobieren und die alltäglichen Dinge des Lebens alleine bewältigen. Und es gibt so manche Situation im Alltag. Die Kunst besteht darin, zwei gleichaltrige Kinder auf spielerische Weise zum Mitmachen zu bewegen.

Gefahren vermeiden

In wirklich gefährlichen Situationen handeln Sie schnell, beherzt und deutlich. Ein klares Nein!, gepaart mit festem Griff, hindert Ihr Kind, das sich losgerissen hat, daran, auf die Straße zu laufen. Laufen zwei Kinder gleichzeitig in zwei verschiedene Richtungen, können Sie leider nur abwägen, wer in größerer Gefahr ist.

Meiden Sie solche Situationen! Benutzen Sie den Buggy oder Sportwagen für gemeinsame Ausflüge. Setzen Sie die beiden, auch wenn das Protestgeheul groß ist, dort hinein. Das stressfreie Ausflugsziel ist dann für alle Beteiligten ein umzäunter Spielplatz anstatt ein Spaziergang am Flussufer.

In noch nicht wirklich gefährlichen Situationen hilft das Prinzip des geschickten Umlenkens weiter. Pia und Marie sind mit ihrer Mutter im Garten. Pia nimmt einen größeren Stein in die Hand. Natürlich könnte es sein, dass Pia den Stein werfen will und dabei unabsichtlich ihre Schwester verletzt. Vielleicht will sie den Stein auch nur ausgiebig betrachten. Ihre Mutter wartet erst einmal ab und behält die Situation unter Kontrolle. „Was hast du denn da gefunden? So ein toller Stein! Gibt es da noch mehr solcher Steine?" So lenkt sie Pias Handlung in eine ungefährliche Richtung, ohne ein Verbot auszusprechen.

Individualität fördern in alltäglichen Situationen

Schon im Kleinkindalter können Sie Ihre Kinder in ihrer individuellen Entwicklung unterstützen. Gewöhnen Sie sich an, jedes Kind einzeln zu befragen. Auf die Frage „Wollt ihr etwas trinken?" bekommen Sie meist keine Reaktion. Fragen Sie: „Lucy, möchtest du deinen Tee trinken, Karla, soll ich dir auch deinen Trinkbecher geben?", gehen Sie auf jedes Kind einzeln ein. Sie werden automatisch Eigenheiten und Vorlieben beider Kinder bemerken und darauf reagieren können.

Kennzeichnen Sie die persönlichen Sachen Ihrer Zwillinge mit unterschiedlichen Farben oder Motiven. Alltägliche Gebrauchsgegenstände sollten deutlich zu unterscheiden sein, sodass Ihre Kinder sie zuordnen können. Lucy hat den blauen Teller und Karla den violetten. Lucys Spielkiste ist mit einer blauen Blume beklebt, Karlas Kiste mit einer violetten. Die Kinder lernen, dass sie etwas Eigenes besitzen und dass es Dinge gibt, die dem Geschwister gehören. Sie erleichtern auch Ihrer Familie und Freunden den Umgang mit Ihren Zwillingen. Bringt die Oma beispielsweise die beiden ins Bett, wird sie selbstverständlich zur richtigen Zahnbürste greifen und den passenden Schlafanzug vom Haken nehmen.

Mit Zwillingen im Badezimmer

Kinder sollten in diesem Alter morgens und abends per „Katzenwäsche" und mindestens einmal in der Woche gemeinsam in der Badewanne gewaschen werden. Lassen Sie die Kinder ruhig mithelfen, auch wenn Sie das Bad hinterher trocken wischen müssen. Je früher Sie die Kinder zur Selbstständigkeit erziehen, desto leichter werden Sie es später haben. Legen Sie am besten alles griffbereit, z. B. Handtücher, Waschlappen, Kinderseife oder Kinderduschgel im Doppelpack und die entsprechende Kleidung in zwei Stapeln. Ganz wichtig sind zwei stabile Kinderhocker, um sicher ans Waschbecken zu kommen. Jedes Kind stellt sich auf seinen Hocker und los geht's.

Zwillinge können sehr gut zusammen gebadet werden. Sie werden dabei genau beobachten, wie der Bruder oder die Schwester gewaschen wird, und gerne mithelfen. Selbst das Haarewaschen wird mit einem „Shampoo-Hut" oder einem speziellen Haarwaschbecher erträglich. Die Zwillinge Johann und Rasmus haben sich für die sportliche Variante entschieden. Mit ihren Taucherbrille ausgestattet sind sie mutig untergetaucht und haben sich den Schaum selbst aus den Haaren gespült. Nach dem Baden müssen Sie die Kinder nur bei sehr trockener Haut eincremen. Benutzen Sie möglichst parfümfreie Cremes oder Öle.

Viele Kinder sind sehr empfindlich, wenn es um das Kürzen von Nägeln oder Haaren geht. Benutzen Sie zum Nägel-Kürzen unbedingt eine Kindernagelschere mit abgerundeten Spitzen. Haareschneiden gelingt, wenn Kinder auf einem Sitzplatz in Form eines freundlich guckenden grünen Präriepferdes oder eines glitzernden Thronsitzes einer Elfenprinzessin vom Fachmann fixiert werden.

„Zähneputzen" heißt es, sobald sich die ersten Beißer blicken lassen. Dabei geht es genauso um die Zahnpflege wie um die Gewöhnung an dieses tägliche Ritual. Das Zähneputzen gehört nach jeder Mahlzeit zum festen Tagesablauf. Geputzt wird mit einer speziellen Kinderzahnbürste für Milchzähne und einer erbsengroßen Menge fluorhaltiger, zuckerfreier Zahnpasta. Ihre Kinder dürfen mit ihrer Bürste alleine vorputzen. Sie putzen dann nach der „KAI"-Methode nach: zuerst die Kauflächen, dann die Außenseite und zum Schluss die Innenseiten.

Unser Tipp

Installieren Sie eine Zahnputzsanduhr. Ihre Zwillinge werden gerne für den anderen die Sanduhr umdrehen und genau aufpassen, dass der auch lange genug putzt.

Sich neu sortieren

Ihr Leben hat sich in den letzten zwei Jahren grundlegend verändert, von der trauten Zweisamkeit als Paar sind Sie im prallen Familienleben mit Zwillingen angekommen. Sie blicken nun dem zweiten Geburtstag Ihrer Zwillinge entgegen. Vieles hat sich eingespielt – der Familienalltag ist Routine geworden, Ihre Kinder haben sich zu Kleinkindern entwickelt mit ganz eigenen Vorstellungen und Fähigkeiten.

Zeit für sich – Zeit gemeinsam

Genießen Sie diese etwas ruhigeren Zeiten frei nach Friedrich Nietzsche – „Wenig macht die Art des besten Glücks" – und schmieden Sie Pläne für kleine Elternauszeiten. Ermöglichen Sie sich und Ihrem Partner regelmäßig einige Stunden zur alleinigen freien Verfügung. Jeder von Ihnen kann einen Abend mit den Kindern allein bewältigen, während der andere den Abend mit Freunden verbringt. Gönnen Sie sich auch regelmäßig gemeinsame Abende, an denen ein Babysitter oder die Großeltern Ihre Kinder hüten.

Wiedereinstieg in den Beruf

Mit dem Wiedereinstieg in den Berufsalltag stellt sich die Frage nach der passenden Kinderbetreuung. Überlegen Sie rechtzeitig, in welchem zeitlichen Umfang Ihre Kinder betreut werden sollen, ob zu Hause oder in einer Einrichtung. Sie alle müssen sich auf den Wechsel einstimmen und entscheiden, wer zu Ihnen passt, Großeltern, Kinderkrippe oder Tagespflegepersonen. Im zweiten Lebensjahr sollten Sie Ihre Kinder jedoch noch nicht getrennt betreuen lassen.

U3-Plätze in Kindergärten werden immer mehr angeboten. Es sind trotzdem noch zu wenige Plätze, die zudem mit deutlich höheren Elternbeiträgen verbunden sind. Als Eltern von Zwillingen benötigen Sie gleichzeitig zwei Plätze in einer Einrichtung, das senkt Ihre Chancen, da die Anmeldezahlen meist die Anzahl freier Plätze übersteigen. Eine frühe Anmeldung in der Einrichtung Ihrer Wahl schadet nie, die Auswahl wird oft anhand bestimmter Sozialkriterien vorgenommen. Erkundigen Sie sich bei Ihrer Gemeinde nach den Anmeldeverfahren. Mehr zum Thema lesen Sie auf Seite 83.

Kinderfrauen kommen zu Ihnen nach Hause. Rechtlich gesehen sind sie Ihre Angestellte. Als Arbeitgeber müssen Sie einen entsprechenden Vertrag abschließen und die notwendigen Anmeldungen und Zahlungen leisten. Der Stundensatz liegt meist zwischen acht und zwölf Euro, dazu kommt die Hälfte der Abgaben zur

Sozialversicherung, bezahlter Urlaub und Lohnfortzahlung im Krankheitsfall sowie die nur mit geringen Kosten verbundene Anmeldung bei der gesetzlichen Unfallversicherung.

Tagesmütter/väter betreuen maximal fünf Kinder im eigenen Haushalt. Sie arbeiten selbstständig und schreiben am Ende des Monats eine Rechnung über die von ihnen geleistete Betreuung. Der Stundensatz liegt zwischen fünf und sieben Euro pro Kind, es gibt einen bezahlten Urlaubsanspruch von Tageseltern. Eine Ermäßigung für das zweite Kind ist manchmal möglich.

Welches Modell für Sie am besten geeignet ist, müssen Sie abwägen. Das Hauptargument für die Betreuung durch Tageseltern ist, dass Ihre Kinder mit anderen Kindern in Kontakt kommen. Die Zwillingsmutterautorin entschied sich seinerzeit für eine Kinderfrau, um die Sicherheit zu haben, dass auch bei Krankheit eines Zwillings die Betreuung beider gewährleistet ist. Finanziell gesehen lohnt ein Gegenrechnen, da Sie bei Tageseltern in der Regel nur eine geringe oder keine Ermäßigung für das zweite Kind bekommen. Informationen finden Sie im Serviceteil.

Finanzielle Hilfen – Besonderheiten im zweiten Lebensjahr

Zu Beginn des zweiten Lebensjahres, spätestens jedoch nach dem 14. Monat, fällt das Elterngeld weg. Viele Eltern müssen sich neu entscheiden, wie sie Familie und Beruf vereinbaren wollen.

Die Elternzeit ist bei Zwillingen nicht verlängert, es besteht vielmehr für jeden Elternteil ein genereller Anspruch auf Elternzeit bis zum vollendeten dritten Lebensjahr der Kinder. Mit Zustimmung des Arbeitgebers können bis zu zwölf Monate Elternzeit auf den Zeitraum bis zum achten Geburtstag für jedes Kind übertragen werden.

Diese zwölf Monate können beliebig aus den 36 Monaten ausgewählt werden, es muss nicht das „dritte" Jahr sein. Für Zwillingseltern ergibt sich folgende Möglichkeit: Nehmen Sie für den einen Zwilling die ersten zwei Jahre Elternzeit und für den anderen Zwilling das dritte Jahr, bleiben für jedes Kind mindestens zwölf Monate, die noch nicht in Anspruch genommen wurden. Sie können nun, mit Zustimmung des Arbeitgebers, zwei Mal zwölf Monate Elternzeit auf einen Zeitraum zwischen dem dritten und dem achten Lebensjahr übertragen. Nehmen Sie diese 24 Monate Elternzeit im Anschluss an die ersten drei Jahre, kommen Sie auf fünf Jahre Elternzeit. Das Arbeitsverhältnis bleibt bestehen, wie auch der Anspruch auf Rückkehr auf den ursprünglichen oder einen vergleichbaren Arbeitsplatz. Weitere Informationen und Adressen finden Sie im Serviceteil.

Weitere Zuschüsse können Sie neben dem Kindergeld beantragen, wenn es mit dem Wegfall des Elterngeldes finanziell eng wird: Kinderzuschlag, Leistungen für Bildung und Teilhabe, Wohngeld sind da nur einige Beispiele. Informationen gibt es vom Bundesministerium für Familie und bei Beratungsstellen in Ihrer Umgebung. Adressen finden Sie im Serviceteil.

Kinderbetreuungskosten sind bis zum vollendeten 14. Lebensjahr Ihrer Kinder steuerlich absetzbar bis zu einem Gesamtbetrag von maximal 4000 Euro pro Jahr pro Kind. Arbeitgeber können zudem einen Kinderbetreuungszuschuss anstelle einer Gehaltserhöhung gewähren, der steuer- und versicherungsfrei ausgezahlt wird. Können Sie die Kosten für den Besuch Ihrer Kinder in der Krippe oder einer Tagespflegestelle nicht aufbringen, werden diese unter bestimmten Voraussetzungen vom Jugendamt vollständig oder teilweise bezahlt. Erkundigen Sie sich beim Jugendamt.

Gemeinsam im Kindergarten

Der erste Tag in einer Kinderbetreuungs-
einrichtung ist nicht nur für Ihre Kinder,
sondern auch für Sie als Eltern aufregend. Freuen Sie sich auf diesen neuen
Lebensabschnitt mit Ihren Zwillingen.
Für Ihre beiden beginnt eine wunderbare Zeit, in der sie spielerisch in ihrer
Entwicklung einen großen Schritt
vorankommen werden.

Die wichtigsten Meilensteine im Kindergartenalter

Nach dem Motto „hoch hinaus und schnell voran" geht es nun voran.

Bis zum vierten Geburtstag
- knacken Kinder in der Körpergröße die „Ein-Meter-Marke",
- wiegen zwischen 15 und 17 kg,
- tragen Kleidergröße 92 bis 104 und Schuhe in Größe 25 bis 28 und
- haben mit 20 Zähnen ein komplettes Milch-zahngebiss.

Frühchen
- Die leichten Rückstände in der körperlichen Entwicklung werden endgültig aufgeholt.

Das Gedächtnis wächst
- Kindergartenkinder können sich immer besser konzentrieren.
- Der Zahlenraum zwischen eins und zehn ist ihnen zunehmend vertraut.
- Sie schmieden eigene Pläne und setzen diese um.

Bewegung und Abenteuer
- Bewegungsabläufe werden zunehmend koordinierter.
- Hüpfen auf einem oder auf beiden Beinen, Balancieren auf einer Mauer oder einen Purzelbaum vorwärts schlagen sind kein Problem.

Am liebsten alles selber machen
- Kindergartenkinder können sich alleine an- und ausziehen.
- Sie schmieren sich ihre Butterbrote selbst und basteln mit der Kinderschere.

Teamarbeit entsteht spielerisch
- Kinder in diesem Alter können jetzt abwarten, bis sie an der Reihe sind.
- Sie können Mitleid empfinden und möchten den anderen trösten.
- Sie entwickeln Humor und lachen über einfache Witze und Unsinns-Reime.

Zeit der Geschichtenerzähler und Fragensteller
- Kinder erzählen Geschichten mit Drei- bis Fünfwortsätzen und verwenden Nebensätze.
- Sie „löchern" ihre Umwelt mit vielen „Wieso, Weshalb, Warum"-Fragen.
- Viele Zwillinge verständigen sich untereinander eine Zeit lang in einer „Geheimsprache".

Das magische Jahr
- Kinder verkleiden sich gerne und schlüpfen in unterschiedliche Rollen.
- Ihr Spielen, Malen und Basteln ist fantasievoll und kreativ.

Zeit für die Schnuller-Fee
- Die Schnuller-Entwöhnung fördert die Zahngesundheit.

Entwicklung – miteinander groß werden

Kinder haben von Natur aus Freude am Lernen, mit ungetrübter Neugierde und einer unglaublichen Energie begegnen sie Neuem. Begleiten Sie Ihre Kinder in ihrer Entwicklung und motivieren Sie die beiden zu mehr Eigenständigkeit, denn: „Lernen ist wie Rudern gegen den Strom. Hört man damit auf, treibt man zurück", wusste schon vor vielen Jahrhunderten der chinesischer Philosoph Laotse zu berichten.

Körperliche Entwicklung

Zum Ende der Kleinkindzeit ist der Kopf im Verhältnis zum Körper noch größer als bei einem Erwachsenen. Das Gehirn Ihrer Kinder wird noch auswachsen, auch Knochen und Muskulatur haben noch ein enormes Wachstum vor sich.

Ihre Zwillinge werden kräftiger und körperlich aktiver. Die beiden legen ihren Babyspeck ab und strecken sich. Mit vier, oft auch schon mit drei Jahren schaffen sie die Einmetermarke und sind im Durchschnitt knappe 105 cm lang. In unser Freibad in Bonn, wo der laufende Meter Eintritt bezahlt, würden sie nicht mehr gratis hineinkommen. Wenn Sie noch keine Messlatte im Kinderzimmer aufgehängt haben, ist jetzt eine gute Zeit dafür. Die Maße des einen werden auf der linken, die des anderen auf der rechten Seite festgehalten. Ihre Zwillinge werden sich begeistert an die Messlatte stellen und darauf achten, dass das Geschwister nicht schummelt und sich durch Stehen auf den Zehenspitzen einen Vorteil ergaunert.

Mit zweieinhalb bis drei Jahren sind üblicherweise alle 20 Milchzähne durchgebrochen und das Gebiss ist erst einmal vollständig. Die nächsten Veränderungen stehen mit dem Zahnwechsel im Einschulungsalter an.

Kinder wiegen bis zu ihrem vierten Geburtstag annähernd 17 kg, wobei Mädchen und Jungen sich in ihrem Gewicht nicht sonderlich unterscheiden. Zweieiige Zwillinge wachsen unterschiedlicher als eineiige. Es ist also normal, wenn Ihre gleichgeschlechtlichen zweieiigen Zwillinge Kleidung in unterschiedlichen Größen tragen. Alles zwischen Größe 86/92 und 104 kann in diesem Alter passen und auch die Schuhgrößen reichen von Größe 25 bis 28.

Entwicklung von Frühchen

Sind Ihre Zwillinge zu früh geboren, werden sie sich, wie die meisten frühgeborenen Kinder, normal und gesund entwickeln. In einer 1996 durchgeführten Studie an 249 frühgeborenen Achtjährigen wurde festgestellt, dass die Kinder, deren Geburtsgewicht dem Schwangerschaftsmonat, in dem sie geboren wurden, entsprach, innerhalb der ersten zwei Jahre alle Rückstände an Größe und Gewicht aufholen. Kinder mit einem sehr niedrigen Geburtsgewicht in Relation zu ihrem Schwangerschaftsalter werden wahrscheinlich einige Jahre kleiner als ihre Altersgenossen sein. Deshalb bleibt das korrigierte Lebensalter entscheidend für die Beurteilung der geistigen und motorischen Entwicklung von Frühchen.

Kognitive Entwicklung

Ihre Kinder können sich jetzt immer besser konzentrieren. Wenn ihr Interesse geweckt ist, entwickeln sie Aufmerksamkeitsspannen von einigen Minuten. Sie fördern die Konzentrationsfähigkeit Ihrer Kinder, indem Sie sich zu Ihnen setzen und mitspielen. Lenken Sie ihre Aufmerksamkeit immer wieder auf ein bestimmtes Thema. Wenn Sie bemerken, dass Ihre Kinder etwas anderes ins Visier genommen haben, räumen Sie das erste Spiel weg, sodass sich die beiden voll und ganz dem „neuen" widmen können.

Das Gedächtnis wächst

Wenn Drei- bis Vierjährige sich etwas merken wollen, schauen sie es sich immer wieder an. Diese visuelle Wiederholung ist eine Art des Lernens, die das Gedächtnis wachsen und sich entwickeln lässt. Ihre Kinder erinnern und erkennen Farben und können diese benennen. Sie sortieren unterschiedliche Gegenstände zueinander und wissen, der Teller gehört zur Tasse und der Strumpf zum Schuh. Sie haben Freude an Zahlen. Vierjährige können Gegenstände schon im Zahlenraum zwischen eins und zehn abzählen. Sie entwickeln eine altersentsprechende Vorstellung von Mengen und Größen. So behauptet Jakob, dass er schon „50 Meter schwer" ist. Und Robert bemerkt beim Fahrkartenkauf, dass der Bus „30 Meter teuer" sei. Beim Kaufladenspiel kosten die Erbsen dann „30 – 50 – 80".

Spielen Sie mit Ihren vierjährigen Zwillingen Memory, werden Sie mit Sicherheit haushoch verlieren. Sie können sogar Spielzeug vor den Augen Ihrer Kinder verstecken. Selbst nachdem Sie die beiden kurz abgelenkt haben, finden sie das Spielzeug wieder. Auch eine vorgelesene Geschichte können Ihre Kinder nacherzählen. Sie können ihnen kleine Aufträge erteilen, weil sie nun in der Lage sind, Informationen immer länger im Gedächtnis zu behalten. Die beiden werden sie gerne befolgen und stolz den Vollzug melden. Auch die Bereitschaft, mitzumachen und ohne Aufsicht Handlungsvorgaben zu befolgen, nimmt immer weiter zu. So kann es passieren, dass eines ihrer Kinder selbstständig ein Handtuch holt und mit den Worten „habe eine Sauerei gemacht" das verschüttete Wasser aufwischt.

Zeitgefühl entwickelt sich

Mit dem sich weiter entwickelnden Gedächtnis können sich Ihre Kinder zeitlich besser orientieren. Sie entwickeln eine Vorstellung von „vorher" und „nachher", verstehen, wenn etwas am Nachmittag stattfindet und können sich erinnern, ob etwas gestern oder letzte Woche passiert ist. Sie beginnen, sich für die Uhr zu interessieren, können sie aber noch nicht lesen. Durch dieses neue Zeitverständnis fällt es den Kindern leichter, ein Vorhaben zu verschieben. Sie können sich vorstellen, es später nachzuholen. Vielleicht werden Sie einmal eine ähnliche Unterhaltung Ihrer Zwillinge mithören: Peter sagt zu Hans: „Hans, komm her!", Hans erwidert: „Nein, ich komme später." Zwei Minuten später fragt Peter: „Hans, ist jetzt später?", „Ja" sagt Hans und kommt.

Eigene Pläne entwickeln und umsetzen

Ihre Kinder kommen auf ausgefeiltere Ideen, die sie mit wachsender Selbstständigkeit in die Tat umsetzen. Wichtig ist für sie, eigene Erfahrungen machen zu dürfen. Durch die

Lösung eines Problems oder das Erreichen eines selbst gewählten Ziels gewinnen Kinder an Selbstbewusstsein. Ruft eines Ihrer Kinder Sie in die Küche, wundern Sie sich nicht, wenn der kleine Koch schon vor dem Herd steht, mit einem Stuhl als Leiter eine Packung Eier vorsichtig aus dem Kühlschrank genommen hat und diese in einem mit Wasser gefüllten Topf auf dem Herd stehen. Sie werden nur gebraucht, um die Herdplatte anzustellen.

Motorische Entwicklung

Ihre Kinder werden immer aktiver und selbstständiger, sodass die eigenen vier Wände ihrem Bedürfnis nach Bewegung und Abenteuer nicht mehr gerecht werden. Spielplätze, Parks, eine Wiese oder ein Waldstück gehören jetzt zum alltäglichen Erkunden unbedingt dazu.

Grobmotorik

Zum Ende des dritten Lebensjahres gehen Kinder Treppen hinauf und hinunter, ohne sich festhalten zu müssen. Mit vier nehmen sie Treppenstufen wie die Großen mit den Füßen im Wechsel. Sie können auf beiden Beinen hüpfen, kommen problemlos von der untersten Treppenstufe mit beiden Beinen auf dem Boden an und schaffen im Froschhüpfen schon stolze Sprünge. Auf einem Bein das Gleichgewicht zu halten macht ihnen genauso viel Vergnügen wie das Balancieren auf einer Linie oder einer niedrigen Mauer. Sie können sich auf Zehenspitzen heranschleichen oder mit lautem „Tatü-Tata"-Gebrüll auf einem fahrbaren Untersatz herbeirasen. Fortbewegung ist mit und ohne Hilfsmittel angesagt. Bobbycar und Dreirad sind genauso beliebt wie Roller und Laufrad. Bieten Sie Ihren Kindern nur altersgerechte Gefährte an. Kettcars®, Rollschuhe, Rollbretter und Fahrräder eignen sich frühestens ab dem fünften Geburtstag. Klettertürme, Rutschbahnen und Schaukeln werden gerne und mit Ausdauer benutzt. Viele Kinder in diesem Alter können auch schon selbstständig schaukeln. Die Koordination verfeinert sich so weit, dass sie sogar einen Purzelbaum vorwärts schlagen können.

Geschickt mit dem Ball

Bereits um den vierten Geburtstag herum können einige Kinder die Größe eines Balls und seine Flugbahn einschätzen. Sie sind in der Lage, einen Ball mit ausgestreckten Armen zu fangen. Auch die Wurftechnik wird dynamischer. Viele machen jetzt einen Schritt nach vorn und holen mit dem Wurfarm aus. Auch das Fußballspielen gelingt immer besser. Fußballbegeisterte Kinder können mit vier schon im „Fußball-Kindergarten" oder bei den Bambinis mitmachen. Wichtig ist, dass Ihre Kinder selbst entscheiden, wann sie was machen möchten, denn jedes Kind hat sein eigenes Tempo und seine eigenen Vorlieben.

Feinmotorische Entwicklung

Sich alleine anziehen ist ein weiterer Schritt in die Selbstständigkeit. Diese feinmotorische Glanzleistung schaffen Ihre Kinder im vierten Lebensjahr. Konnten sie bisher Gummibundhosen und Socken selbstständig ausziehen, so können sie jetzt beides auch anziehen. Knöpfe und Reißverschlüsse werden geöffnet und geschlossen. In Gummistiefel und Slipper kommen sie mühelos hinein und heraus und Klettverschlüsse an Schuhen bereiten ihnen keine Probleme mehr.

55

Bei Tisch schmieren sich die beiden ihr Butterbrot selbst. Sie essen ganz ordentlich mit dem Löffel und schenken sich gerne selbst ein. Zum Ausgleich für beschmierte Tischkanten und verschüttete Apfelschorle können die beiden ihre Hände selbstständig waschen und abtrocknen, wenn man sie daran erinnert. Mit vier Jahren beherrschen sie den Umgang mit einer Kinderschere, je nach Handdominanz benötigen sie dazu eine Links- bzw. Rechtshänderschere.

Entwicklung neuer Fähigkeiten

Unterstützen Sie neue Fähigkeiten Ihrer Kinder mit entsprechendem Spielzeug. Alles, was geschraubt, gedreht und bewegt werden kann, ist jetzt von großem Interesse. Lassen Sie jedoch nichts liegen, von dem Sie nicht wollen, dass es ausgepackt, geschraubt oder aufgedreht wird. Bedenken Sie, dass Ihre Kinder vierhändig agieren. Vor allem Schlüssel gehören an einen Nagel oben neben die jeweilige Tür. Eine Zwillingsmutter wurde von ihren beiden dreijährigen Söhne ausgesperrt: Die Jungen spielten einträchtig im kindersicheren Wohnzimmer, als sie nur rasch in den Keller wollte. Pflichtschuldig schloss sie die Kellertür, der Schlüssel steckte von außen. Einer der Jungen lernte leider genau in diesem Augenblick, wie man Türen zuschließt, und spielte dann versunken weiter. Glücklicherweise gab es vom Keller aus einen Gang zum Garten und eine Tür vom Garten zum Wohnzimmer. Diese lernte der Sohn dann nach Aufforderung von außen an diesem Tag auch noch zu öffnen.

Gefühl und Mitgefühl

Kinder können im dritten und vierten Lebensjahr die unterschiedlichsten Gefühle empfinden und verstehen. Sie sind zum Teil in der Lage, sich in einen anderen Menschen hineinzuversetzen, zum Beispiel Mitleid zu empfinden. Manchmal brauchen sie nur eine traurige Geschichte zu hören und sie weinen.

Es kommt jetzt öfter vor, dass Ihre Kinder vertraute Personen trösten möchten, wenn sie meinen, dass diese traurig sind oder sich wehgetan haben. Johann kümmerte sich ganz liebevoll um seine Zwillingsschwester mit den besorgten Worten: „Sina, hast du Aua? Mach ich dir einen Verband."

Sinn für Humor

Ihre Kinder entwickeln immer mehr Sinn für Humor. Sie lachen über einfache Witze genau-so wie über Dinge, die nicht zusammenpassen, wie ein Auto mit Beinen oder ein Fisch mit Flügeln. Besonders amüsieren sich Kinder in diesem Alter über Ungeschicke von Erwachsenen, vor allem die vertrauter Personen. Bekleckert sich der Papa beim Essen oder macht die Mama eine Grimasse, weil sie fast ausgerutscht wäre, schütten sich die beiden aus vor Lachen. So richtig herumalbern können Kinder ab dem vierten Lebensjahr auch, wenn Sie für die beiden Nonsensgeschichten erfinden oder Unsinnsreime aufsagen.

Das soziale Miteinander

Mit drei Jahren geben Kinder meist bereitwillig ab, wenn sie darum gebeten werden. Dieses Abgeben dient mehr der Kontaktaufnahme als dem gerechten Teilen. In einem Versuch waren Dreijährige eher bereit, etwas an unbekannte Kinder abzugeben als an Kinder, mit denen sie schon häufig gespielt hatten. Die Bereitschaft zum gerechten Teilen beginnt erst mit etwa sieben Jahren.

Ihre Kinder können jetzt schon mal abwarten, bis sie an der Reihe sind. Zwillinge und Geschwisterkinder lernen sicherlich früher als Einlinge, Rücksicht zu nehmen. So konnten wir bei vierjährigen Zwillingen auf dem Spielplatz beobachten, dass jeder erst dann auf der Rutschbahn lossauste, wenn ein anderes Kind, das vor ihm an der Reihe war, die Rutsche verlassen hatte.

Sie bemerken jetzt deutlich, ob die Chemie zwischen Ihren und anderen Kindern stimmt oder nicht. In diesem Alter entstehen die ersten Kinderfreundschaften. Zunächst sind das kurze und spontane Beziehungen, nach dem Motto: „Wenn du mein Freund bist, darfst du mitspielen." Kinder bieten sich die Freundschaft an, wenn sie sich dadurch einen Vorteil verschaffen können. Oft überdauern sie nur eine Spielrunde oder einen Vormittag und sind ebenso rasch wieder beendet. Nur wenn sie mit einem Kind besonders gut spielen können, wird die Freundschaft auch über einen längeren Zeitraum bestehen. Mehr dazu lesen Sie ab Seite 70.

Du bist ein Mädchen, ich ein Junge

Um den zweiten Geburtstag herum entdecken Kinder den „kleinen Unterschied" – sie bemerken ihr Geschlecht und den Unterschied zu dem Bruder oder der Schwester. Auch weil sie sich nicht sicher sind, ob sich ihr Geschlecht noch ändert, werden sie sich selbst neugierig betrachten – und eben das Geschwister und die Eltern auch. Die Geschlechtsidentität entwickelt sich erst im dritten und vierten Lebensjahr. Dann ist Ihren Kindern klar, dass Mädchen eine Vagina und Jungen einen Penis haben. Sie werden sich dennoch immer wieder rückversichern wollen mit Fragen wie: „Nicht wahr Oma, du hast doch auch keinen Penis?"

Viele Kinder erkunden zunehmend ihren und andere Körper. Die ersten Doktorspiele werden etwa am Ende des dritten Lebensjahres gespielt. Dabei werden gleichgeschlechtliche Zwillinge genauso großes Interesse an dem Zwillingsgeschwister zeigen wie Pärchen-Zwillinge. Das ist in diesem Alter ganz normal und das Interesse legt sich von alleine wieder. Sie müssen solche intimen Erkundungsspiele nicht unterbinden. Erklären Sie Ihren Kindern, am besten einzeln, dass es Regeln dafür gibt, die jeder beachten muss: „Wenn du nicht mitspielen möchtest, dann darfst du auch Nein sagen", „Wenn der Jakob nicht mehr weiterspielen möchte, musst du aufhören."

Unser Tipp

Doktorspiele mit älteren oder jüngeren Geschwisterkindern unterbinden Sie dagegen besser. Jüngere Kinder lassen sich von Älteren eher beeindrucken und zu Spielen überreden, die sie eigentlich nicht machen wollen.

Die Entwicklung der Sprache

Die Sprachentwicklung verläuft, ähnlich wie das Laufenlernen, in kleinen Stufen, die jedes Kind in seinem eigenen Tempo erreichen wird. Der Wortschatz wächst mit dem Sprachverständnis, den Zweiwortsätzen folgen Dreiwortsätze und so weiter. Viele Zwillinge sprechen im Vergleich zu Einlingen verhältnismäßig spät deutlich und verständlich, meist

Gefühle entdecken

Sich gemeinsam zu verkleiden macht riesigen Spaß. Gelingt es einem dabei nicht, in einen komplizierten Overall zu schlüpfen, hilft ganz sicher der Bruder oder die Schwester. Jetzt kann jeder mal wild sein und den Starken mimen oder zahm sein und sich beschützen lassen. Wird es dabei doch zu wild und einer wird verletzt, werden sich Ihre Kinder immer häufiger gut gegenseitig trösten können.

erst zum Ende des dritten Lebensjahres. Das ist normal und soll Sie nicht besorgen. In der Regel werden sich die Fähigkeiten von Kindern, Sprache zu benutzen, bis zum Ende des vierten Lebensjahres so weit entwickeln, dass sie ihr Können und Wissen danach nur noch festigen müssen. Grammatik, Wortschatz und Satzbau werden täglich erweitert.

Kinder erzählen gerne Geschichten mit drei bis Fünfwortsätzen, inklusive Nebensätzen, benutzen dazu Vergangenheitsformen und kommentieren ausführlich, was sie gerade spielen. Sie verlängern Sätze mit dem Wort „und" und äußern ihre Wünsche höflich mit „Ich möchte, dass …". „Mama, soll ich dir eine Geschichte vorzählen?" wird eine Standardfrage, die Sie natürlich bei beiden immer bejahen sollten!

Fragen über Fragen

Ihre Kinder befinden sich mitten im zweiten Fragealter. Zwischen dem dritten und vierten Lebensjahr erkunden die beiden die Zusammenhänge des Weltgeschehens. Endlose Wieso-, Weshalb- und Warum-Fragen werden Sie fortan bis Sonnenuntergang begleiten. Auch wenn zwei Kinder Sie zeitgleich mit Fragen löchern, bleiben Sie geduldig. Kinder müssen sich in dieser Phase rückversichern, Ihnen immer wieder die gleichen Fragen stellen zu können, um herauszufinden, ob das Erfahrene richtig ist. So plötzlich, wie das Fragen begonnen hat, wird es auch wieder aufhören.

Sprachentwicklung bei Zwillingen

Die Entwicklung des Sprechens und das Sprachverständnisses können in ihrem Tempo individuell stark variieren. Können Kinder zum Ende des dritten Lebensjahres schon recht gut sprechen, so sind andere noch nicht bei den Zweiwortsätzen angelangt. Dabei sind Mädchen in ihrer Sprachentwicklung und verbaler Kommunikationstechnik meist etwas weiter als gleichaltrige Jungen. Zwillinge gehören eher zu den Spätentwicklern, was Sprache angeht.

In einer englischen Studie wurde festgestellt, dass Zwillinge im Alter von zwei Jahren und sechs Monaten in ihrer Sprachentwicklung acht Monate und in ihrem Sprachverständnis sechs Monate im Vergleich zu Einzelkindern zurückliegen. Bis zum vierten Lebensjahr betrug die Verzögerung insgesamt noch sechs Monate. Sprachforscher begründen ihre Ergebnisse damit, dass sich Zwillinge in der Regel meist miteinander beschäftigen und aneinander orientieren. Dabei können sie sich in ihrer Sprachentwicklung nicht unterstützen, da die beiden noch keinen ausreichenden Wortschatz haben oder Fragen stellen können. Einzelne Kinder hingegen richten sich mit ihren Bedürfnissen an ihre Eltern oder ältere Geschwister, die die Sprache bereits beherrschen.

Offenkundig antworten Zwillinge aber oft schneller als Einzelkinder. Dies scheint daran zu liegen, dass Zwillinge schon früh das sogenannte „triadische Sprechen" beherrschen müssen. Sie lernen früher als andere, ein Gespräch mit insgesamt drei Teilnehmern zu führen, mit ihnen selber, einem Elternteil und einem Geschwister. Dies schürt die Konkurrenz, der Schnellere antwortet und wird dadurch erneut angesprochen. Die Antwort fällt dann häufig schnell und knapp aus.

Sprache fördern

Oft wird argumentiert, dass Zwillingseltern weniger mit ihren Kindern sprechen, da sie dafür keine Zeit haben. Wir können dies aus unserer Erfahrung nicht bestätigen. Wir erleben in Zwillingsfamilien meist, dass Eltern mit dem einen Zwilling in verbalem Kontakt bleiben, während der andere zum Beispiel auf dem Schoss gehalten oder versorgt wird. Bleiben Sie geduldig, Ihre Kinder werden sprechen lernen und Sie werden sich, wenn von zwei Seiten auf Sie eingeredet wird, wehmütig an die Zeiten erinnern, in denen dies nicht so war!

Bleiben Sie im Gespräch mit Ihren Kindern. Nur durch das Sprechen miteinander können Kindern Wortschatz, Grammatik und Sinninhalte vermittelt werden. Auch wenn Ihre Kinder nicht viel reden, verstehen sie im dritten und vierten Lebensjahr das meiste von dem, was Sie sagen. Vor allem hören sie genau zu – und lernen auf diese Wiese einiges von Ihnen. Wenn einer Ihrer Zwillinge der Oma am Telefon das erste Mal berichtet: „Ich habe Stress", werden Sie von jetzt an die zwei Paar „Rhabarberohren" denken, bevor Sie ein heikles Thema vor Ihren Kindern diskutieren.

Zwillingssprache

Mehr als 40 Prozent aller Zwillinge, deutlich häufiger allerdings eineiige Zwillinge, benut-

zen in einer Phase ihres gemeinsamen Lebens eine Zwillingssprache, eine Art Geheimsprache, in der nur sie beide miteinander kommunizieren. Die sogenannte Idioglossie beginnt meist zwischen dem dritten und vierten Lebensjahr und verliert sich normalerweise bis zum Schuleintritt wieder. Diese Besonderheit ist unbedenklich. Zwillinge wachsen miteinander auf, haben in ihrer Zwillingsschwester oder ihrem Zwillingsbruder einen gleichaltrigen und vor allem gleichwertigen Spielgefährten. Da liegt es nahe, auch eine eigene Verständigungsebene zu entwickeln.

Auch Einzelkinder erfinden Fantasiewörter, die nur die Hauptbezugsperson verstehen kann. Und wer hat sich in seiner Kindheit nicht eine beste Freundin oder einen besten Freund gewünscht, um geheime Botschaften austauschen zu können, die nur für die eigenen Ohren bestimmt sind? Sie sollten sich als Eltern deswegen nicht sorgen, sondern geduldig staunen über das Einvernehmen der beiden. Ihre Zwillinge werden auch mit Ihnen und anderen Personen reden und in Sachen Sprachgewandtheit schnell aufholen.

Spiele

Kinder spielen in jedem Alter und dabei lernen sie eine ganze Menge. Im Laufe ihrer Entwicklung entstehen immer neue Arten des Spielens, die sie sich mit viel Spaß aneignen.

Unterschiedliche Spielarten

Durch Bewegungsspiele lernen Kinder, ihren Körper zu beherrschen. Balancieren auf einer Mauer, alleine schaukeln oder zu zweit wippen, all dies fördert die Koordination. Genießen Sie den Vorteil, Zwillinge zu haben. Zwillingseltern müssen nicht dauernd mitwippen oder beim

Schaukeln anschubsen, das regeln Ihre Kinder im vierten Lebensjahr schon selbst.

Kinder beginnen, Behausungen zu konstruieren. Aus Bauklötzen oder Legosteinen entstehen ein Stall für die Tiere oder eine Garage für die Autos. Solche dreidimensionalen Raum- und Konstruktionsspiele schulen spielerisch das logische Denken.

In Rollenspielen ahmen Kinder nach, was sie in ihrer Umgebung beobachtet haben. Sie imitieren Verhaltensmuster im sozialen Miteinander und üben den Umgang mit unterschiedlichen Gefühlen. Beliebt sind Mutter-Vater-Kind-Spiele oder andere Varianten von „So-tun-als-ob"-Spielen.

Teamarbeit beginnt spielerisch

In unterschiedliche Rollen zu schlüpfen, setzt voraus, dass Kinder abwarten können, bis sie an der Reihe sind. Dazu müssen sie anderen den Vortritt lassen und auch Spielsachen oder Verkleidungen teilen. Das gemeinsame Spiel erfordert also Bereitschaft zu Absprachen und Kompromissen. Dies wird durch die gewonnene Sprachfähigkeit möglich, übt aber auch den Umgang mit Sprache. Nur über echte Verständigung entsteht Teamarbeit.

Und so können Kinder im vierten Lebensjahr bereits Projekte gemeinsam planen, die sich sogar über mehrere Tage hinziehen. Geschwister können dabei besser Kompromisse aushandeln, da sie sich gut kennen und gut verständigen können. Auch wenn eines Ihrer Kinder bevorzugt die Chefrolle übernimmt und bestimmt, wo es langgeht, müssen Sie nicht eingreifen, solange das andere Kind nicht darunter leidet. In der Regel wechseln Zwillinge sich in der Chefrolle ab.

Natürlich werden Sie typische Mädchen- und typische Jungenspiele beobachten können. Jungen beschäftigen sich lieber mit Rauf- und Tobespielen, Mädchen hingegen eher mit Rollen- und feinmotorischen Spielen.

Die Entdeckung des Malens

Mit den immer besser ausgebildeten feinmotorischen Fähigkeiten beginnen Kinder, sich kreativer zu beschäftigen. Es wird gebastelt, sie können mit einer Schere schneiden und mit Knete Formen herstellen. Sobald sie einen Stift in ihrer Faust festhalten können,

dauert es nicht mehr lange, und sie entdecken den Zauber von Kritzelbildern. An den unmöglichsten Stellen hinterlassen sie „Kritzel- und Urknäuel". Die Freude an Bewegung und die Faszination, den Raum zu erobern, spornen an zu immer größeren Kunstwerken. Ganz versunken in ihre Tätigkeit, malen Kinder lange Zeit nicht das, was sie sehen, sondern wie sie etwas empfinden. Je nachdem, welche Bedeutung etwas für sie hat, malen sie Dinge groß oder klein, bunt oder blass. Bewerten Sie deshalb die Bilder Ihrer Kinder nicht aus Erwachsenensicht. Malen ist eine Zeichensprache, jedes Zeichen eine Mitteilung. Nach den ersten Knäueln entstehen Spiralen und Kreise.

Mit Linien in allen Richtungen ausgestattet entstehen „Kopffüßler", eine erste Darstellung eines vertrauten Menschen, wobei die Füße direkt am Kopf ansetzen. Ihre Kinder haben nun ein Gefühl für innen und außen, für senkrecht und waagerecht entwickelt.

Jedes Kind beginnt früher oder später zu malen. In jedem Fall beflügeln sich ihre Kinder gegenseitig. Sie werden mit Staunen feststellen, dass Ihre Kinder anders zeichnen, wenn sie alleine oder zusammen am Maltisch stehen. Hat ein Kind eine Idee, wandert diese gerne mal von Blatt zu Blatt. Bieten Sie Ihren Kindern Raum, ihre Kreativität auszuleben am besten mit großen Papierrollen auf dem Fußboden. Manche Kinder lieben Fingerfarben, andere bevorzugen dicke Buntstifte, lassen Sie Ihre beiden einfach ausprobieren. Ihre Kinder werden Stifte zunehmend mit drei Fingern halten und ihre Koordination verfeinern.

Das magische Jahr – Fantasie und Angst

Mit etwa vier Jahren blüht die Fantasie ihrer Kinder heftig auf. Nicht nur das Spielen wird immer fantasievoller, sondern auch die Wesen, die in der Fantasiewelt ihrer Kinder existieren. Hexen, Monster und Drachen, allesamt starke Gesellen, bevölkern die Fantasiewelt ihrer Kinder. Einerseits fürchten sich Kinder vor ihnen, andererseits träumen sie davon, diese Wesen zu besiegen, sie zu zähmen und dem eigenen Willen zu unterstellen. Das ist für Zwillinge oft einfacher, weil sie zu zweit natürlich stärker sind als jedes bedrohliche Ungeheuer.

Hinter den Fantasiewesen stecken meist Verlust- und Trennungsängste. Kinder müssen lernen, mit diesen Ängsten umzugehen. Mitunter spielen sie mit ihrer Angst und bringen sich sogar bewusst in Gruselsituationen, um

Angst in abgeschwächter Form zu erleben. Nehmen Sie die Ängste Ihrer Kinder ernst und finden Sie gemeinsam Wege, ihr Selbstbewusstsein zu stärken. Märchen erzählen oder vorlesen ist in dieser Phase eine Art „Lebenshilfe", denn Märchen entsprechen dem Wunsch nach dem Wunderbaren ebenso wie der Furcht vor dem Schrecklichen. Andererseits handeln viele Geschichten von eben den Ängsten, die Kinder in dieser Zeit beschäftigen. Die Darstellungen sind oft grausam und unrealistisch, aber nicht unwahr. Und das gute Ende eines Märchens stärkt den Optimismus der kleinen Zuhörer, wenn fortan die Helden, oder auch Heldenpaare wie Schneeweißchen und Rosenrot, „glücklich und zufrieden bis an das Ende ihrer Tage" weiterleben.

Daran sollten Sie denken

Bis zum Ende des vierten Lebensjahres stehen zwei Vorsorgeuntersuchungen beim Kinderarzt an. Untersucht wird unter anderem die Kiefer-und Zahnentwicklung. Um Fehlstellungen vorzubeugen, sollten Schnuller und Nuckelflaschen nun endgültig nicht mehr benutzt werden. Entdeckt der Kinderarzt eine etwaige Entwicklungsverzögerung, wird er ausführlich mit Ihnen über entsprechende Fördermaßnahmen sprechen.

Kindervorsorge

U7a 34.–36. Lebensmonat (3. Lebensjahr)
Am Ende des dritten Lebensjahres steht die U7a an. Diese Untersuchung gehört seit 2008 zu den Pflichtleistungen der Krankenkassen. Zentrales Thema ist die Sprachentwicklung Ihrer Kinder. Das Hör- und Sehvermögen wird gründlich getestet, genauso der Wortschatz und das Sprachverständnis. Schließlich steht in vielen Familien der Eintritt in die Kinder-

tagesstätte an. Der Kinderarzt überprüft, ob das Wachstum ohne Störungen verläuft. Die Gewichtsentwicklung, mögliche Hinweise auf Allergien und die Zahngesundheit werden ebenfalls untersucht. Routinemäßig wird der Impfschutz überprüft und ausstehende Impfungen werden nachgeholt.

U8 46.–48. Lebensmonat (4. Lebensjahr)
Ein Jahr später findet die U8 statt. Neben der Routinekontrolle von körperlichem Wachstum, Zahn-und Kieferentwicklung erfolgt eine internistische Untersuchung. Schilddrüse, Nieren, Herz und Harnwege werden gründlich inspiziert. Die Überprüfung der Feinmotorik, des Konzentrations- und Wahrnehmungsvermögens und des Ein- und Durchschlafverhaltens gehören ebenfalls zur U8. Der Kinderarzt testet die körperliche und seelische Entwicklung und das soziale Verhalten Ihrer Kinder. Sollte eine Entwicklungsverzögerung auffallen, werden Sie ausführlich über mögliche Fördermaßnahmen informiert.

Getrennter oder gemeinsamer Termin?

Beide Vorsorgeuntersuchungen konzentrieren sich auf das Sprachvermögen und das Sprachverständnis Ihrer Kinder. Sollte die U7a ausschlaggebend für den Besuch einer Kindertagesstätte sein, vereinbaren Sie besser für jedes Kind einen eigenen Termin. Der Kinderarzt kann sich so ein objektives Bild von dem Entwicklungsstand des jeweiligen Kindes machen und Ihre Kinder beeinflussen sich nicht gegenseitig. Zur U8 empfehlen wir in jedem Fall getrennte Termine. Diese Vorsorge wird etwa eine Stunde in Anspruch nehmen.

Unser Tipp

Nehmen Sie zu diesem Termin ein besonderes Spielzeug oder Bilderbuch mit, das Ihre Kinder nicht jederzeit zur Verfügung haben. Damit lässt sich die Wartezeit leichter überbrücken.

Müssen Sie mit beiden Kindern einen gemeinsamen Termin vereinbaren, weil es nicht anders geht, werden die beiden nacheinander untersucht werden. Ein Kind wird also jeweils warten müssen. Nehmen Sie in diesem Fall am besten eine weitere erwachsene Person für die Betreuung mit. Längere Wartezeiten sind für Kinder in diesem Alter nicht gut erträglich. Sie sollten mit dem Kinderarzt aber in Ruhe die Besonderheiten des untersuchten Kindes besprechen können.

Fördermaßnahmen

Kinder entwickeln sich unterschiedlich und in ihrem eigenen Tempo. Eine zeitverschobene Entwicklung zwischen Ihren Zwillingen ist keine therapiebedürftige Störung. Wenn Sie sich unsicher sind, befragen Sie den Kinderarzt und lassen Sie das jeweilige Kind in einem Einzeltermin untersuchen. Stellt der Arzt einen Therapiebedarf fest, wird er gemeinsam mit Ihnen überlegen, welche Maßnahme die geeignete ist. Zu den üblichsten Fördermaßnahmen in diesem Alter gehören:

Logopädie: die medizinische Fachtherapie der Stimmheilkunde. Sie behandelt alle Bereiche der Sprach-, Sprech-, Stimm- und Schluckstörungen. Angewandt wird Logopädie zum Beispiel, wenn auffällige Verzögerungen in der Sprachentwicklung auftreten. Auch wenn Zwillinge in der Regel eher später sprechen als Einlinge, besteht nicht sofort Therapiebedarf. „Late-Speaker" kann es ganz zwillingsunabhängig in jeder Familie geben.

Ergotherapie: Therapeuten begleiten Kinder, die in ihren Fähigkeiten eingeschränkt sind und Schwierigkeiten bei alltäglichen Aufgaben haben. Die Übungseinheiten werden individuell an die Bedürfnisse des Kindes angepasst.

Schnullerentwöhnung

Nach dem zweiten Geburtstag sollten Sie Ihre Zwillinge vom Schnuller entwöhnen. Eine gute Möglichkeit ist, den Schnuller nur zu bestimmten Zeiten wie zum Einschlafen herauszuholen. Das erfordert, wie alle erzieherischen Maßnahmen, Konsequenz und ist mit zwei widerstrebenden Kindern anstrengend. Sie können sich aber sicher sein, dass Sie Ihren Kindern etwas Gutes tun, denn die Schnullerentwöhnung ist unter anderem wichtig für die Sprachentwicklung. Ohne Plastik im Mund spricht es sich viel besser! Das intensive und andauernde Saugen an Schnullern fördert zudem den offenen Biss, der später vielleicht aufwändig mit Zahnspangen reguliert werden muss. Zum Abschaffen des Schnullers gibt es zahlreiche Rituale, die Kindern den Abschied erleichtern. Ob die Schnullerfee im Austausch ein Geschenk unter das Kopfkissen legt oder Kinder ihre Schnuller nach dänischem Vorbild an einen Schnullerbaum hängen, bleibt Ihnen und Ihrer Fantasie überlassen.

Lisa und Marie, gerade drei geworden, haben ihre Schnuller kurz nach einem Zahnarztbesuch bereitwillig in den Mülleimer versenkt. Der Zahnarzt hatte mit strenger Miene bemerkt, dass die Schnullerzeit nun zu Ende sei. Nach drei weiteren Tagen, die für alle Beteiligten äußerst anstrengend waren, war endlich Ruhe. Obwohl sich an den unmöglichsten Stellen wie Jackentaschen oder Bettritzen noch monatelang Schnuller-Vorräte fanden, war das Thema für die beiden erledigt.

Fragen zur Sexualität

Im dritten und vierten Lebensjahr beginnen Ihre Kinder, sich für Sexualität zu interessieren. Meist wollen sie wissen, wo sie eigentlich herkommen. Beantworten Sie diese Fragen sensibel, kindgerecht und immer nur so ausführlich, wie Ihre Kinder nachfragen. Sie werden die Kindheit Ihrer Zwillinge sicherlich nicht dadurch entzaubern, dass Sie bei der Wahrheit bleiben. Vielleicht beschließen Ihre Kinder, Ihnen die Antwort auf die Frage, wo sie denn nun herkommen, nicht zu glauben, da sie unmöglich zu zweit in Mamas Bauch gepasst haben können. Nach kurzer Sicht der Tatsachen entschieden sich Johann und Rasmus lieber für die Version, dass der deutlich größere Bauch ihres Vaters sehr viel bequemer gewesen sein müsse. Kinder wollen eben nur genau das wissen, was in ihr momentanes Weltbild hineinpasst.

Zwillingsbeziehungen

Zwillinge wachsen im dritten und vierten Lebensjahr eng miteinander auf. Dabei ist der andere ein Gegenüber, das eigenes Verhalten widerspiegelt und zugleich auch Vorbild ist. So lernt man viel über sich selbst. Über- und Unterlegenheit gleichen sich dabei auf unterschiedlichen Gebieten in aller Regel aus, sodass beide voneinander gleichermaßen profitieren.

Zwillinge unter sich

In der Beziehung Ihrer Zwillinge werden Sie immer häufiger Situationen erleben, in denen sich die beiden gegenseitig unterstützen und bewusst aufeinander eingehen. Sie erkennen, wenn ihr Geschwister traurig ist und getröstet werden muss, oder helfen sich in schwierigen Situationen. Eines Nachmittags fing Luisa an zu weinen, weil sie sich nicht alleine ins Kinderzimmer traute, um ein Spielzeug zu holen. Ciara ging zu ihrer Schwester, strich ihr über den Kopf und sagte: „Ach Luisa, ich gehe doch mit dir."

Die beiden gehen aufeinander ein, haben aber inzwischen eigene Interessen. Sie akzeptieren durchaus, wenn die andere in ihr eigenes Spiel vertieft ist. Beide spielen manchmal den ganzen Tag sehr harmonisch miteinander, streiten aber dann wegen Nichtigkeiten wie die Kesselflicker miteinander. Dabei gibt es in diesem Alter selten Unterschiede zwischen eineiigen und zweieiigen Zwillingen oder Mädchen und Jungen.

Ab dem dritten Lebensjahr wird es häufiger vorkommen, dass sich die beiden Kleidung selbst aussuchen. Sie werden feststellen, dass sich Ihre eineiigen Zwillinge unbewusst häufiger Gleiches aus dem Schrank nehmen. Und vielleicht bereitet es Ihren zweieiigen Zwillingen einen Riesenspaß, sich ab und an gleich anzuziehen. Das alles schadet der Entfaltung einer individuellen Persönlichkeit nicht, solange Ihre Kinder sich wohl dabei fühlen. Kaufen Sie also, wenn gewünscht, die heiß begehrten Lieblingsstücke zweifach.

„Erster sein"

Ob eineiige oder zweieiige Zwillinge, immer will einer Erster sein. Es geht nun darum, wer zuerst seinen Kakao bekommt oder der Oma die Tür aufmachen darf. Auch hier gibt es unzählige Beispiele für Situationen, in denen sich Ihre Kinder einen erbitterten Konkurrenzkampf liefern, als ginge es ums Ganze.

Kinder brauchen dieses Kräftemessen. Sie müssen ihre Stärken ausprobieren und ihre Schwächen kennenlernen. Und da haben Zwillingsgeschwister ideale Trainingsmöglichkeiten. Sie sind und haben ein ebenbürtiges Gegenüber, das immer da ist. Das Gerangel um den ersten Platz ist ein gutes Training für das spätere Leben. Wer sich gegen den Zwilling behaupten kann, wird auch einem fremden Kind gegenüber eher standhaft bleiben. Und wer einmal Erster war, der kann dem anderen auch mal großzügig den Vortritt lassen. Natürlich nutzen Kinder vermeintliche Vorteile aus, um sich zu behaupten. Nicht selten besteht der erstgeborene Zwilling auf seinem Altersvorteil, auch wenn dieser in aller Regel nur wenige Minuten beträgt.

Teilen will gelernt sein

Für Kinder ist es wichtig, eigene Sachen zu besitzen. Erst, wenn sie begreifen, was „meins" bedeutet, können sie ihre Sachen auch teilen, abgeben oder sogar verschenken. So brauchen Ihre Zwillingsmädchen natürlich zwei rosa Tücher zum Verkleiden und Ihre Söhne jeder ein eigenes Autosortiment. Um die Bedeutung von „Eigentum" zu erfassen, werden Ihre Kinder im dritten Lebensjahr zu regelrechten Sammlern und Hütern ihrer Besitztümer. Spielsachen werden lautstark und mit vollem Körpereinsatz verteidigt. Oft sind sie deutlich intensiver mit dem Bewachen ihrer Sachen beschäftigt, als damit zu spielen.

Für Kinder ist der eigene Bagger oder das eigene Förmchen so wichtig wie für uns zum Beispiel unser Auto. Stellen Sie sich vor, jemand sagt: „Och, lassen sie mich doch mit ihrem Auto fahren, es parkt doch gerade eh nur vor der Tür." Sie würden Ihren Autoschlüssel bestimmt nicht hergeben. Auch Ihre Kinder finden es absurd, wenn sie anderen einfach so ihr Förmchen geben sollen.

Umgang mit dem täglichen Wetteifer

Zwingen Sie Ihre Kinder nicht zum Teilen. Statten Sie einfach jeden Zwilling mit dem nötigen Sandspielzeug aus, sodass die beiden gleichzeitig miteinander Sandkuchen backen können und nicht auf das Förmchen des anderen angewiesen sind. Nur so kommen die beiden zum gemeinsamen Spiel und landen nicht stattdessen im Streit um einen Gegenstand. Die Wohnung einer Zwillingsfamilie erkennen Sie meist schon an dem Fuhrpark, der den Wohnungs- oder Hauseingang ziert. Zwei Laufräder, zwei große Bagger, zwei Schubkarren oder zwei Puppenwagen parken vor der Tür, nicht immer zur Freude der Nachbarn.

Petra Lersch

» Der Bestimmer

Um den alltäglichen Wettstreit der Kinder etwas zu beruhigen, hat es sich bei uns bewährt, tageweise einen „Bestimmer" festzulegen. Dieser genießt an seinem Tag das Privileg, immer der Erste zu sein. Er bekommt zuerst seinen Kakao, er darf sich seinen begehrten Sitzplatz aussuchen und er darf der Oma die Tür aufmachen. Am nächsten Tag ist dann der andere Zwilling der „Bestimmer". Auf diese Weise kommen beide zu ihrem Recht, keiner wird bevorzugt oder benachteiligt.

Für mich hat dieses Kämpfen um „Erster-Sein" noch einen weiteren wichtigen Aspekt. Ich habe das Gefühl, es steckt auch das Bedürfnis dahinter, sich vergewissern zu wollen, dass man allein wichtig ist und nicht nur als „Geschwistergruppe" wahrgenommen wird. Deshalb waren für mich als sich ständig sorgende Mutter, ob jedes der Kinder genug Aufmerksamkeit bekommt, die „Bestimmer-Tage" ein gutes Hilfsmittel, auch das individuelle Bedürfnis nach „Wichtig-Sein" zu befriedigen.« ▬

Rollenverteilung

Der Personenkreis, der Zwillinge vergleicht und ihnen Rollen zuweist, erweitert sich zusehends. Neben Eltern, Freunden und Verwandten nehmen nun auch Betreuer aus Kindertagesstätte und Kindergarten Einfluss auf Sie und Ihre Kinder. Sie kennen Ihre Kinder am allerbesten. Besprechen Sie mit den Betreuern Ihrer Kinder genauso wie mit Ihren Mitmenschen, wie Sie sich den Umgang mit Ihren Zwillingen vorstellen und was Sie auf gar keinen Fall möchten.

Die Erwartungen anderer

Plötzlich rücken andere Themen in den Vordergrund. Es wird gerne kommentiert, wie „lieb", also wie folgsam, ein Kind ist: Ist es „artig" und „brav", gibt es zum Gruß die Hand, bleibt es ruhig sitzen und unterbricht nicht, wenn Erwachsene sich unterhalten, oder kann es sogar schon ordentlich am Tisch essen?

Zudem gerät die Feinmotorik mit Themen wie „Kann es denn schon sauber ausmalen oder Konturen auf der Linie ausschneiden?" in den Blickpunkt, nachdem so lange die Grobmotorik das Wichtigste zu sein schien. Gerade bei Zwillingen wird das Verhalten anderer gegenüber besonders beäugt. Wer gesprächig ist, gerne auf andere zugeht und von sich aus Kontakt aufnimmt, wird häufig als „Außenminister" bezeichnet. Der stillere und zurückhaltende Zwilling, der sich auf den ersten Blick auf seinen Zwillingsbruder bezieht, bekommt die Rolle des „Innenministers" zugeschrieben. Man vergisst dabei gerne, dass sich beide jeweils auf den anderen Zwilling beziehen. Auch der angebliche „Außenminister" wird ohne seinen „Innenminister" nicht unbedingt zum Spielen in den Garten gehen oder fremdes Terrain erkunden.

Wird Julian immer als der „Liebere" gelobt und Lukas, der immer so wild ist, dauernd zurechtgewiesen, kann es zu einer „Selffulfilling Prophecy", einer sich selbst erfüllenden Prophezeiung, kommen. Eigentlich ist Lukas nur lebhaft, tobt altersgemäß laut und wild. Er ist damit aber im Alltag häufig anstrengender zu beschäftigen als Julian, der gerne ruhig vor sich hin spielt. Wird Julian nun immer als Vorbild gelobt, kann dies für Lukas bedeuten: „Es lohnt sich gar nicht, ruhig zu sein, denn besser als Julian kann ich darin gar nicht werden und der ist ja immer da." Zum anderen sichert das Wildsein Lukas zumindest die negative Aufmerksamkeit, die immer noch besser ist als keine Aufmerksamkeit. Er wird immer wilder toben und wird sich keine Mühe geben, einmal ruhiger zu spielen! Das ist für ihn zudem ganz bequem, denn es entspricht mehr seinem Temperament. Lukas wird damit seiner zugeschriebenen Rolle als der frechere, lautere, weniger Folgsame gerecht. Die Erwartung an Lukas Verhalten erfüllt sich, da er sich, ob unbewusst oder bewusst, sei dahingestellt, so verhält, dass diese Erwartung erfüllt wird.

Umgang mit Erwartungen

Bewerten Sie das Verhalten Ihrer Zwillinge weiterhin NIE vor den beiden! Achten Sie bei Ihren Zwillingen darauf, ob Verhalten und Rollenverhalten sich verfestigen. Steuern Sie bewusst dagegen: „Julian, du kannst aber durch die Wohnung flitzen, toll", wenn er mal nicht wie angeklebt gesessen hat, und „Lukas, das ist aber ein tolles Bild", wenn er konzentriert und ruhig gemalt hat. Bitten Sie Verwandte, die womöglich schon ihren Liebling haben, ihrerseits darauf zu achten und ihre kommentierenden Vergleiche und Bewertungen nicht im Beisein der beiden zu äußern.

Wird ein Kind von jemand anderem gelobt, weil es sich „tadellos" verhalten hat, betonen Sie im Gegenzug auch eine positive Fähigkeit des anderen. „Felix hat abgewartet, bis alle fertig gegessen haben. Das war ganz toll. Sein Bruder Darian hat mir heute Morgen schon geholfen und für uns alle die Zeitung hereingeholt, darüber habe ich mich sehr gefreut!"

Unser Tipp

Konzentrieren Sie sich auf die positiven Verhaltensweisen und Fähigkeiten Ihrer Zwillinge und erweitern Sie den Blickwinkel anderer Bezugspersonen. Lobt ein Außenstehender eines Ihrer Kinder, fragen Sie nach, was denn der andere für tolle Sachen gemacht hat.

Unterschiedliche Interessen

„Die Aufgabe der Umgebung ist es nicht, das Kind zu formen, sondern ihm zu erlauben, sich zu offenbaren." Maria Montessori prägte diesen Satz. Wir finden ihn gerade für Zwillinge wunderbar passend. Geben Sie jedem Kind die Möglichkeit, seine eigenen Ideen zu entwickeln und durch vielfältige Erfahrungen herauszufinden, was ihm liegt.

Schon Kleinkinder zeigen, was ihr besonderes Interesse geweckt hat und womit sie sich intensiver beschäftigen wollen. Dabei werden sich eineiige Zwillinge aufgrund ihrer genetischen Übereinstimmung eher für ähnliche Dinge interessieren als zweieiige. Gleichgeschlechtliche Kinder werden eher geschlechtsspezifische, anfangs oft noch gemeinsame Interessen zeigen. Aber eben nicht immer. Eltern und Umwelt gehen bei gleichgeschlechtlichen und eineiigen Zwillingen häufig selbstverständlich davon aus, dass sich die beiden für dieselben Dinge interessieren. Von Ihrem Sohn würden Sie aber bestimmt nicht erwarten, dass er sich ausgiebig mit dem Puppenfrisierkopf seiner Zwillingsschwester beschäftigt, und Ihre Tochter müsste sicherlich auch nicht den ganzen Nachmittag mit ihrem Zwillingsbruder mehrspurige Autobahnen durch die ganze Wohnung bauen.

Zugegebenermaßen sind Nachmittage einfacher zu organisieren, wenn Zwillinge die gleichen Vorlieben haben. Es ist aber wichtig, jedes Kind individuell zu fördern, indem Sie auf eigene Interessen jedes Zwillings eingehen. Deshalb lohnt es, die unterschiedlichen Vorlieben unter einen Hut zu bringen.

Martin beispielsweise fasziniert alles, was krabbelt und fliegt. Ist er schlecht gelaunt, reicht schon der Vorschlag: „Komm mit raus, wir suchen mal nach Schneckenhäusern" und das Kind ist mit Feuereifer dabei. Ingo hingegen findet Schnecken langweilig. Ein Spaziergang zum Bahnhof aber, wo man den Zügen hinterhergucken kann, mal ein Güterzug, mal ein ICE vorbeirauscht, fesselt seine Aufmerksamkeit. Wie könnte ein Kompromiss aussehen? Martin kann beispielsweise seine geliebten Schnecken mal auf dem Bahnhof aufstöbern und Ingo einen Spielzeugzug mit an den Wegesrand nehmen und Schneckenhäuser aufladen.

Haben beide Kinder die Möglichkeit, ihren Interessen nachzukommen, können sie selbst entscheiden, ob sie jeder für sich nebeneinander spielen oder ihr Spiel gemeinsam fortsetzen. So kann es durchaus sein, dass Leon gerade mit seinen Autos immer weiter Runden um den Spielteppich kurvt, während Florian im Kaufladen beschäftigt ist. Und dann fährt Leon mit einem Auto zu seinem Bruder und kauft erst einmal im Laden ein.

Umgang mit der Individualität

Schaffen Sie für Ihre Kinder Themenecken, sodass sie auf Wunsch getrennt, aber in der Nähe des anderen spielen können. Im dritten und vierten Lebensjahr ist ein Kaufladen ebenso spannend wie ein Puppen- oder Parkhaus.

Haben Ihre Kinder sehr unterschiedliche Interessen, flitzt einer immer gerne draußen herum, während der andere lieber ruhig drinnen sitzt, führen Sie Regeln ein. Sprechen Sie dazu mit Ihren Kindern: „Heute gehen wir zuerst spazieren, weil Robert so gerne Roller fahren möchte und jetzt die Sonne scheint. Später spielen wir „Der kleine Obstgarten", das ist das Lieblingsspiel von Charlotte."

Lassen Sie Ihre Kinder nach Möglichkeit selber entscheiden, was sie machen möchten. Oft bieten sich Alternativen an, die man vorher nicht geplant hat. Wie bei den Zwillingen Eric und Leo. Beide sind im Musikkurs angemeldet. Eric geht sehr gerne dorthin, bei Leo weiß man es nicht so genau, aber er hat bis jetzt nichts Gegenteiliges geäußert. An diesem Tag wollte ihre Mutter beide zum Kurs begleiten. Der kleinere Bruder Pascal sollte derweil mit der Oma spazieren gehen. Leo sagte plötzlich: „Ich habe heute keine Zeit für den Musikkurs. Ich gehe lieber mit Oma und Pascal." Eric ist dann alleine mit seiner Mutter zum Musikkurs gegangen und alle hatten Spaß. Wenn nun die Oma nicht da gewesen wäre, hätte Leo ein Lieblingsspielzeug mitnehmen und sich damit beschäftigen können, während Eric im Musikkurs mitmacht.

Freundschaften

Im Kleinkindalter sind Zwillinge sich meist genug. Andere Kinder werden als Spielgefährten noch nicht unbedingt gebraucht, denn Zwillingsschwester oder Zwillingsbruder sind ja den ganzen Tag greifbar. Die Kinder können sich gegenseitig einschätzen und nonverbal verständigen. Das Zwillingsgeschwister kann dabei durchaus einen besten Freund ersetzen, wenn die Zwillinge gut miteinander auskommen und ähnliche Interessen haben. Eineiige wie zweieiige Zwillinge öffnen sich mit der wachsenden Fähigkeit, sich über Sprache zu verständigen, allmählich mehr nach außen.

Die ersten Freundschaften

Im dritten Lebensjahr werden die ersten zarten Freundschaften geschlossen. Diese sind in der Regel noch kurzlebige Beziehungen, die kaum einen Kindergartentag überdauern. Sie reichen aber zumindest für ein gemeinsames Spiel, ganz nach dem Motto „Ich bin doch dein Freund, lass mich auch mal mit dem Ball schießen."

Pärchen-Zwillinge gehen innerhalb einer Kindergruppe oftmals schneller getrennte Wege und suchen sich gleichgeschlechtliche Spielgefährten. So kann es Ihren Kindern durchaus ergehen wie den Zwillingen Moritz und Tabea. Kaum waren sie in der Kita, stürmte Moritz schon in seine geliebte Bau-Ecke, während Tabea noch etwas schüchtern in der Nähe der verwaisten Puppenküche lauerte. Da nahte schon die Rettung in Gestalt einer weiteren begeisterten Köchin. Die dreijährige Leonie fragte Tabea, ob sie mit ihr Puppenkuchen backen möchte. Dann war auch Tabea zufrieden und für den Rest des Vormittags beschäftigt. Als die Zwillinge am Nachmittag wieder zu Hause waren, spielten sie dort wieder einträchtig miteinander.

Im vierten Lebensjahr treffen sich Kinder schon bewusst zum gemeinsamen Spielen. Wenn sie die Erfahrung gemacht haben, dass sie mit einem Kind besonders gut auskommen, wird dieser Spielkamerad zum Freund ernannt. Es werden auch Freundschaften geschlossen, um sich in schwierigen Situationen Verbündete zu schaffen. Sollen zum Beispiel andere Kinder aus der Küchenecke verdrängt werden, um dort selber kochen zu können, ist man gemeinsam natürlich stärker. Auch gegenüber Erwachsenen lässt sich ein Wunsch viel besser durchsetzen, wenn man gemeinsam das Ansinnen mit mehr Nachdruck vortragen kann.

So warten Kinder oft morgens auf die Ankunft des besten Freundes oder der besten Freundin. Gespielt wird dann erst, wenn der andere da ist und man sich gemeinsam etwas überlegt. Aus Spielgemeinschaften, die sich bewährt haben, können später echte Freundschaften entstehen.

Umgang mit Freundschaften

Lassen Sie Ihre Zwillinge so miteinander spielen, wie die beiden es wollen. Sie müssen Ihre Kinder, in diesem Alter nicht zum Spielen mit anderen Kindern drängen. Auch wenn es Ihnen nicht immer gefallen mag, dass Ihre Zwillinge am liebsten nur „zusammenglucken". Der Wunsch, vor allem miteinander zu spielen ist nachvollziehbar und nicht besorgniserregend. Einem Einzelkind würden Sie sicherlich den Wunsch nicht abschlagen, dass es überall dabei sein will, wo der beste Freund mitmacht. Unter Umständen sind Ihre Zwillinge gemeinsam als Spielgefährten und Kindergartenfreunde sogar begehrter, weil sie zu zweit mehr Durchsetzungsvermögen besitzen als ein einzelnes Kind. Ihre Kinder werden sich im Laufe ihrer Entwicklung zu individuellen Persönlichkeiten mit eigenem Freundeskreis entwickeln. Lassen Sie ihnen Zeit!

Haben Sie allerdings den Eindruck, dass sich eines der beiden nicht wohl fühlt oder lieber mit anderen Kindern spielen möchte, werden Sie aktiv. Befragen Sie Ihre Kinder altersgerecht einzeln, was sich jeder der beiden wünscht im Umgang mit anderen. Möchte Peter gerne mit einem Kindergartenfreund alleine spielen, unterstützen Sie seinen Wunsch und organisieren eine Verabredung. Vermeiden Sie es, Hans zu bedauern oder zu sagen: „Jetzt seid aber doch lieb und lasst Hans mitspielen", sondern signalisieren Sie deutlich: „Peter darf mit seinem Freund spielen. Ich verstehe, dass dich das traurig macht. Was möchtest du jetzt tun?" Bieten Sie auch Hans eine Verabredung an oder etwas Besonderes, dass Sie mit ihm unternehmen, z. B. nur mit Mama Wasserfarben malen oder ein Ausflug zur Eisdiele – was Hans eben gefällt. So verbringen beide einen schönen Nachmittag und keiner fühlt sich zurückgesetzt.

Beziehung zu Geschwistern

„Ja, wenn es schon ein angenehmer Anblick ist, zu sehen, dass Eltern ihren Kindern eine ununterbrochene Sorgfalt widmen, so hat es noch etwas Schöneres, wenn Geschwister Geschwistern das Gleiche leisten" bemerkte seinerzeit schon Johann Wolfgang von Goethe.

Ihre Zwillinge werden älter und mit ihnen auch die Geschwister. Und Sie werden immer häufiger Situationen erleben, in denen Sie sich zurücklehnen und sich sagen können: „Gut gemacht, haben wir ein Glück mit unserer Kinderschar."

Expertenbeitrag

Gleich und doch verschieden? Zwillinge und die Umwelt

Zwillings- und Adoptionsstudien spielen in der psychologischen Forschung seit vielen Jahrzehnten eine wichtige Rolle. Im Mittelpunkt dieser Forschung steht die interessante Frage, wie Gene und Umwelteinflüsse dazu beitragen, dass wir werden, wer wir sind. Typischerweise werden dazu die Ähnlichkeiten gemeinsam aufwachsender ein- und zweieiiger Zwillinge verglichen. Größere Ähnlichkeiten auf Seiten der eineiigen Zwillinge werden als Hinweis auf einen Einfluss genetischer Faktoren interpretiert. Auf Seiten der Umwelt wird zudem unterschieden in solche Umwelteinflüsse, die Menschen tendenziell ähnlicher machen, und solche, die zur Unterschiedlichkeit von Personen beitragen, selbst wenn diese gemeinsam aufwachsen.

Die Zwillingsforschung hat eine Reihe von erstaunlichen Erkenntnissen zu Tage gefördert, etwa, dass es kaum ein Verhaltensmerkmal gibt, das frei ist von genetischen Einflüssen. Dies bedeutet, dass ein Teil der zu beobachtenden Unterschiede zwischen Menschen auf genetische Unterschiede zurückzuführen ist. In manchen Verhaltensbereichen, z.B. im Bereich kognitiver Fähigkeiten, ist dieser Einfluss sogar der entscheidende Faktor. Dies bedeutet jedoch nicht, dass in diesen Bereichen durch die Gene bereits alles festgelegt ist. Die Frage nach der Erklärung individueller Unterschiede muss jedoch unabhängig von der Frage nach der Veränderbarkeit des individuellen Leistungsniveaus betrachtet werden, etwa durch Studien zur Effektivität von Fördermaßnahmen. Im Bereich kognitiver Fähigkeiten wird eine weitere erstaunliche Beobachtung gemacht: Die Bedeutung genetischer Faktoren steigt mit zunehmendem Lebensalter (was

zunächst niemand vermuten würde). Es scheint so zu sein, dass Menschen mit zunehmendem Alter ihr Erleben und Verhalten immer stärker so gestalten (beispielsweise indem sie bestimmten Freizeitaktivitäten nachgehen), dass dies im Einklang mit ihren genetischen Anlagen steht. Im Gegenzug gilt für den Bereich der kognitiven Fähigkeiten, dass die im frühen Kindesalter sehr bedeutsame Familienumwelt im Laufe der Entwicklung an Bedeutung für die Erklärung individueller Unterschiede verliert.

Kann nun daraus geschlossen werden, dass elterliches Verhalten keine wirkliche Rolle spielt und es ist letztlich unerheblich ist, wie Eltern mit ihren Kindern umgehen, beispielsweise welche Angebote für die kognitive Entwicklung sie ihren Kindern machen? Sicherlich nicht! Vielmehr legen die Studien nahe, dass im Laufe der Entwicklung Einflussfaktoren jenseits des elterlichen Verhaltens entscheidend an Bedeutung gewinnen. Dies kann gewissermaßen als Hinweis auf die Grenze elterlicher Machbarkeit angesehen werden, was durchaus eine positive Botschaft enthält: Für eine günstige Entwicklung von Kindern kommt es nicht nur allein darauf an, was ihre Eltern tun bzw. dass sie „alles richtig machen". Diese Erkenntnis kann ein wenig zur Entspannung von heutigen (Zwillings-)Eltern beitragen, die einem ständigen Druck, ihrem Kind bzw. ihren Kindern alles nur denkbar mögliche an Förderung bieten zu müssen, ausgesetzt sind.

Prof. Frank Spinath, Universität des Saarlandes, Professor für differenzielle Psychologie und psychologische Diagnostik

Ein erstgeborenes Einzelkind und jüngere Zwillinge

Für ältere Erstgeborene mit kleineren Zwillingsgeschwistern wird das Leben mit den Zwillingen nun einfacher. Zum einen entwickeln Drei- bis Vierjährige ihr eigenes Spiel und brauchen nicht mehr die ganze Aufmerksamkeit der Eltern. Der regelmäßigere Tagesablauf schafft planbare Zeitfenster für die „Großen". Auch die Trotzphase ist bis zum dritten Geburtstag weitgehend abgeschlossen.

Die älteren Geschwister behalten allerdings ihren Heldenstatus und werden von den Kleinen ordentlich bewundert. Und umgekehrt können die Älteren mit den Kleinen immer mehr „anfangen", sodass sich auch mal ein gemeinsames Spiel ergibt. Es bleibt aber wichtig, die für den Erstgeborenen geschaffenen Freiräume und klare Regeln beizubehalten. Ist die Zimmertüre geschlossen und hängt das rote Stoppschild daran, heißt es, man will nicht gestört werden. Genauso gehen am Wochenende die jüngeren Geschwister altersgemäß früher ins Bett als die Großen – auch da drückt sich der Altersabstand nun mal in halbstündigem längeren Aufbleiben pro Lebensjahr aus.

Ist der Altersabstand gering, fühlt sich das ältere Kind ab und an ausgeschlossen, da die Zwillinge meist eine innige Einheit bilden. Oft versuchen die „Großen" das starke Band zwischen den Zwillingsgeschwistern zu lockern und einen der beiden auf ihre Seite zu ziehen. Oder die Großen stören das Spiel der Zwillingsgeschwister durch gezieltes Ärgern. Bei gegengeschlechtlichen Zwillingen tut sich das ältere Geschwister häufiger mit dem gleichgeschlechtlichen jüngeren Zwilling zusammen.

Marco

» Keiner wurde ausgeschlossen

Manchmal waren meine kleineren Brüder schon ganz schön lästig. Wenn ich mit einem Freund alleine sein und meine Ruhe haben wollte, haben sie uns immer wieder gestört.

Wenn die Kleinen schlafen sollen, musste ich Rücksicht nehmen.

Oft haben sie meine Sachen durcheinandergebracht oder kaputtgemacht. In der Schule waren wir die „Bucher-Jungen", das war eher von Nachteil, weil die beiden schon Rabauken waren, und ich wurde dann schnell mit ihnen in eine Schublade gesteckt. Ich musste auch immer alles teilen, vor allem, damit es kein Geschrei gab.

Wenn meine Mutter mal nicht da war, habe ich auf die beiden aufgepasst. Immerhin bin ich drei Jahre älter als die Zwillinge. Da habe ich schon richtig Verantwortung übernommen und dafür gesorgt, dass die zwei keinen Blödsinn machen.

Aber es gab auch viele Vorteile. Zu Hause war es nie langweilig, immer war jemand da zum Spielen. Da wir vom Alter her nicht weit auseinander waren, konnten wir gut zusammen spielen. Als der Älteste hatte ich dann das Sagen. Ich habe viele Entscheidungen getroffen und die Zwillinge konnten dann mitmachen oder eben nicht. Auch für unsere Mutter war das praktisch, weil wir die gleichen Interessen hatten. Ich hatte immer zu beiden eine gleich gute Beziehung, keiner wurde ausgeschlossen.

73

Eigene Interessen

Ob Bücherwurm oder Feuerwehrmann – Ihre
Zwillinge werden jeder für sich ausprobieren,
was ihnen den größten Spaß macht. So ist
einer mal in sein Spiel vertieft und der andere
guckt nur zu. Oder beide beschäftigen sich
nebeneinander mit völlig unterschiedlichen
Dingen. So werden beide ihre besonderen
Vorlieben und Fähigkeiten erkunden.

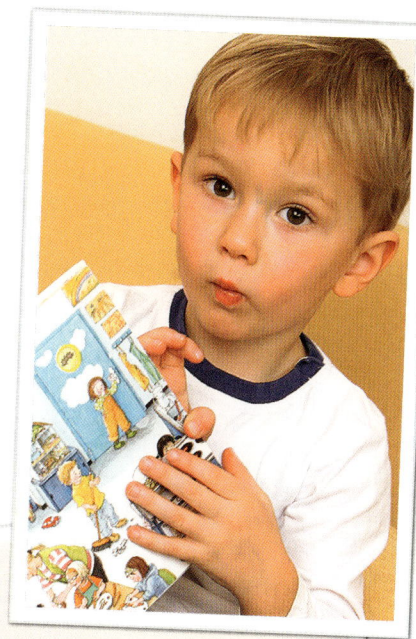

Als großer Bruder von kleineren Zwillingen hatte ich schon manchmal das Gefühl, etwas abseits zu stehen. Es ist sicher für Eltern nicht einfach, darauf zu achten, dass alle Kinder gleichberechtigt behandelt werden, und auch das ältere Kind nicht zu vernachlässigen. Später bekam ich noch mal einen kleinen Bruder. Auf den kleinen Zwerg war ich richtig stolz, aber er hatte auch eine ganz eigene Position in der Familie.« ▬

Zwillinge werden zu großen Geschwistern

Wenn Zwillinge im dritten und vierten Lebensjahr zu großen Geschwistern werden, sind die beiden meist weniger eifersüchtig oder ängstlich als ein Einzelkind in der gleichen Situation. Zwillinge haben in dem anderen eine vertraute Bezugsperson und sind emotional nicht so stark auf die Eltern angewiesen. Sie können ganz in der Rolle der großen Geschwister aufgehen und sich mit großer Freude auf das Baby konzentrieren. Die Zwillinge Carl und Phillip sind sehr bemüht um die noch kleine Schwester. Sobald sie schreit, holt der eine einen Schnuller, während der andere das Baby streichelt und sagt: „Baby Anne müde, Baby Anne schlecht gelaunt." Auch nutzen Zwillinge die neue Lebenssituation zu Rollenspielen. Lilly legte sich auf den Rücken, strampelte mit Armen und Beinen und weinte dazu wie ein Baby. David sagte mit beruhigender Stimme: „Oh, Baby" und steckte seiner Schwester den Schnuller in den Mund.

Hinzu kommt, dass Sie als Eltern von Zwillingen bereits einen gut geregelten Alltag leben, in den das Baby hineinwächst. Viele Eltern erleben die ersten Monate mit einem einzelnen Kind als deutlich weniger anstrengend, als sie die Zeit mit den Zwillingen in Erinnerung haben. Wird das Baby älter, wird es sich allerdings mehr auf die Eltern beziehen als die Zwillinge im entsprechenden Alter. Wenn Ihr jammerndes Kleines erst dann Ruhe gibt, wenn es vor Ihnen liegt, während Sie zur Toilette gehen, werden Sie vielleicht wehmütig an diese Altersphase Ihrer Zwillinge zurückdenken!

Schwierig wird es, den nur wenig älteren Zwillingen gegenüber konsequent zu bleiben. Zwei Kinder davon zu überzeugen, dass der Schnuller nun wirklich nichts mehr für sie ist, während das Baby natürlich einen im Mund haben darf, ist eine Herausforderung. Das führt schon mal dazu, dass die älteren Zwillinge erst später als Einzelkinder ohne Schnuller auskommen können und vielleicht auch das „Sauberwerden" noch dauert (siehe ab Seite 78).

Unser Tipp

Seien Sie nicht zu perfektionistisch, dann ist das eben so! Es hat noch jedes Kind den Schnuller abgegeben und den Weg auf die Toilette gefunden – alles eben zu seiner Zeit.

Einer für alle, alle für einen

Mit Geschwistern aufzuwachsen, ist toll! So sehr sich Geschwister streiten wie die Kesselflicker, nach außen halten sie zusammen wie Pech und Schwefel. Es gibt ebenso viele harmonische und rührende Szenen zwischen Geschwistern wie Streitereien, ganz egal, ob nun ältere oder jüngere Zwillingsgeschwister dabei sind. Der zweieinhalbjährige Markus flitzte bei den kleinsten Meckereien seiner neugeborenen Schwestern los, schob jedem Baby einen Zeigefinger in den Mund und rief ganz stolz: „Mama, ich bin schon da." Und auch die Zwillinge Ida und Jannis verschwanden mit der kleinen Hannah zum Spielen ins Kinderzimmer, als ihre Mutter einen wichtigen Gesprächstermin zu Hause hatte und die Kinder bat, sie in Ruhe arbeiten zu lassen. Erst nach etwa zwei Stunden kam die kleine Hannah müde zu ihrer Mutter und wollte ins Bett gebracht werden.

Geschwister geben einem im Leben Rückendeckung. Man traut sich deutlich mehr und kann schon mal „’ne dicke Lippe riskieren“, wenn man nicht nur die Zwillingsschwester, sondern auch noch den großen Bruder in der Hinterhand hat.

Umgang mit Kindern unterschiedlichen Alters

Behalten Sie klare Regeln konsequent bei. Ihr erstgeborenes Kind braucht nach wie vor Freiräume, die es ohne die jüngeren Zwillinge nach eigenen Vorlieben nutzen kann. Bleiben Sie gerecht: Nur weil ein einzelnes Kind wenig älter ist, muss es nicht immer das vernünftigere sein. Wenn Ihre Zwillinge drei Jahre alt sind, ist Ihr Ältestes gerade einmal fünf oder sechs. Auch in diesem Alter müssen Kinder noch nicht vernünftig und vorausschauend handeln, sondern wollen selbst noch vieles ausprobieren.

Sollte Ihr älteres Kind die kleineren Zwillinge häufig so schlimm ärgern, dass das gemeinsame Spiel mit bitteren Tränen endet, bleiben Sie konsequent und unterbinden Sie das Stören. Sie können eine neue Taktik versuchen, indem Sie nicht das ältere Kind für sein schlechtes Verhalten ausschimpfen, sondern das weinende Kind trösten, das geärgert wurde. Ihr älteres Kind wird vielleicht das Interesse am Ärgern verlieren, weil es ihm keine besondere Aufmerksamkeit einbringt. Loben Sie es stattdessen besonders für positives Verhalten: „Da hast du deine Autos aber toll aufgebaut, Marco.“ Das ist kein garantiertes Erfolgsrezept, aber einen Versuch wert.

Mit großen Zwillingen und einem Baby zu Fuß unterwegs zu sein, kann gut gelingen, wenn Sie die Zwillinge in den Buggy setzen und das Baby im Tragetuch oder -sack am Körper tragen. Sind Sie mit dem Einlingskinderwagen unterwegs, können sich Ihre Zwillinge abwechselnd auf das Kiddy Board stellen. Während Baby Anne im Kinderwagen liegt, steht Peter auf dem Kiddy Board, Zwillingsbruder Arno läuft neben dem Wagen her. Allerdings nur bis zur nächsten Ecke, dann wird getauscht. Die beiden achten peinlichst genau darauf, dass jeder die gleiche Anzahl an Kurven nimmt und die Strecken bis jeweils zur nächsten Ecke wirklich gleich lang sind.

Sind Sie mit dem Auto unterwegs, kann das Baby bei abgestelltem Airbag auf dem Beifahrersitz fahren, während die Zwillinge hinten sitzen. Die sicherste Lösung ist allerdings, wenn alle drei Kinder auf der Rückbank sitzen. Machen Sie also vor dem Kauf eines neuen Auto-Kindersitzes unbedingt eine „Sitzprobe“ auf der Rückbank.

Elternthema: Zwillinge und das „Sauberwerden"

Nach „Schlafen sie schon durch?" im ersten und „Laufen sie schon?" im zweiten Lebensjahr werden Sie nun öfter gefragt werden, ob die Kinder schon „sauber" sind. Manchmal kommt es zu regelrechten Elternwettbewerben und die Kinder, die völlig problemlos Tag und Nacht ohne Windel leben, werden, glaubt man den Schilderungen mancher Eltern, immer jünger. Bleiben Sie gelassen!

Großeltern, die kopfschüttelnd darauf verweisen, dass zu ihrer Zeit die Kinder spätestens mit 1½ Jahren sauber waren, sowie manche Kindergärten, die zu verstehen geben, dass man „es doch geschafft haben sollte bis zum Kindergarteneintritt", setzen gerade Zwillingseltern unnötig unter Druck. Schließlich geht es um zwei Kinder, die ihre eigene individuelle Entwicklung auch hinsichtlich ihrer Blasen- und Darmkontrolle haben. Sie werden unter Zwang nicht sauber werden und sollte der Kindergartenplatz tatsächlich davon abhängen, dass die Windel weg ist, suchen Sie einen anderen Betreuungsplatz. Es gibt ein Recht auf einen stressfreien Kindergartenplatz für alle, nicht nur für windelfreie Kinder! Das Thema „Sauberkeits-Entwicklung" hat sehr viele Aspekte, von denen wir Ihnen die unserer Meinung nach für Zwillingseltern wichtigsten Fakten aufführen. Mehr finden Sie in spezieller Fachliteratur, die wir Ihnen im Serviceteil (S. 186) unter dem Stichwort Topftraining aufgelistet haben.

Der Weg zur Sauberkeit

„Sauber werden" heißt, eine Kontrolle über Darm und Blase zu entwickeln. Das Alter, in dem Kinder trocken und sauber werden, wird durch die individuelle Reifung des Kindes bestimmt. So lange bleibt Ihnen nur, geduldig abzuwarten!

Den meisten Kindern ist es im dritten Lebensjahr möglich, ihre Ausscheidungen so zu kontrollieren, dass sie keine Windel mehr benötigen. Durchschnittlich mit 28–33 Monaten werden Kinder trocken und etwas früher beherrschen die meisten die Darmkontrolle. Manche Kinder benötigen ihre Windel aber bis zum fünften Geburtstag. Dies ist aber kein Grund zur Sorge. Von behandlungsbedürftigem Einnässen oder Einkoten sprechen Fachleute erst danach.

In der Regel funktioniert die Darmkontrolle früher und eher automatisch als die Blasenkontrolle. Kein Wunder, kündigt sich die vergleichsweise seltene Darmentleerung doch nachdrücklicher an als die Blasenentleerung, und dies meist auch noch immer wieder zu bestimmten Tageszeiten.

Der Weg zur perfekten Blasenkontrolle ist mühsam. Die Expertin Gabriele Haug-Schnabel nennt sieben Entwicklungsschritte:

- Das Kind zeigt Interesse am Töpfchen oder an Toilettengängen der Familienmitglieder.
- Das Kind achtet selber auf Signale der Blase, es unterbricht zum Beispiel sein Spiel und hört kurz in sich hinein.
- Es meldet: „Hab Pipi gemacht."
- Das Kind meldet den Harndrang rechtzeitig, damit jemand beim Toilettengang hilft.
- Es kann ohne Harndrang, aber auf Wunsch Pipi machen, z. B. vor dem Schwimmkurs.

- Das Kind kann bei Harndrang abwarten, bis zum Beispiel die Toilette gefunden ist.
- Schließlich kann es nachts ohne Blasenentleerung durchschlafen.

Manche Kinder durchlaufen die Schritte schnell hintereinander, wiederum andere verweilen auf einer Entwicklungsstufe länger. Auch dies ist völlig normal und kann sehr unterschiedlich sein.

Die Praxis: Töpfchen mal zwei

Zwei gleichaltrige Kinder beim „Sauberwerden" zu begleiten, kann, muss aber nicht anstrengender sein als bei einem Kind. Viele Familien berichten uns von unkomplizierten Verläufen, in denen die Zwillinge nahezu zeitgleich sauber und trocken wurden. Andere Familien haben erlebt, dass ein Kind lange vor dem Bruder oder der Schwester windelfrei war. Für Ihre Kinder ist das Sauberwerden ein großer Schritt in die Welt der „Großen" und sie brauchen Ihre Unterstützung dazu. Krempeln Sie also die Ärmel hoch und gehen Sie das Thema geduldig an!

Zwillingseltern sind häufig zögerlich, wenn es um das Weglassen der Windel geht. Schließlich gilt es, zwei Kinder umzuziehen und mit zwei Kindern eine Toilette zu suchen, wenn man unterwegs ist. Und es muss so viel mehr in die kleine „Reisetasche" hinein, wahre Berge von Wechselwäsche und viel mehr Feuchttücher. Außerdem kann man sich gar nicht vorstellen, wie das überhaupt funktionieren soll mit zwei Kindern gleichzeitig.

Vielleicht bestärken sich Ihre Kinder gegenseitig darin, aufs Töpfchen oder die Toilette zu gehen, wenn es reifungstechnisch ansteht. Vielleicht schaukeln sie sich aber auch gegenseitig darin hoch, dass das Leben mit einer Windel doch wesentlich angenehmer ist. Da zeigt sich die geballte Zwillingsmacht in Sätzen wie „Wir sind noch zu klein!" oder gar „Wir brauchen erst keine Windel mehr, wenn wir in die Schule kommen!" Häufig allerdings starten die beiden eher unbeeindruckt voneinander in das Abenteuer „Leben ohne Windel".

Oft ist den Mädchen die nasse und volle Windel früher unangenehm als den Jungen. Bei Zwillingspärchen kann es also sein, dass das Mädchen früher mit der Sauberkeitsentwicklung durchstartet. Aber auch bei gleichgeschlechtlichen Zwillingen kann ein Kind bereits deutlich Interesse an Blasen- und Darmkontrolle zeigen, während die Schwester oder der Bruder ungerührt und zufrieden weiter mit der Windel lebt. Eltern berichten uns, dass ein bis zwei Jahre zwischen dem Sauberwerden ihrer Zwillinge lagen. Beginnen Sie gegebenenfalls mit dem Kind, das vorangeht, und wickeln Sie das andere Kind getrost weiter. Genießen Sie es, nur für Laura Wechselwäsche einpacken zu müssen, und seien Sie gewiss, auch Mona wird nachziehen und vermutlich genau mit bekommen, was ihre Schwester gerade macht. Vermeiden Sie es, Vergleiche zwischen den Kindern anzustellen oder den Zwilling mit der Windel anstacheln zu wollen, indem Sie den anderen als tolles Beispiel darstellen. Entspannt bleiben, heißt die Devise!

Das Interesse an der Toilette an sich

Immer wieder hört man, dass Kinder spätestens gegen Ende des dritten Lebensjahres Interesse an ihren Ausscheidungen und der Toilette zeigen. Manch einer deutet aber auch akribisch die Signale der eigenen Zwillinge und entdeckt keines, dass sich auch nur im Entferntesten mit Interesse am Toilettengang hätte deuten lassen. Wir können Sie beruhigen, bei unserer Umfrage unter Zwillingseltern haben viele Ähnliches berichtet!

Natürlich können Sie versuchen, Interesse zu fördern. Es gibt Bücher für Kinder zum Thema, von denen wir Ihnen einige im Serviceteil aufführen. Zudem berichten Familien immer wieder, dass sie ungefähr ab dem Alter von 2½ Jahren Töpfchen in der Wohnung platziert haben, für jedes Kind eines. Es macht überhaupt nichts, wenn im Kinderzimmer und in anderen Räumen, in denen sich Ihre Kinder viel aufhalten, weitere stehen. Freuen Sie sich, wenn eines Ihrer Kinder oder beide Interesse auch an Ihren Toilettengängen zeigen. Es mag zwar wenig entspannend sein, vor vier Augen auf der Toilette zu sitzen, aber verbuchen Sie dies unter „pädagogisch sinnvoll" und sehen Sie es als wichtige Phase, die wie so viele vorher vorübergehen wird. Natürlich können auch Kuscheltiere und Puppen „vorbildlich" aufs Töpfchen gehen.

Wenn das Thema Ihre Kinder allerdings nicht interessiert, werden Sie die kaum ändern können. Wappnen Sie sich mit Geduld. Lassen Sie die Töpfchen griffbereit stehen und beherzigen Sie die weiteren Tipps, die wir Ihnen zusammengestellt haben. Tun Sie Ihr Bestes, gut gemeinte Ratschläge und Kommentare an sich abprallen zu lassen. Ihr Kind oder Ihre Kinder

sind eben noch nicht an dem Punkt. Finden Sie einen guten Mittelweg. Es spricht nichts dagegen, spielerisch heranzugehen und das Thema „Toilette" präsent zu halten, ohne dass es den Alltag Ihrer Kinder dominiert.

Windel weg mal zwei

Eine gute Zeit, um das Thema anzugehen, ist die Frühjahrs- und Sommerzeit. Manche Kinder stört gegen Ende des dritten Lebensjahres oder sogar früher die feuchte Windel – freuen Sie sich, wenn Sie ein solches Kind haben. Andere hingegen finden das nicht so unbequem und spielen und rennen seelenruhig mit einer prall gefüllten Windel weiter. Gerade Zwillinge, die gemeinsam stark sind und gerne betonen, dass sie „ein Recht auf die Windel" haben oder Ihnen mitteilen: „Wir sind schon ein bisschen groß, aber machen kein Pipi", können Sie zum Beispiel überzeugen, indem Sie sie einfach ohne Windel losschicken. Sie müssen sich dessen bewusst sein, dass für eine bestimmte Zeit viel Wechselwäsche gebraucht wird und des Öfteren im wahrsten Sinne des Wortes einiges in die Hose gehen kann. Am einfachsten ist es, wenn wenige Außentermine anstehen und Sie in Ruhe zu Hause bleiben können. Manche Eltern haben uns berichtet, dass Sie einen mehrwöchigen Sommerurlaub für diese Prozedur genutzt haben. Geradezu erholsam war die windelfreie Zeit danach.

Wenn Ihre Kinder also
- bald drei werden,
- schon ab und an Interesse an den Töpfchen, die herumstehen, zeigen und
- es draußen warm genug ist,

dann holen Sie alle Wechselhosen, die Sie haben, dorthin, wo Sie sich die meiste Zeit mit den Kindern aufhalten, und erklären Sie Ihren Kindern, dass sie einfach nackt draußen spielen können.

Vielleicht wird es Proteste geben. Bestehen Sie liebevoll, aber bestimmt darauf, dass die Windel wegbleibt. Stellen Sie die Töpfchen dorthin, wo die Kinder sind, und warten Sie ab. Vermutlich werden die ersten Ausscheidungen unkommentiert auf den Boden gehen, aber schnell kann es passieren, dass die Erfolgsmeldung „Hab Pipi gemacht" kommt. Loben Sie mit einem „Toll, dass du Bescheid sagst!" Vielleicht bemerken Sie auch, dass eines Ihrer Kinder innehält, bevor es macht. Weisen Sie Ihr Kind darauf hin, vielleicht bemerkt es einfach nur, dass etwas passiert, und kann mit Ihrer Hilfe den Harndrang und das folgende Pipi-Machen schneller miteinander in Verbindung bringen.

Kommt dies einige Male vor, können Sie auch auf das Töpfchen hinweisen: „Lukas, wenn das Pipi gleich kommt, könntest du einfach mal aufs Töpfchen gehen!" Wichtig ist bei allen Kommentaren, die Sie machen, dass Sie keinen Druck aufbauen! Schimpfen Sie Ihre Kinder nicht aus, wenn einmal etwas „danebengeht".

Kinderängste

Für jedes Kind ist die Sauberkeitsentwicklung eine Herausforderung, die auch von Ängsten begleitet sein kann. Plötzlich wird von Erwachsenen viel Aufhebens um etwas gemacht, das vorher nicht beachtet wurde. Man sieht, dass etwas aus dem Körper herauskommt – wenn man das genauer untersuchen will, regen die Eltern sich auf und zwingen einen, sich die Hände zu waschen! Schließlich wird das, was man fabriziert hat, schnell weggeschüttet in ein dunkles, lautes Loch, auf das man sich zu guter Letzt auch noch mit einem Toilettenring setzen soll! Kein Wunder, dass manche Kinder sich verweigern und das bevorzugen, was sie kennen, nämlich die Windel!

Nehmen Sie die Ängste Ihrer Kinder ernst. Erst recht, weil Sie zwei Kinder haben, die sich gegenseitig in ihren Ängsten bestärken, allerdings bei deren Bewältigung auch unterstützen können. Sind beide davon überzeugt, dass in der Toilette ein Monster wohnt, dann schafft es vielleicht der etwas Mutigere mit Ihrer Hilfe, dem Monster einfach auf den Kopf zu pinkeln, und ist ein wundervoller Vorreiter für den Bruder, dessen Hand er dann auf dem Toilettensitz halten wird.

Es kann vorkommen, dass ein Kind Stuhlgang bewusst einhält, weil das Koten weh tut. Besprechen Sie dies mit Ihrem Kinderarzt und unterstützen Sie Ihr Kind mit einem Mittel, das den Stuhlgang geschmeidiger macht. Viel trinken hilft! Unterstützend können probiotische Getränke, die Milchsäurebakterien enthalten, gegeben werden ebenso wie Trockenfrüchte. Homöopathische Globuli sind gerade bei Kleinkindern beliebt. Besprechen Sie mit einem Heilpraktiker, welche Globuli in diesem Fall für Ihr Kind geeignet sind.

Der Anfang ist gemacht

Hat eines Ihrer Kinder oder haben beide begonnen, das Töpfchen zu nutzen, bleiben Sie konsequent dabei, die Windel wegzulassen. Ziehen Sie dem Kind oder Ihren Kindern Kleidung an, die sie alleine bequem und zügig ausziehen können, wie weite Hosen mit Gummizug.

Sind beide windelfrei, schaffen Sie zwei nebeneinanderliegende Möglichkeiten, Toilette oder Töpfchen zu nutzen. Oft müssen die Kinder gleichzeitig und können nicht warten, bis der andere fertig ist. Benutzen Ihre Kinder die Toilette, empfiehlt es sich, ein Töpfchen neben der Toilette zu haben. Zu zweit passt man einfach nicht auf den Toilettensitz, egal wie gern man sich hat! Haben Sie die Möglichkeit, zwei Toiletten nebeneinander im Bad einzubauen, wird dies für viele Jahre hilfreich sein.

81

Christina

» Was die eine lernt, lernt die andere auch, nur später …

Emma zeigte mit etwa zwei Jahren erste Anzeichen, dass sie ihre Ausscheidungen kontrollieren konnte. Es war Sommer, somit war es recht einfach, das zu beobachten. Beide spielten nackt im Garten und ein Töpfchen stand als Einladung da. Mit etwa zwei Jahren und drei Monaten war ich mir sicher, dass sie trocken sein konnte und habe die Windel einfach weggelassen. Emma wollte das eigentlich nicht, sie protestierte ungefähr drei Tage, dann war alles erledigt. Sie konnte ab diesem Zeitpunkt schnell lange einhalten und warten, bis wir eine Toilette fanden.

Ihre Zwillingsschwester Charlotte zeigte im Gegensatz zu Emma mit zwei Jahren noch keinerlei Anzeichen, trocken zu werden. Es war vollkommen in Ordnung für sie, dass Emma etwas konnte und tat, was sie nicht schaffte oder nicht wollte. Deshalb habe ich sie gewickelt, bis sie drei Jahre und drei Monate alt war.

Ehrlich gesagt hatte ich mehr als genug vom Wickeln, aber es ging irgendwie gar nicht. Eines Tages aber kam Charlotte und meinte, sie wolle nicht mehr im Kindergarten mittags schlafen. Ganz spontan sagte ich, dass das ja kein Problem sei, aber dann brauche sie ja auch keine Windel mehr. Charlotte stutzte kurz, überlegte und war einverstanden. Ab diesem Tag brauchte sie keine Windel mehr« ▬

Sonja

» Zwei auf einen Streich

Ina und Linus haben uns mit etwa zweieinhalb im Brustton der Überzeugung und mit echter „Wir sind Zwillinge und wissen, wo der Hammer hängt"-Macht erklärt:

„Wir brauchen erst keine Windel mehr, wenn wir in die Schule kommen." Ein Weile ging dann auch wirklich gar nichts, vielleicht aber auch wegen einer stillschweigenden Übereinkunft zwischen uns Eltern und den Kindern. Eigentlich wollten wir die Windel gar nicht zu früh verschmähen, da wir uns das Trockenwerden und Toilettesuchen in Innenstädten mit zweien sehr schweißtreibend vorstellten. Dann wurden sie zwar mit dreieinhalb Jahren doch fast gleichzeitig und „über Nacht" trocken. Noch heute finde ich, dass es ganz schön lange dauert, bis man mit zwei Kindern endlich unterwegs und sicher sein darf, dass beide kurz vor dem Ausflug noch auf der Toilette waren.

Ein Töpfchen hatten wir übrigens noch bis zum Alter von viereinhalb Jahren im Bad stehen, da Ina und Linus eigentlich fast immer gleichzeitig mussten, beide ins Bad rannten und dann feststellen, dass nicht beide gleichzeitig aufs Klo passten. Da eine Ausweichtoilette nur im Keller zu erreichen war, war ein Töpfchen ein praktischer Ausweichort.« ▬

Auf in den Kindergarten

Der große Tag naht, Ihre Zwillinge gehen zum ersten Mal in den Kindergarten. Schnell werden Sie merken, dass es gar nicht so einfach ist, sich von beiden gleichzeitig zu trennen. Seien Sie ehrlich: Wer hat eigentlich mehr Trennungsangst, die Kinder oder Sie, die Eltern? Ihre Kinder haben einen großen Vorteil, sie gehen schließlich zu zweit den neuen Weg.

Formen der Kinderbetreuung

Ob nun Kindertagesstätte, Kinderhort oder Ganztageskindergarten, die genaue Definition ist national und zum Teil sogar regional unterschiedlich. In Deutschland unterscheidet man die Kinderkrippe für Kinder bis drei Jahren, sie verstehen sich als familienergänzende Kinderbetreuungen für Kleinkinder – und den Kindergarten für Kinder ab drei Jahre bis zur Einschulung". Häufig werden auch Einrichtungen, die alle Altersgruppen (Kinderkrippe, Kindergarten und Schulhort) umfassen, Kindertagesstätte genannt. Wir benennen im folgenden Kapitel mit „Kindergarten" jede mögliche Form der Tagesbetreuung für Kinder.

Die Aufnahmekriterien

Alle Regelungen rund um die Belange der Kindertagesbetreuung sind im Kinder- und Jugendhilfegesetz geregelt. Jedes Kind hat demgemäß ab dem vollendeten dritten Lebensjahr einen Rechtsanspruch auf einen Kindergartenplatz, in der Regel einen Halbtagsplatz. Die Aufnahmekriterien sind allerdings in jedem Kindergarten unterschiedlich. Oft wird nach Sozialkriterien ausgesucht, alleinerziehende und berufstätige Eltern haben in der Regel Vorrang.

Bekommen Sie in dem Kindergarten Ihrer Wahl keine Plätze für Ihre Zwillinge, können Sie sich ohne Bedenken an das zuständige Jugendamt wenden. Dort bekommen Sie Hilfe bei der Suche nach zwei vergleichbaren Plätzen: Dabei können Sie davon ausgehen, dass es gelingen wird, zumindest eine Halbtagsbetreuung in einem Kindergarten zu finden, der nicht mehr als eine halbe Stunde vom Wohnort entfernt ist.

WISSEN

Bei unseren Nachbarn

In der Schweiz besteht in weiten Teilen ein Rechtsanspruch auf einen Kindergartenbesuch von einem oder zwei Jahren. Die Kosten für die Betreuung sind weitgehend Kantonssache.
In Österreich sind Kindergärten und Beitragsregelungen Sache der Bundesländer. Seit 2009 ist der Kindergartenbesuch für fünf- bis sechsjährige Kinder verpflichtend.
In Liechtenstein besteht ein Rechtsanspruch auf einen Kindergartenplatz ab vier Jahren. Die Elternbeiträge sind nach Familieneinkommen und Betreuungsbedarf gestaffelt.

Die Kosten

Die Gebühren für Kindergarten und Kinderkrippe werden von den Kommunen festgelegt und können, je nach Wohnort und Einkommen, stark variieren. Oftmals gibt es allerdings eine Vergünstigung für das zweite Kind. Welche Gebühren der Kindergarten Ihrer Wahl erhebt, können Sie in der Regel auf der Webseite Ihrer Stadt nachlesen. Generell sind private Kindergärten teurer als die städtischen Angebote, obwohl sie von den Kommunen finanziell unterstützt werden. Ab einer bestimmten Einkommensgrenze können Sie finanzielle Unterstützung vom Jugendamt beantragen, auch wenn Sie Ihre Kinder in einem privaten Kindergarten angemeldet haben. Auch Kindergartenbeiträge können Sie steuerlich geltend machen.

Die Vielfalt der Kindergärten

Unterhalten werden Kindergärten in Deutschland von den Kommunen, von freien Trägern (Kirchengemeinden, Vereine, Elterninitiativen) oder privaten Trägern. Rahmenbedingungen, wie etwa der Betreuungsschlüssel, sind über das Kinder- und Jugendhilfegesetz geregelt, lassen aber Spielraum für individuelle Absprachen. Normalerweise werden in einer Gruppe 25 Kinder von zwei Erzieherinnen betreut. Private Träger arbeiten häufig mit einem großzügigeren Betreuungsschlüssel, der sich über die Elternbeiträge finanziert. Ob Montessori, Waldkindergarten oder Waldorf, ob in freier Trägerschaft oder als kirchliche Einrichtung, es gibt viele unterschiedliche Ansätze mit unterschiedlichen Schwerpunkten in der Begleitung von Klein- und Vorschulkindern

Städtische- oder Gemeindekindergärten:
Hier wird deutschlandweit etwa die Hälfte aller Kinder im Vorschulalter betreut. Die Einrichtungen arbeiten nicht religionsgebunden.

Betreuungsangebote, Betreuungskonzept und Öffnungszeiten variieren.

Kirchliche Träger: Es werden kirchliche Feste gefeiert, Gottesdienste mitgestaltet, sodass die Kinder ganz selbstverständlich in das Gemeindeleben hineinwachsen. Kirchliche Einrichtungen sind aber verpflichtet, eine bestimmte Prozentzahl Andersgläubiger aufzunehmen, sodass Sie nicht zwingend Kirchenmitglied sein müssen, um dort einen Platz für Ihre Kinder zu bekommen.

Elterninitiativen: Der Name ist Programm, die Eltern machen alles selbst, wobei der Umfang der Elternarbeit sehr verschieden ist. In der Regel werden Finanzverwaltung, Aufstellen des pädagogischen Konzeptes, Entscheidung bei der Besetzung der Erzieher-Stellen und die Gestaltung des Tagesablaufes von den Eltern übernommen. Auch fallen Arbeiten wie Putzen, Kochen, Reparaturen, vielleicht auch die Vertretung für kranke Erzieherinnen an.

Private Träger bieten häufig erweiterte Betreuungszeiten von frühmorgens bis in den späten Abend an sowie spezielle Zusatzangebote. Bei den privaten Trägern werden sehr unterschiedliche pädagogische Konzepte verfolgt. Als Beispiele sollen hier nur die Montessorioder die Waldorfkindergärten genannt werden. In bilingualen Kindergärten ist in der Regel eine Fremdsprache die Verkehrssprache, meist Englisch, Spanisch oder Französisch.

Natur-/Waldkindergärten in unterschiedlicher Trägerschaft bieten Kindern Betreuung in der freien Natur. Es gibt keine Räume, sondern Unterstände, einen Bauwagen oder eine Waldhütte. Kinder sind bei jedem Wetter und zu jeder Jahreszeit draußen an der frischen Luft.

Gemeinsam oder getrennt

Ob Ihre Zwillinge eine gemeinsame oder verschiedene Kindergarten-gruppen besuchen: Nach einem erlebnisreichen Tag, freuen sie sich auf die eigenen vier Wände. Nach einer kurzen Erholungspause werden die Geschäfte daheim gerne wieder in vertrauter Zweisamkeit erledigt.

Sie lernen den Rhythmus der Jahreszeiten kennen und beschäftigen sich mit Dingen, die die Natur für sie bereithält. Vereinzelt gibt es auch Bauernhofkindergärten, hier steht die Beziehung von Kind und Tier im Mittelpunkt. Kinder dürfen die Tiere füttern und pflegen.

Integrative Kindergärten: Unabhängig vom Träger einer Einrichtung und dem pädagogischen Konzept kann der Kindergarten integrativ ausgerichtet sein. Kinder mit und ohne Behinderungen oder Förderbedarf werden gemeinsam betreut. Es gibt Einrichtungen, die mit Schwerpunkt Sonder- oder Heilpädagogik arbeiten und eine entsprechende Anzahl integrativer Plätze zur Verfügung stellen. Letztendlich sollen Kinder mit Verhaltensauffälligkeiten oder mit geistigen, körperlichen und sprachlichen Beeinträchtigungen durch den Einsatz entsprechender pädagogisch-therapeutischer Angebote optimal gefördert werden.

Mit Zwillingen in den Kindergarten

Wenn Sie eine Einrichtung ausgesucht haben, melden Sie Ihre Kinder so früh wie möglich dort an, immerhin brauchen Sie zwei Plätze. Absagen können Sie immer noch. Erkundigen Sie sich, ab wann eine Anmeldung möglich ist. Bei städtischen und kirchlichen Einrichtungen werden Sozialkriterien in der Regel höher gewichtet als das Anmeldedatum, bei privaten Trägern kann eine frühzeitige Anmeldung, manchmal bis zu zwei Jahre vorher, wichtig sein. Machen Sie schon früh einen Termin zu einem Elterngespräch aus, um zu klären, wie der Kindergarten mit Zwillingen umgeht und welche Voraussetzungen Ihre Kinder mitbringen müssen.

Im Vorfeld Fragen klären

In der Regel antworten Erzieherinnen auf die Frage, welche Voraussetzungen Kinder zur Aufnahme mitbringen müssen, die Kinder sollten einige Stunden ohne ihre Eltern auskommen können, gerne mit anderen Kindern spielen und tagsüber sauber sein. Dieses „Sausein" ist keine gesetzliche Vorgabe. Ob ein Kind ansonsten reif für eine Fremdbetreuung außer Haus ist und wie es den Übergang von der Familie in die Kinderbetreuung verkraftet, hängt von unterschiedlichen Faktoren ab. Bleiben Sie in jedem Fall mit den Erzieherinnen im Gespräch und üben Sie auf Ihre Kinder keinen Druck aus. Seien Sie gewiss, Ihre Kinder gehen zu zweit und haben sich gegenseitig, was viel Rückhalt und Sicherheit bedeutet.

Besprechen Sie, wie lange die Eingewöhnungszeit dauern sollte, sicherlich hängt die Dauer vom Alter Ihrer Kinder ab. Leichter ist der Einstieg für Ihre Kinder, wenn alle die Einrichtung an einem Schnuppertag schon einmal kennenlernen durften. Dann ist die neue Umgebung schon etwas erkundet, die Betreuungspersonen sind nicht ganz so fremd und vielleicht ist sogar schon ein künftiger Spielkamerad gefunden.

Unser Tipp

Ziehen Sie Zwillingen, die sich sehr ähnlich sehen, die ersten Tage im Kindergarten ein T-Shirt mit einem Namensaufdruck an. Schnell werden die Erzieherinnen die beiden unterscheiden können.

Klären Sie, ob der Kindergarten Erfahrungen mit Zwillingen hat. Wie gehen die Betreuer mit Zwillingen um, die sich sehr ähnlich sehen, und welche Ideen haben sie, um die beiden auseinanderhalten zu können?

Trennen oder nicht trennen

Leider hält sich die Empfehlung immer noch hartnäckig, Zwillinge mit dem Eintritt in den Kindergarten auf jeden Fall zu trennen und sie in zwei unterschiedlichen Gruppen zu betreuen. Hintergrund ist die Annahme, dass die individuelle Persönlichkeitsentwicklung eines jeden Zwillings damit unterstützt werden soll. Wir teilen diese Meinung nicht und kennen auch keine Studie, die eine eindeutige Empfehlung in diesem Punkt ausspricht.

Ob Zwillinge eine gemeinsame Gruppe besuchen oder nicht, bleibt eine individuelle Entscheidung. Entscheiden Sie also „aus dem Bauch heraus". Für einige Zwillinge ist es sehr viel einfacher, diesen großen Schritt gemeinsam zu wagen. Für andere Zwillinge wiederum bedeuten getrennte Gruppen, sich einmal ganz auf sich alleine konzentrieren zu können. Bedenken Sie, dass Ihre Kinder zu Beginn der Kindergartenzeit noch klein sind, sie haben noch viele Jahre vor sich, um selbst den Zeitpunkt zu bestimmen, an dem sie getrennte Wege gehen möchten. Überfordern Sie die beiden nicht. Gerade in den ersten Lebensjahren überwiegen unserer Erfahrung nach die positiven Effekte des Zusammenseins. Ihre Kinder werden sich in der neuen Umgebung gegenseitig Halt und Sicherheit geben können.

Sie werden rechtzeitig bemerken, ob es den beiden besser geht, wenn sie getrennt sind. Wird ein Zwilling zu dominant oder verlässt sich der andere zu sehr darauf, dass der Bruder oder die Schwester schon alles regeln wird, kann man die Kinder immer noch liebevoll, aber bestimmt in zwei verschiedenen Gruppen unterbringen.

Bestehen die Erzieherinnen auf einer Trennung, obwohl Sie als Eltern dies nicht wollen, beharren Sie zumindest auf einer Probezeit. Sie können dann mit den Erzieherinnen erneut überlegen, was für Ihre Kinder das Beste ist. Oder suchen Sie eine andere Einrichtung, in der Sie mit Ihren Wünschen und Vorstellungen bei den Erzieherinnen Gehör finden.

Reggie

» Besser getrennt

Simon und Jan sind mit dreieinhalb Jahren in eine gemeinsame Kindergartengruppe gekommen. Da sie vorher zwei Jahre lang problemlos gemeinsam eine Spielgruppe besucht hatten, war ich sicher, dass dies eine gute Entscheidung war. Für mich als alleinerziehende Mutter von drei Kindern war es wichtig, dieselben Erzieherinnen zu haben.

Doch im Kindergarten entwickelte sich alles anders. Simon wollte von Jan plötzlich beschützt werden und Jan konnte sich wegen seines Pflichtgefühls deshalb nicht frei entfalten.

Es kam häufig zu Konflikten, vor allem wegen Freunden. Zu Verabredungen gingen immer beide Kinder gemeinsam. Nur der Versuch, sie zu trennen, endete tränenreich, denn der Zwilling, der nicht mit dem gemeinsamen Freund spielen durfte, fühlte sich zurückgesetzt. Den Bruder zu übertrumpfen wurde immer wichtiger und die Grundstimmung zunehmend aggressiv. Auf Anraten der Erzieherinnen wurden die Kinder schließlich in getrennten Gruppen betreut, konnten sich aber natürlich gegenseitig besuchen.

Danach ist jeder für sich viel selbstständiger geworden. Besonders Simon, der sich in einer neuen Gruppe „durchbeißen" musste, hat gelernt, für sich selbst verantwortlich zu sein. Beide haben nun eigene Freunde. Jeder Zwilling wird nun endlich unabhängig von seinem Bruder wahrgenommen. Früher hörte man des Öfteren „Janundsimon", oder einfach „die Zwillinge". Heute sind es „Jan und Simon" oder auch „Simon und Jan".

Als Fazit kann ich sagen, dass die Trennung beide in ihrer Persönlichkeit gestärkt hat.« ▬

Trennungsangst vorbeugen

In der Regel sind Kinder stolz und ängstlich zugleich, wenn es darum geht, etwas Neues zu beginnen. Einerseits möchten sie zu den „Großen" gehören, andererseits spüren sie, dass sich eine Trennung vom sicheren Hafen zu Hause anbahnt. Helfen Sie Ihren Kindern, die Freude in den Vordergrund zu stellen. Betonen Sie, wie groß die beiden schon sind und dass sie auch bald richtige Kindergartenkinder sein werden. Gehen Sie zusammen mit ihnen einkaufen. Jedes Kind kann sich eine Tasche, eine Butterbrotdose und eine Trinkflasche aussuchen. Vielleicht bekommen Ihre Kinder zum ersten Kindergartentag einen Turnbeutel mit Turnsachen oder eine zweite Zahnbürste geschenkt. Lesen Sie Kinderbücher über den Alltag in der Kinderbetreuung und schauen Sie sich gemeinsam an, was für tolle Sachen Kinder dort machen können. Besuchen Sie die Einrichtung zu einem Schnuppertag, sodass die Räumlichkeiten den Kindern nicht mehr ganz fremd sind.

WISSEN

Checkliste Kinderbetreuung

Wie finde ich die richtige Einrichtung für meine Zwillinge?
- Bedürfnisse klären: Wie viel Zeit möchten wir selber investieren? Wollen wir uns einbringen und mitreden?
- Welche Betreuungszeiten brauchen wir für unsere Kinder? Wie sind die Öffnungszeiten?
- Ab welchem Alter werden Kinder betreut?
- Welches pädagogisches Konzept verfolgt die Einrichtung? Was ist uns in der Erziehung unserer Kinder wichtig?
- Welche Einrichtungen gibt es in der Nähe?

Was muss ich beachten?
- Gibt es mehr als zwei Erzieherinnen für 25 Kinder, wie sieht die Betreuung für unter Dreijährige aus?

- Gibt es ausreichend Platz im Innen- und Außenbereich?
- Werden verschiedenen Themenecken angeboten mit unterschiedlichen Spielangeboten, wie Kuschelecke, Bauecke, Bastelecke und Puppenecke?
- Wird eine Mittagsruhe eingehalten? Gibt es einen Schlafraum?
- Wann und was gibt es zu essen?
- Entstehen zusätzliche Kosten?
- Werden die Kinder nach Altersgruppen getrennt?
- Wie geht der Kindergarten mit Zwillingen um?

Wann muss ich meine Kinder anmelden?
- Kann ich meine Kinder schon vor der Geburt oder direkt danach anmelden oder gibt es eine Frist, die ich beachten muss?

Der erste Tag

Planen Sie den Morgen großzügig. Sie müssen immerhin dafür sorgen, dass mindestens drei Personen gewaschen und angezogen sind und ein Frühstück zu sich genommen haben. Gehen Sie in großer Hektik aus dem Haus, fällt die Trennung noch schwerer. Erlauben Sie Ihren Kindern nach Absprache mit den Betreuern, ein Kuscheltier oder einen vertrauten Gegenstand mitzunehmen, um sich zu trösten, wenn sie traurig sind. Verabschieden Sie sich richtig! Wünschen Sie Ihren Kindern einen schönen Tag und sagen Sie Ihnen, wann Sie wiederkommen werden, am besten mit einem für sie nachvollziehbarem Anhaltspunkt wie „nach dem Mittagessen" oder „wenn ihr draußen gespielt habt". Halten Sie Ihr Versprechen. Auch wenn Ihre Kinder noch keine Uhr lesen können, sollen sie erfahren, dass sie sich auf Sie verlassen können.

In der Eingewöhnungszeit gehen Sie am besten mit Ihren Kindern für eine gewisse Zeit gemeinsam zum Spielen in den Kindergarten. Einerseits erleben Sie selbst den Kindergartenalltag und den Umgang der Erzieherinnen mit den Kindern, andererseits können die Kinder mit Mutter oder Vater in der Nähe sehr viel mutiger Neues ausprobieren. Nach einigen Tagen werden Sie sich weiter entfernen können und schließlich die beiden zur vereinbarten Zeit abgeben und abholen. Vielleicht geht es Ihnen so wie den Eltern von Leila und Karim, die große Bedenken hatten, ob ihre beiden die Situation akzeptieren würden. Schon am ersten Tag gingen die beiden voller Stolz in „ihren" Kindergarten und sagten schell: „Ihr könnt jetzt gehen." Von Scheu keine Spur, die beiden waren schnell auf und davon und ließen ihre verdutzten Eltern zurück, die künftig beim Abholen immer reichlich Zeit einplanen mussten, um die Zwillinge loszueisen.

Tipps für den Alltag

Das dritte und vierte Lebensjahr sind wunderbar kreative Zeiten im Leben Ihrer Zwillinge. So bunt und farbenfroh wie ihre Bastelarbeiten gestaltet sich auch Ihr gemeinsamer Alltag. Die beiden sind schon recht mobil, unternehmungslustig und neugierig.

Sie probieren gerne neue Speisen und wollen Essen am liebsten „erleben". Sie haben eine blühende Fantasie, was für die Nachtruhe nicht immer von Vorteil ist. Aber auch diese Phase geht bekanntlich vorüber. Mit Kindergartenkindern bietet sich zum Erholen jetzt durchaus ein Kuraufenthalt an. Für Zwillingsfamilien gibt es besondere Angebote, die auch auf Geschwisterkinder Rücksicht nehmen. Schlussendlich werden Regeln und Benehmen zunehmend Thema in diesem Alter, ob beim Umgang mit Medien oder am Familientisch.

Wohnen und Schlafen

Ihre Zwillinge brauchen mit drei bzw. vier Jahren sicherlich noch keine getrennten, eigenen Zimmer, aber ein Stück „Privatsphäre" wird immer wichtiger. Die im gemeinsamen Zimmer schon eingerichteten eigenen Ecken werden häufiger für ungestörtes Spielen genutzt. Nicht selten führen Kinder Selbstgespräche oder teilen Geheimnisse mit ihrem Kuscheltier oder einem imaginären Freund.

Ihre Kinder werden normalerweise schon seit einiger Zeit durchschlafen. Manche Zwillinge schlafen auch gerne gemeinsam in einem Bett. Belassen Sie es ruhig dabei, wenn sich beide damit wohl fühlen. Das Kind, das alleine schlafen möchte, wird sein Geschwister schon von der Bettkante kicken, wenn es ihm zu eng und unbequem wird.

Wenn der Mittagsschlaf nicht mehr notwendig ist, führen Sie eine Mittagsruhe ein, eine Pause tut allen gut. Ihre Kinder können dann im eigenen Zimmer eine Zeit lang ruhig spielen oder ein Hörspiel hören. Sie selbst sind derweil zwar ansprechbar, aber setzen sich selbst entspannt hin, legen die Füße hoch und nehmen eine Zeitung in die Hand. Das wird nicht jeden Tag funktionieren, aber Ihre Kinder gewöhnen sich daran, dass es eine Spielunterbrechung gibt, in der alle wohltuend zur Ruhe kommen.

Schlaflose Nächte

Gründe für schlaflose Nächte gibt es leider immer noch. Normalerweise sind nicht beide Zwillinge betroffen, sondern nur einer. Die häufigsten Ursachen, die nicht mit einem Infekt oder einem neuen Zahn zusammenhängen, sind folgende:

„Fröhliche Schlaflosigkeit" nennen es die Franzosen: Die Kinder sind mitten in der Nacht ausgeschlafen, vergnügt aufgewacht und bereit, die Welt zu erkunden. Nachdem sie sich einige Zeit alleine beschäftigt haben, suchen sie nun die Gesellschaft der Eltern und wollen mit Ihnen spielen.

Angst- oder Albträume erschrecken Kinder wie Eltern. Ausgelöst durch die immer größer werdende Selbstständigkeit, gehört die Angst vor der Trennung und dem Verlassenwerden zum normalen Ablösungsprozess von den Eltern. Diese Träume treten meist in der zweiten Nachthälfte auf. Das Kind erwacht weinend, ruft nach den Eltern und will getröstet werden. Oft kann es nach einem Traum nicht schnell wieder einschlafen und erinnert sich auch noch am nächsten Tag an den Schrecken. Albträume treten meist erst im dritten Lebensjahr auf. Kinder verarbeiten zudem Erlebnisse des Tages in ihren Träumen. Auch positive Begebenheiten können sehr aufregend sein und die Kinder noch in der Nacht intensiv beschäftigen.

Der Nachtschreck oder auch Angstschreck (Pavor nocturnus) ist ein harmloses, für Eltern aber oft beängstigendes Phänomen. Seien Sie sicher: Ebenso plötzlich wie er auftritt, verschwindet er auch wieder. Typischerweise plagt er Kleinkinder ab dem dritten Lebensjahr bis ins Schulalter hinein, meistens innerhalb der ersten Stunde nach dem Einschlafen. Manche Kinder schlafwandeln sogar. Sie erwachen wimmernd oder mit einem Schrei aus der ersten Tiefschlafphase, sind oft schweißgebadet, schreien angsterfüllt und haben einen erhöhten Puls. Ganz offensichtlich sind sie nicht vollständig aufgewacht. Sie reagieren dabei weder auf die Ansprache ihrer Eltern, noch lassen sie sich anfassen oder beruhigen. Schlagartig, meist nach 15 Minuten, ist der Angstschreck vorüber, manche Kinder erwachen kurzzeitig, andere legen sich einfach wieder hin und schlafen friedlich weiter. Sie können sich am nächsten Morgen an nichts erinnern. Selbst bei eineiigen Zwillingen ist in der Regel nur ein Kind davon betroffen, das

andere wird aber unter Umständen mit aufwachen und den Zwilling trösten wollen.

Umgang mit nächtlichen Störungen

Sind Ihre Kinder oder eines davon nachts in munterer Spiellaune, ist ein Grund vielleicht zu viel Schlaf tagsüber. Es ist wichtig zu wissen, wie viel Schlaf Ihre Kinder überhaupt benötigen. Wenn Sie unsicher sind, machen Sie sich die Mühe und führen Sie über eine Woche ein Schlafprotokoll. Schreiben Sie auf, wann jedes Kind Anzeichen von Müdigkeit zeigt, wie lange es tagsüber schläft und zu welchen Zeiten es in der Nacht aufwacht. Es kann helfen, einmal den Mittagsschlaf zu verkürzen und außerdem das Kind etwas später abends ins Bett zu bringen, damit alle durchschlafen können. Sie werden sehen: Solch kleine Verschiebungen können viel bewirken, auch wenn Sie erst einmal ein übellauniges Kind auf dem Schoß haben, wird es sich nach einigen Tagen an den neuen Rhythmus gewöhnen und nachts länger schlafen.

Erlebt eines Ihrer Kinder einen Nachtschreck, bleiben Sie in seiner Nähe, verhalten Sie sich ruhig. Weckversuche sind zwecklos und regen das Kind nur noch mehr auf. Schützen Sie Ihr Kind vor Verletzungen, vor allem, wenn es zu dem Nachtschreck auch noch schlafwandelt. Hilfreich ist das homöopathische Mittel Aconitum napellus in der Potenz D6 oder D12. Wenn Ihr Kind es zulässt, geben Sie ihm drei Globuli in den Mund.

Ruft Ihr Kind Sie in der Nacht wegen eines Albtraums, trösten Sie es verständnisvoll und bieten Sie ihm Geborgenheit und Zuwendung. Schimpfen über die nächtliche Störung verstärkt die Angst nur noch. Es im Arm zu halten oder ausnahmsweise gemeinsam mit ihm in einem Bett weiterzuschlafen, gibt das Vertrauen, dass Sie für es da sind, egal, was passiert.

Entspannt in die Nacht

Kindern fällt es abends oft schwer, vom Tag Abschied zu nehmen. Hier noch einmal im Überblick, was Kindern hilft, entspannt und beruhigt einzuschlafen.

- Sorgen Sie dafür, dass Ihre Kinder tagsüber Bewegung, frische Luft und geistige Anregung bekommen.
- Lassen Sie den Tag ruhig ausklingen, ohne wildes Toben, Fernsehen oder Videospiele in der letzten Stunde vor dem Zubettgehen.
- Geben Sie Ihren Kindern eine Stunde vor dem Schlafengehen keine koffeinhaltigen Getränke wie Eistee oder Cola und keine schweren Mahlzeiten.
- Lassen Sie abends den Tag noch einmal Revue passieren und haben Sie dabei ein offenes Ohr für das, was Ihre Kinder womöglich auf dem Herzen haben.
- Achten Sie auf regelmäßige Schlafzeiten.
- Geben Sie Ihren Kindern niemals auf eigene Faust Schlafmittel! Suchen Sie bei anhaltenden Schlafproblemen kinderärztlichen Rat.

Ernährung

Auch am Esstisch ist mehr Selbstständigkeit eingekehrt. Ihre Kinder essen jetzt alleine mit Besteck, sie trinken selbstständig aus einem Becher oder Glas. Das Forschungsinstitut für Kinderernährung empfiehlt als optimale Tageszusammensetzung:

Frühstück: entweder ein Obst-Müsli mit Joghurt oder Milch oder ein belegtes Brot mit einem Glas Milch und einem Stück Obst oder Gemüse-Rohkost.

Zwischenmahlzeit: ein Brot oder Brötchen, dazu Obst oder Gemüserohkost und Wasser oder Kräuter-, bzw. Früchtetee.

Mittagsmahlzeit: hauptsächlich Kartoffeln, Reis oder Nudeln dazu reichlich Gemüse oder ein Rohkostsalat, eine kleine Portion fettarmes Fleisch als „Beilage" nur dreimal in der Woche, Fisch einmal pro Woche, sonst vegetarische Gerichte mit Hülsenfrüchten, Getreide, Aufläufe u. a., dazu ein kalorienfreies Getränk, am besten Wasser.

Zwischenmahlzeit: ein Brot oder Obst oder Rohkost, vielleicht auch ein Stück Kuchen oder Kekse, dazu Wasser oder Tee.

Abendbrot: eine Brotzeit mit Rohkost oder einem Salat oder ein Glas Milch mit einem Apfel und einem Wurstbrot, dazu Wasser oder Kräuter- bzw. Früchtetee.

Natürlich dürfen Ihre Kinder auch Süßigkeiten essen, aber diese sollten eine Mahlzeit nicht ersetzen. Bleiben Sie konsequent und geben Sie Ihren Kindern einmal am Tag nach dem Essen eine Portion Süßigkeit und sonst nicht. Getränke sind ungesüßt, Limonade gibt es noch nicht. Gehen Sie am besten mit gutem Beispiel voran.

Das Maß für die Größe einer Portion bleibt weiter die Hand des Essers, wächst also individuell mit. Dennoch haben Kinder ein individuelles Hunger- und Sättigungsgefühl. Bieten Sie zunächst kleine Portionen an, bei Bedarf kann jeder noch so viel nehmen, wie er möchte.

Eigene Vorlieben und Geschmäcker

Kinder haben eine angeborene Vorliebe für Süßes. Lassen Sie Ihre Kinder trotzdem alle Speisen probieren, meist mögen sie auch saure und scharfe Speisen, lehnen aber Bitteres ab. Geruchs- und Geschmackssinn sind wesentlich sensibler als bei Erwachsenen. Würzen Sie also kindgerecht, d. h. wenig.

Es gibt Lebensmittel, die Ihre Kinder nicht essen wollen. Zwingen Sie Ihre Kinder auf keinen Fall dazu. Sie werden schlimmstenfalls sogar einen Würgereiz auslösen und den Kindern die Freude am Essen verderben. Einigen Sie sich darauf, dass sie einen Löffel probieren und nicht weiter essen müssen, wenn es ihnen nicht schmeckt. Sie entscheiden zwar, was auf den Tisch kommt, Ihre Kinder entscheiden aber, wie viel sie davon gerne essen.

Kinder sind dabei, ihre Welt mit allen Sinnen zu erkunden, und jetzt entscheidet das Auge mit, was in den Mund soll. Vielleicht geht es Ihnen mit Ihren Kindern so, wie der Erzieherin mit Lea: Der kleinen Lea schmeckte es im Kindergarten nicht. Die Erzieherin versuchte sie mit den Worten zu locken: „Wenn du deinen Teller leer isst, bekommst du auch einen Nachtisch." Aber Lea hat den Teller nicht leer gegessen. Die Erzieherin räumte ab, kam mit dem Nachtisch zurück und sagte: „Hier Lea, diesen schönen Nachtisch hättest du essen können." Lea sah die Schüssel mit dem Pudding, verzog angewidert das Gesicht und antwortete: „Da bin ich aber froh, dass ich nicht aufgegessen habe."

Essen erleben

Für Kinder ist Essen ein Erlebnis, das alle Sinne anspricht, schmecken, sehen, riechen und tasten. Bieten Sie ihnen „Fingerfood" an, um diesen Bedürfnissen gerecht zu werden. Lassen Sie die beiden beim Kochen mithelfen. Selbst Nudeln aus der Packung zu fischen oder Salat zu waschen oder schon mal Möhren zu schneiden weckt die Lust auf das Essen. Natürlich reizt es Kinder ungemein, mal so richtig mit den bloßen Händen in die Spaghettischüssel zu greifen oder den Pudding zwischen den Fingern zu matschen – bei solchen Verlockungen ist es nicht leicht, den allgemeinen Tischregeln gerecht zu bleiben.

Elsbeth

» Der Ferkeltag

Nach manchen wenig erfolgreichen Versuchen, unseren beiden zeitig Tischmanieren beizubringen, haben wir eine Anregung von Freunden aufgegriffen und schließlich gute Erfahrungen mit der Einführung eines sogenannten „Ferkeltages" gemacht. An diesem Tag durften alle – bei Bedarf auch die Erwachsenen - mit den Fingern essen, matschen, am Tisch rülpsen, sich eben so richtig „ferkelig" benehmen. Selbst wenig beliebte Speisen ließen sich mit einer Einladung an den Tisch zum Ferkelessen ohne große Widerrede „an den Mann" bringen.

Die Mahlzeit war gut vorbereitet: eine abwaschbare Tischdecke auf dem Tisch und ausreichend feuchte Waschlappen neben den Tellern, auch das Outfit der Erwachsenen war belastbar. Seit Einführung des „Ferkelessens" war es viel leichter, die Kinder an normalen Tagen zum Essen mit Besteck zu überreden. Später reichte schon die Andeutung „Wir sind doch heute nicht beim Ferkelessen!", um ein paar Lacher zu ernten und die gewünschte Wirkung zu erzielen, ganz abgesehen von der Vorfreude auf den einen Tag im Monat, an dem man sich nicht „benehmen" musste.« ■

Wir als Eltern

Sie haben die ersten drei, fast vier Jahre mit Ihren Zwillingen verbracht, haben sehr schöne und sehr anstrengende Momente erlebt. Sie haben Ihren Kindern ein Zuhause geschaffen, ihnen Laufen und Sprechen beigebracht, vielleicht sind Ihre Kinder die Windeln schon losgeworden und die beiden gehen jetzt in einen Kindergarten. Es warten noch viele spannende Lebensabschnitte auf Sie, in denen Sie Ihre Kinder begleiten werden. Es ist nun an der Zeit, die eigenen Energiereserven wieder aufzufüllen und an sich zu denken. Genau die richtige Zeit für eine Eltern-Kind-Kur!

Eltern-Kind-Kur

Der Kuraufenthalt soll Ihnen die Möglichkeit geben, bei einem Tapetenwechsel und im Reizklima wieder Luft zu holen und zur Ruhe zu kommen. Auch wenn der Kuralltag frühmorgens beginnt, sind Zimmerservice und ein gedeckter Tisch inklusive. Dazu kommt eine Kinderbetreuung, mindestens halbtags, während deren Sie ungestört am Kurprogramm teilnehmen können. Anwendungen wie Massagen lassen Sie den Alltag vergessen und bringen Energien zurück.

Wir empfehlen Ihnen eine Schwerpunktkur für Zwillingsfamilien. Sie sind unter Ihresgleichen und die Kurhäuser sind auch auf die Geschwisterkinder von Zwillingen eingestellt. Einen Überblick über Kuraufenthalte für Familien mit behinderten Kindern bietet ein vom Landesverband Baden-Württemberg veröffentlichter Wegweiser. Hier finden Sie Informationen über spezialisierte Kureinrichtungen und jede Menge praktische Tipps. Hilfreiche Informationsadressen finden Sie im Serviceteil.

Generell kann allen Eltern und Kindern ein Kuraufenthalt ärztlich verordnet werden, die durch die Bewältigung des Familienalltags körperliche Beeinträchtigungen zeigen. Auch chronische Leiden, wie beispielsweise Atemwegerkrankungen bei Kindern, können eine Kur erforderlich machen. Wenden Sie sich mit dem ärztlichen Attest entweder direkt an Ihre Krankenkasse oder an auf Eltern-Kind-Kuren spezialisierte Beratungsstellen.

Konstanze

» Gemeinsam Kraft tanken

Nachdem unsere Älteste schwer krank war, beantragte ich für mich und meine vier Töchter eine Kur. Die Ablehnung war niederschmetternd, aber beim zweiten Anlauf erhielt ich die Zusage. Dabei war die Ankunft in dem riesigen Gebäude, in dem wir zusammen mit anderen Müttern, Kindern und zahllosen Koffern eintrafen, erst mal ein Schock. Aber bald hatten wir uns in das System der Klinik eingefügt. Die Disziplin, die Zwillingsmüttern nachgesagt wird, war da ganz nützlich. Die Älteste bekam täglich Schulunterricht, die Zwillinge besuchten eine Kindergartengruppe. Täglich gingen die Kinder raus, zum Turnen oder ins Schwimmbad. Die Betreuung der Jüngsten war zunächst nicht einfach. Aber die erfahrenen Betreuerinnen halfen uns liebevoll. So hatte ich täglich vier Stunden und eine Mahlzeit allein für mich. Zum ersten Mal seit sechs Jahren war ich ganz ohne Kind und ohne Haushaltspflichten, nun standen meine Bedürfnisse im Mittelpunkt! An manchen Tagen war der Therapieplan sehr voll, aber es blieb immer genug Zeit für mich alleine. Mein Hauptanliegen erfüllte die Kur voll und ganz. Während ich sonst oft das Gefühl hatte, weder jedem einzelnen Kind noch mir selbst gerecht zu werden, konnte ich jetzt, losgelöst von den Zwängen des Alltags, ganz für sie da sein. Manches „Erziehungsproblem" löste sich da von allein. Diese positive gemeinsame Erfahrung wirkte zu Hause noch lange nach.« ▬

Normalerweise wird eine Kur zunächst einmal für drei Wochen genehmigt und kann allerdings nachträglich aus medizinischen Gründen, die am Kurort attestiert werden, verlängert werden. Während Ihrer Kur haben Sie grundsätzlich Anspruch auf Lohnfortzahlung und Freistellung. Der Jahresurlaub darf nicht mit der Kur verrechnet werden. Die gesetzlichen Krankenkassen übernehmen die Kosten auch für mitreisende Kinder. Sie zahlen für jedes Kind lediglich einen Selbstanteil pro Kalendertag. Privatkassen haben Sonderregelungen. Die Fahrtkosten werden in der Regel ebenfalls erstattet.

Erziehungstipps für den Alltag

Mit dem Eintritt in den Kindergarten werden Sie von Ihren Kindern des Öfteren den Satz hören: „Wir machen das aber im Kindergarten anders." Das ist ein toller Fortschritt. Sie merken nun, dass Ihre Kinder in der Lage sind, Regeln einzuhalten, sich diese zu merken und anzuwenden. Machen alle Kinder im Kindergarten eine Mittagspause, können Sie die Siesta auch am Wochenende gut in den Familienalltag integrieren mit den Worten: „Das ist im Kindergarten doch auch so!"

Ein bisschen Körperhygiene

Normalerweise durchleben Kinder acht bis zehn Infekte im ersten Kindergartenjahr. Einerseits wird diese weitere „Lernphase" das Immunsystem Ihrer Kinder stark und kompetent werden lassen. Andererseits erschwert es Ihren eigenen Alltag, wenn regelmäßig ein krankes Kind zu Hause versorgt werden muss.

Achten Sie darauf, dass Ihre Kinder, wenn sie nach Hause kommen, sich zuallererst gründlich die Hände waschen. Üben Sie dies mit ihnen und dringen Sie darauf, dass auch im Kindergarten regelmäßig und gründlich die Hände gewaschen werden. Der Reim „Vor dem Essen, nach dem Klo – Hände waschen sowieso" hat schon so manches Kind beflügelt ebenso wie die eigene Kinderseife im Spezialspender.

Umgang mit Medien

Mittlerweile gibt es kaum einen Haushalt in Deutschland, der nicht mit Fernseher, Handy, Computer und Spielkonsolen ausgestattet ist. Statistisch gesehen, sitzen 90 Prozent der Dreijährigen regelmäßig vor dem Bildschirm (Quelle: eltern.de „Kinder und Fernsehen"). Ein gut gemachtes Kinderprogramm oder altersgerechtes Computerspiel kann zwar das Kurzzeitgedächtnis und die Lesefähigkeit bei Drei- bis Fünfjährigen trainieren (Langzeitstudie USA, Quelle: eltern.de „Kinder und Fernsehen"), aber Kinder lernen nur, wenn Eltern mit dabei sind. Fernsehsendungen müssen mit den Eltern besprochen werden und für Computerspiele brauchen Kinder eine Anleitung durch Erwachsene.

Vielleicht erscheint es Ihnen gemütlich, gemeinsam vor dem Fernseher zu kuscheln und sich so selber eine kleine Auszeit zu ermöglichen. Vielleicht lassen Sie auch Ihr Kind auf dem Schoß die Handhabung der Maus probieren und lesen ganz nebenbei Ihre E-Mails. Beherzigen Sie aber die folgenden Hinweise, um mit Ihren Kindern den richtigen Umgang mit Medien zu üben:

- Kleinkinder gehören maximal 30 Minuten pro Tag vor einen Bildschirm, dabei werden Fernseh-, Computer- und Spielkonsolzeiten zusammengerechnet.
- Suchen Sie gezielt ein Qualitätsprogramm heraus, für das Sie den Fernseher anschalten, schauen und besprechen Sie die Sendung mit Ihren Kindern.
- Kleinkinder sollen auf gar keinen Fall ein eigenes Gerät zur freien Verfügung haben.
- Fernsehen soll nicht im Mittelpunkt stehen, Geräte gehören am besten in einen Schrank. „Aus den Augen, aus dem Sinn", so heißt hier die bewährte Devise. Lassen Sie alle Bildschirme auf jeden Fall während der Mahlzeiten ausgeschaltet.
- Seien Sie selbst Vorbild für Ihre Kinder.

Individualität fördern, aber nicht erzwingen

Der Radius, in dem sich Ihre Kinder bewegen, wird immer größer, genau so die Anzahl der Menschen, mit denen Ihre Kinder in Kontakt treten. Leider gibt es immer noch Menschen, die der Einfachheit halber eineiige Zwillinge mit beiden Namen rufen: „Ich kann die beiden sowieso nicht unterscheiden. Wenn ich „Marielena" rufe, wird eine schon kommen." Unterbinden Sie ein solches Verhalten. Bestehen Sie höflich, aber unmissverständlich darauf, dass Ihre Kinder individuell angesprochen werden. Kommen Ihre Kinder in eine neue Spielgruppe oder beginnen gemeinsam ein neues Hobby, kann ein farbiges Haarband oder ein Namensschild in der ersten Zeit hilfreich für die Gruppenleiter sein. Die Kinder in zwei unterschiedlichen Gruppen anzumelden, nur weil die Leitung sich nicht mit Zwillingen auseinandersetzen möchte, ist keine gute Lösung. Die Wünsche Ihrer Kinder bzw. Ihr Eindruck davon, was für Ihre Zwillinge das Beste ist, hat auf jeden Fall Vorrang. Auch zweieiige gleichgeschlechtliche Zwillinge haben es da zuweilen nicht besser. Sie bekommen meist zu hören: „Das sollen Zwillinge sein, die sehen sich ja gar nicht ähnlich."

Dorothee von Haugwitz

» Die Sache mit den Namen

Die blonden Haare meiner Schwester und die schwarzen Haare auf meinem Kopf haben in der Vorschule nicht dazu geführt, dass unsere Betreuerin uns mit dem richtigen Namen angesprochen hat. Für sie waren wir „Christine und Dorothea" statt Christina und Dorothee, wie oft wir das auch selbst richtigstellten.« ▬

Die Kinder mit dem eigenen Namen anzusprechen versteht sich eigentlich von selbst. Mit den Zwillingen getrennte Unternehmungen zu starten sollte allerdings ein Bedürfnis der Kinder selbst sein. Sie können nicht selbstverständlich davon ausgehen, dass es beiden guttut, eine eigene Spaßzeit ohne den anderen Zwilling spendiert zu bekommen.

Die Eltern der eineiigen Zwillinge Ruth und Lilith wollten den beiden mit den besten Absichten ein individuelles Wochenende bescheren, nämlich einen getrennten Ausflug mit Mama bzw. eine Papa-Exklusiv-Zeit. Ruth sollte mit der Mutter und der kleinen Schwester die Oma besuchen, Lilith mit dem Papa und der großen Schwester das Wochenende zu Hause inklusive Lieblingsessen und Radtour verbringen. Die Mädchen waren einverstanden und los ging es. Die Mutter war mit Ruth noch nicht ganz im Zug, da fragte diese zum wiederholten Mal, was wohl Lilith gerade mache, ob sie auch Spaß habe und vielleicht mit den Nachbarskindern spiele. Den Vater traf es nicht besser, auch Lilith fragte ununterbrochen nach ihrer Zwillingsschwester, vermisste sie sehr und konnte sich gar nicht so recht auf die Unternehmungen mit dem Papa und der großen Schwester einlassen. Am Ende des Wochenendes waren die Zwillinge glücklich, dass alles überstanden war und sie endlich wieder zusammen sein konnten. Die Eltern beschlossen, die Kinder vorerst nicht mehr zu trennen. Haben Sie Vertrauen und warten Sie ab. Die beiden werden entweder selbst die Initiative ergreifen oder Ihnen deutlich signalisieren: „Ich fühle mich nicht wohl in meiner Haut, ich will jetzt etwas alleine machen ohne meinen Zwilling."

Auf dem Weg in die Schule

Das letzte Kindergartenjahr! So sehr man sich gewünscht haben mag, die beiden mögen größer und selbstständiger werden, so unheimlich mutet es nun an, dass die Kinder es jetzt sind. Noch schwanken sie zwischen der Welt der Kleinen und der der Großen und genießen den sicheren Hafen und das Umsorgt werden. Genießen Sie es auch!

Die wichtigsten Meilensteine des Vorschulalters

Der Babyspeck weicht der Schulkindgestalt

Bis zum sechsten Geburtstag

- sind die Kinder zwischen 1,10 m und 1,28 m groß,
- wiegen zwischen 15 und 28 kg,
- tragen Kleidergröße 116 bis 128, knacken bei Schuhen die Größe 30 und
- verlieren die ersten Milchzähne.

Die Welt der Großen spielerisch erobern

- Zahlen und Buchstaben werden interessant.
- Das erste Zeitgefühl entwickelt sich: Gestern – heute – morgen – Vergangenheit und Zukunft strukturieren die Welt.

Gemeinsam unterwegs

Die Welt wird erobert,

- mal auf einem Bein hüpfend,
- mal rennend,
- per Rad oder Roller und
- treppensteigend wie die Erwachsenen.

Feinmotorisch geschickt in jeder Form

- Buntstifte werden mit wenigen Fingern gehalten und produzieren Kunstwerke.
- Sortieren, Puzzeln, Stecken machen Spaß.
- Die erste „Schleife" wird gelernt.
- Die dominante Hand steht fest.

Vom sicheren Hafen gemeinsam hinaus in die Welt

- Mal klammern, mal wegstreben: die Stimmung wechselt schnell.
- Regeln und Strukturen werden gebraucht, um sich zu sortieren.
- Freundschaften werden beständiger.
- Die Geschlechtsidentität entwickelt sich.

Mit anderen kommunizieren

- Quatsch mit Wörtern macht Spaß.
- „Pipi – Kacka – Wurst": zum Totlachen für Kinder und Augenrollen für Eltern.

Entwicklung – miteinander groß werden

Ihre Kinder werden groß. Der Gesichtsausdruck Ihrer Zwillinge spiegelt die inneren Veränderungen. Während sie als Kleinkinder mit weit geöffneten Augen die Umwelteindrücke quasi in sich hineinfallen ließen, wirken die beiden jetzt, als ob sie die Welt um sich herum genauestens prüften und selbst entschieden, wann sie sich wem oder was nähern.

Vorschulkinder wollen lernen und saugen die Welt geradezu in sich auf. Dies tun sie spielerisch, sei es in den immer ausgefeilteren Rollenspielen, Regel- oder Bewegungsspielen oder beim konzentrierten Nachmalen von Buchstaben und Zahlen. Ruhiges Basteln und Schrauben wechselt sich mit großer Bewegungsfreude ab. Die Launen und Stimmungen schwanken stark. Man weiß einfach noch nicht so recht, wo man hingehören will, zu den umsorgten Kleinen oder zu den coolen Großen, die hinaus in die Welt gehen!

Körperliche Entwicklung

Die Gestalt der Kinder verändert sich immens in der Vorschulzeit, aus den knuddeligen Kleinkindern werden athletische Schulkinder. Die ersten stolz präsentierten Zahnlücken weisen zudem darauf hin: „Wir sind auf dem Weg in die Schule."

Wachstum

Arme und Beine werden länger und kräftiger, gleichzeitig fällt der „Kleinkindspeck" ab. Muskeln und Gelenke treten stärker hervor. Die Silhouette der Kinder verändert sich dadurch, eine Taille wird erkennbar, der Rumpf verliert seine rundliche Form und flacht ab. Der bei Kindern typischerweise hervor gestreckte Bauch scheint kleiner zu werden, die Schultern wirken nun breiter als das Becken. Der Hals streckt sich, die Gesichtszüge werden prägnanter. Die Kleidergrößen 116 und 122/128 müssen gekauft werden, bei den Schuhen wird meist die Größe „30" locker überschritten. Die körperlichen Veränderungen erfassen nicht alle Körperteile gleichzeitig, so entsteht häufig der Eindruck, alles passe nicht so recht zusammen. Bei Mädchen setzen die körperlichen Veränderungen im Allgemeinen etwas früher ein als bei Jungen, was bei gegengeschlechtlichen Zwillingen schon mal zu einer Rollenverschiebung führen kann. Plötzlich geht das vielleicht bis dahin zurückhaltendere Mädchen voran!

Schnell wachsende Kinder klagen in dieser Zeit ab und an über Schmerzen in den Beinen. Für die Kinder, die solche Beeinträchtigungen meist gar nicht kennen, kann dies sehr beängstigend sein. Sprechen Sie mit Ihrem Kinderarzt, der klären kann, ob es sich um „normale" Wachstumsschmerzen handelt, die gerade in Wachstumsphasen häufig kurzzeitig auftreten können oder ob ein anderes Problem vorliegt, das behandelt werden muss.

Zahnwechsel

Ungefähr mit sechs Jahren beginnt der Zahnwechsel vom Milchgebiss zu den bleibenden Zähnen. Zuerst bricht der erste Backenzahn durch, danach folgen die vier Schneidezähne. Stolz präsentieren Ihre Kinder die Zahnlücken, die beweisen: „Ich bin auf dem Weg zur Schule." Wann genau der Zahnwechsel beginnt, ist von Kind zu Kind unterschiedlich, ein guter Anhaltspunkt ist allerdings der Beginn des Zahnens. Hat ein Kind oder haben beide Zwillinge spät die ersten Zähne bekommen, können Sie fast sicher sein, dass auch die ersten Zahnlücken auf sich warten lassen werden.

Fasziniert werden Sie vor Ihren eineiigen Zwillingen stehen, wenn Sie bemerken, dass schon mal der gleiche Zahn zur gleichen Zeit wackelt. Mit kurzem Zeitabstand brechen Zähne bei beiden an der gleichen Stelle durch und das bequeme Unterscheidungsmerkmal „Zahnlücke vorn unten nur bei Silvie" hilft nicht lange weiter.

Diesen Zahnwechsel erleben die Kinder viel bewusster als den Durchbruch des Milchgebisses und das kann auch schon mal Angst machen oder zumindest unangenehm sein. Beliebt ist die Zahnfee als Trostmittel. Sie bringt für jeden ausgefallenen Zahn, den das Kind vor dem Schlafengehen an einen bestimmten Platz legt, ein kleines Geschenk – am besten keine Süßigkeit! Sticker oder Murmeln – Ihre Kinder freuen sich über alles, was sie sammeln können, und der nächste Wackelzahn wird eher sehnsüchtig erwartet als befürchtet.

Bewahren Sie die Zähne in zwei getrennten Milchzahndöschen auf. Ist die Zahnfee als Schwindel entlarvt, können Sie dem jeweiligen Kind „sein Döschen" feierlich überreichen und es kann selbst weiter sammeln.

Kognitive Entwicklung

Vorschulkinder erkennt man daran, dass sie unbedingt lernen und leisten wollen! Eine Aufgabe können sie immer besser abstrakt ohne Ausprobieren durchdenken, doch das konkrete Tun bleibt die vorherrschende Lösungsmethode bis weit ins Grundschulalter hinein. Wichtig ist für sie ein Ergebnis am Ende ihrer Anstrengungen. Überschätzen Sie aber nicht die Ausdauer der beiden. Die Aufmerksamkeitsspanne von fünf- bis sechsjährigen Kindern liegt im Schnitt bei maximal 15 Minuten für ein Thema.

Zahlen, Buchstaben und Gedächtnis

Viele Kinder in diesem Alter beginnen, sich für Zahlen und Buchstaben zu interessieren. Vielleicht erleben Sie, dass ein Zwilling sich eher für Zahlen, der andere mehr für Buchstaben interessiert. Richten Sie sich nach den Interessen Ihrer Kinder, Sie haben den Vorteil, dass spielerisch und nebenbei jeder der beiden den anderen Aspekt mitbekommt. Malt Peter fleißig Buchstaben, wird er sie vermutlich stolz Silke präsentieren, genauso wie er Silkes Zahlen immer mal wieder nachdenklich betrachten wird. Die gegenseitige Anregung funktioniert weiterhin! Bleiben Sie gelassen, wenn nur ein Zwilling vorprescht. Entwicklung ist individuell und sicherlich haben Sie im Laufe der Zeit mit Ihren Kindern schon die beruhigende Gewissheit erlangt, dass Entwicklungsschritte zwar zu unterschiedlichen Zeiten, aber eben doch gemacht werden. Jeder hat hier sein eigenes Tempo.

Sie werden bemerken, dass Ihre Kinder sich viel mehr merken können als noch ein Jahr zuvor. Vielleicht ergeht es Ihnen wie mir und Sie ertappen eines Ihrer Kinder dabei, wie es hoch konzentriert vor dem CD-Player hockt und ganze Lied-CDs auswendig mitsingt!

Das Zeitgefühl

Meist entwickeln Kinder in diesem Alter ein erstes Zeitgefühl. Sie beginnen, Handlungen in eine zeitliche Abfolge zu bringen.

„Wenn ich ein Butterbrot essen will, muss ich zuerst Brot, Butter, Brettchen und Messer holen, dann streiche ich das Brot und kann essen" – Handeln organisiert sich. Ein Gefühl für gestern – heute – morgen entwickelt sich. Verabredungen zum Beispiel können jetzt mit Ihrer Hilfe geplant werden.

Das Zeitgefühl umfasst auch Vergangenheit, Gegenwart und Zukunft. Die beiden beginnen, sich für ihren eigenen Lebenslauf zu interessieren. Eines der Lieblingsgeschenke meiner Söhne zu ihrem fünften Geburtstag war ein eigenes Fotoalbum für jeden, in dem die Zeit von der Geburt bis dahin auf Fotos festgehalten war. Ich erinnere mich auch, dass einer meiner Söhne in diesem Alter intensiv damit beschäftigt war, sich die Zukunft auszumalen, und gerne sagte: „Mama, wenn ich später mal Polizist bin, kann ich dir immer helfen." Immer wieder werden Sie berichten müssen, wie es war, als die beiden noch klein waren und wie sie sich in dieser Zeit benommen haben.

Das Zeitgefühl Ihrer Kinder ist noch an Ereignisse gekoppelt wie „nach dem Abendessen gehe ich Zähne putzen und dann ins Bett." Interessiert sich eines Ihrer Kinder für die Uhr, können Sie versuchen, ihm die Bedeutung der vollen Stunden nahezubringen: „Wenn der große Zeiger oben auf der Zwölf steht und der kleine Zeiger auf der Sechs, dann ist es sechs Uhr." In der Regel beschäftigen die Kinder sich aber erst ab dem ersten Schuljahr mit dem Lesen der Uhr.

Konzentration bei Zwillingen

Es wird ab und an behauptet, dass Zwillinge größere Konzentrationsprobleme hätten als andere Kinder. Nur selten bekämen sie die Gelegenheit, sich ungestört nur einer Aktivität zu widmen. Der immer anwesende Bruder oder die immer anwesende Schwester unterbrächen Beschäftigungen oder Gedanken sofort, sodass es schwieriger sei, Konzentration zu üben.

Uns sind keine wissenschaftlichen Studien bekannt, die einen solchen Effekt belegen würden. Seien Sie also beruhigt, Ihre Zwillinge haben auf diesem Gebiet keinen Nachteil durch ihr gemeinsames Aufwachsen.

Allerdings kann es im Alltag schon vorkommen, dass einer der beiden den anderen stört. Bemerken Sie dies, sind Sie pädagogisch gefragt. Bieten Sie zum Beispiel dem Kind, das nichts mit sich anzufangen weiß, ein gemeinsames Spiel an. Lässt sich Ihr Kind nicht darauf ein, sollten Sie liebevoll, aber bestimmt das Kind von seinem Geschwister wegholen. Damit geben Sie beiden Kindern das deutliche Signal, dass es völlig in Ordnung ist, auch einmal etwas alleine zu tun.

Im Vorschulalter können und sollten Kinder lernen, Wünsche anderer zu respektieren. Dazu gehört auch der Wunsch, etwas alleine oder einfach etwas anderes als der andere machen zu wollen. Führen Sie die Diskussion darüber, ob man den anderen stören darf, aber auf keinen Fall neben dem in Ruhe spielenden Kind. Dann ist es mit dessen Konzentration auch vorbei!

Motorische Entwicklung

Mit fünf Jahren sind Grob- und Feinmotorik in der Regel ausgereift und verfeinern sich nur noch. Körperbeherrschung, Geschicklichkeit, Schnelligkeit und Ausdauer steigen täglich an, wenn die Bewegungsfreude der Kinder unterstützt wird. Man rennt, hüpft auf zwei oder einem Bein und ist immer unterwegs, ob frühmorgens oder vor dem Schlafengehen. Passend zum Wunsch, etwas zu schaffen und das Ergebnis zu sehen, erlaubt die ausgereifte Handmotorik nun Schneiden, Basteln und Kleben. So entstehen kleine Kunstwerke, die aufbewahrt werden müssen – Ihre Kinder sind sehr stolz darauf, dies geschaffen zu haben.

Sich bewegen – Grobmotorik

Ihre Kinder beherrschen ihre Bewegungen immer besser. Das Hüpfen auf einem Bein ist für Sechsjährige eine der Lieblingsbeschäftigungen und gelingt immer flüssiger. Achten Sie darauf, dass auch das andere Bein benutzt wird! Treppen können nun ohne Festhalten im erwachsenentypischen Wechselschritt bewältigt werden, sowohl auf- als auch abwärts. Überhaupt ist Bewegung alles in diesem Alter! Fahrradfahren kann gelernt werden, ob zunächst mit Stützrädern oder direkt ohne bleibt Ihnen als Eltern überlassen.

Petra Lersch

» Erst mal mit …

Unsere Kinder haben entgegen dem damals vorherrschenden Trend beide das Fahrradfahren mit Stützrädern gelernt, weil es einfacher war, mit ihnen als ein Elternteil allein unterwegs zu sein. So haben sie das angemessene Verhalten an Straßen und Ampeln, das Bremsen, das Auf- und Absteigen und vor allem die Freude am Fahren gelernt.
Den Umstieg auf das Fahren ohne Stützräder haben wir getrennt für beide an Wochenenden mit sogenannten „Papa-Zusatzstunden" in aller Ruhe durchgezogen.« ▪

Rollschuh laufen oder Inliner fahren, Schlittschuh oder Stelzen laufen – all dies passt zur Bewegungsfreude von Vorschulkindern. Zu zweit machen das Herumsausen, Klettern und überhaupt In-Bewegung-sein überdies mehr Spaß. Wenn Sie in einer Gegend wohnen, in der Ihre Kinder unbesorgt draußen spielen können, werden Sie überrascht feststellen, dass schon einmal eine Stunde vergeht, in der Ihre Kinder draußen sind und Sie überhaupt nicht brauchen. Ein ungewohntes Gefühl. Schauen Sie kurz zu Ihrer Beruhigung nach und genießen Sie es danach einfach!

Bewegungskurse für Kinder

Das Kursangebot für diese Altersstufe ist groß. Schwimmkurse, Kinderturnen sowie das Erlernen einzelner Sportarten im Verein werden für Kinder dieses Alters immer üblicher. Lassen Sie Ihre Kinder entscheiden, ob sie gemeinsam oder getrennt Kurse besuchen wollen. Richard und Marten besuchten z. B. getrennt einen Schwimmkurs, weil einer von beiden lieber allein gehen wollte. Sein Bruder hat dies kommentarlos akzeptiert. Nach zwei Kursen alleine sagte Marten schließlich: „Jetzt

Wir teilen

Ob meins oder deins, Zwillinge finden das Geschenk des anderen genauso spannend wie das eigene. Mit der neu gewonnenen Fingerfertigkeit und großer Neugierde wird deshalb kurzerhand gemeinsam ausgepackt. So geht es schneller und das Geschenk des anderen kann fachmännisch sofort begutachtet und kommentiert werden. Oft ergibt sich daraus ein gemeinsames Spiel!

Spielerisch lernen

Buchstaben, Zahlen und Wörter – die Welt der Schulkinder übt ihren großen Reiz auf die Kinder aus. Mit altersgerechten Spielen und Materialien, die dieses Interesse aufgreifen, beschäftigen sie sich ausdauernd und gerne. Mal gemeinsam, mal getrennt und immer im Blick, was der andere gerade macht. Spielerisches Lernen im Alltag macht einfach am meisten Spaß!

fände ich es gut, wenn Richard mitkommt." Gemeinsam schwammen sie noch eine Weile und hatten viel Spaß dabei.

Individuelle Bewegungsentwicklung

Ob auf der Straße oder im Verein, achten Sie auf Vorlieben Ihrer Zwillinge. Es müssen nicht beide gerne Inliner fahren oder tanzen. Auch eineiige Zwillinge entwickeln durchaus unterschiedliche Interessen. Unterstützen Sie die individuellen Ansätze Ihrer Kinder, auch wenn dies für Sie mehr Organisationsarbeit bedeutet. In der Regel findet sich im Fußballverein oder im Tanzkurs eine Mitfahrgemeinschaft mit anderen Eltern. Vielleicht gibt es auch Unterschiede im Tempo. Während einer sich aufs Fahrrad setzt und losfährt, braucht der andere mehr Zeit. Das ist völlig normal und in Ordnung.

Feinmotorik

Eine ausgereifte Feinmotorik ist eine wichtige Voraussetzung für den Schuleintritt. Buntstifte werden nicht mehr mit der Faust, sondern mit wenigen Fingern gehalten. So wird das Zeichnen von einfachen Dingen wie Häusern, Bäumen oder Menschen mit den wichtigsten Charakteristika möglich. Mit Legosteinen Welten bauen, Unmengen an Bügelperlenbildern

für die gesamte Verwandtschaft erstellen, Puzzeln, Malen – all dies gehört zu den Beschäftigungen mit feinmotorischem Schwerpunkt, die bei Vorschulkindern beliebt sind.

Wieder werden Ihre Kinder selbstständiger. Das Zuknöpfen von Kleidungsstücken oder Zuziehen von Reißverschlüssen ist kein Problem mehr. Auch wenn die Klettverschlussschuhe mittlerweile den Schnürschuhen den Rang abgelaufen haben, können Sie Ihren Kindern mit ungefähr sechs Jahren das Binden einer Schleife beibringen.

Die Händigkeit ist spätestens in diesem Alter festgelegt. Unterstützen und ermutigen Sie Ihr linkshändiges Kind, mit seiner dominanten Hand zu basteln, zu malen und zu schneiden. Kaufen Sie eine Linkshänderschere, legen Sie das Messer nach links und die Gabel nach rechts beim Tischdecken und informieren Sie sich über die geeignete Sitzposition und Handhaltung beim Schreiben und Malen. Wir haben Ihnen hierzu im Serviceteil einige hilfreiche Seiten und Bücher aufgeführt. Falls Sie selbst Rechtshänder sind, fällt es Ihnen vermutlich etwas schwerer, sich in Ihr Kind hineinzuversetzen.

Unser Tipp

Hilfreich ist es, wenn ein Linkshänder Ihrem Kind feinmotorische Fertigkeiten wie Schleifen zu binden beibringt.

Gefühl und Mitgefühl

Fünfjährige wollen die Welt erobern, sie haben das Gefühl, alles alleine zu können. Dem ausgeprägten Streben nach Selbstständigkeit und Übernahme von Verantwortung steht das erneute Klammern an die Familie und eine geradezu besitzergreifende Liebe gegenüber. Verhaltensweisen, die man aus der Kleinkind-

zeit beim Fremdeln schon kennt. Etwas Neues, Spannendes bahnt sich an und dabei tankt man vorher noch einmal auf, weil das Neue auch Angst macht.

Die Zeit des Übergangs zeigt sich auch in der sozial-emotionalen Entwicklung. Die

Energie der Kinder steigt, aber sie schwankt auch und kann nicht wirklich planvoll eingesetzt werden. Mal hängt man herum, ist in der nächsten Minute voller Tatendrang und weiß danach wieder nichts mehr mit sich anzufangen.

Oft stecken sich Zwillinge mit einem solchen Verhalten regelrecht an. Langweilt der eine sich, hat der andere auch zu nichts Lust. Gleichzeitig kann es aber auch passieren, dass Sie den einen von einem gemeinsamen Spiel überzeugen können und der andere sich schließlich dazugesellt.

Vorliebe für Regeln und Strukturen

Ihre beiden Vorschulkinder fügen sich gut in den familiären Tagesablauf ein, sie sind Verfechter fester Strukturen und mögen es nicht, wenn sich diese ändern. Regeln gehen über alles und Verstöße seitens der Eltern werden gnadenlos von zwei Seiten aufgedeckt: „Mama, die Ampel war aber schon auf Gelb und du bist weitergefahren!", müssen Sie sich möglicherweise anhören, begleitet von doppeltem Stirnrunzeln und Kopfschütteln.

Nutzen Sie die Vorliebe für Strukturen und Regeln, um die beiden sanft, aber nachdrücklich für ein Ordnungssystem zu begeistern. Schenken Sie Ihren Kindern zum Beispiel Kisten, auf die Sie Bilder der Gegenstände kleben, die darin aufbewahrt werden sollen. Natürlich werden sie diese nicht immer ordnungsgemäß nutzen, aber mit etwas Unterstützung wird es ihnen immer besser gelingen, Ordnung zu halten.

Selbstständig sein und Verantwortung übernehmen

Immer mehr verlangen Ihre Kinder danach, Aufgaben und Aufträge selbstständig zu erledi-

gen. Sie können ihr Brot selbst schmieren, bringen den Müll zum Mülleimer und ziehen sich alleine an. Genießen Sie es. Schneller, als Sie es sich wünschen, kommen Zeiten, in denen jede familiäre Hilfe zu einem Kampf wird! Es empfiehlt sich, Aufgaben klar zu verteilen. Vielleicht kann einer für die schwarze Mülltonne, der andere für die Biomülltonne zuständig sein.

Kinder in diesem Alter lieben es auch, in andere Rollen zu schlüpfen, zum Beispiel beim Pizzabacken. Schon morgens nehmen sie dazu die „Bestellungen" an und machten ein Rollenspiel daraus: „Ich bin dann mal der Kellner, bei mir kannst du deine Bestellung abgeben."

Ihre Kinder können nun lernen, Verantwortung zu übernehmen. Lassen Sie sie zum Beispiel die Kleidung morgens alleine aussuchen – übrigens eine interessante Möglichkeit, bei gleichgeschlechtlichen Zwillingen festzustellen, ob sie gleiche oder unterschiedliche Kleidung bevorzugen.

Zwillinge und ihre Umwelt

Die Hinwendung zu anderen Personen schwankt wie so vieles in dieser Altersstufe. Gerade völlig in die eigene Welt versponnen wird im nächsten Moment die komplette Aufmerksamkeit auf die Umwelt gelenkt. Mal will man Gesellschaft von anderen, um dann jegliche Bereitschaft zum Kompromiss im Spiel vermissen zu lassen. Doch immer mehr entwickeln sich soziale Fertigkeiten. Ein Freund oder eine Freundin bekommt eine andere Bedeutung und wechselt nicht mehr stündlich, man erlernt immer mehr, mit anderen in Kontakt zu kommen und sich auf andere Kinder einzustellen. Es gelingt nun besser, sich in andere hineinzuversetzen.

In diesem Alter können Kinder Rücksichtnahme und Respekt vor anderen zeigen. Leben

Sie Ihren Kindern vor, wie Sie es gerne hätten. Ein „Danke" haben auch die Kinder verdient, wenn Sie Ihnen einen Gefallen tun. In den nun häufig gespielten Alltagsrollenspielen (siehe Seite 111) können Sie verblüfft belauschen, wie Ihre Kinder das familiäre Miteinander erleben! Auch wenn sich die beiden im Umgang mit anderen Menschen immer besser verhalten, wird es ab und an zu Rückfällen kommen: „Neben der will ich nicht stehen, die ist nicht mehr meine Freundin" oder Besitzdemonstrationen: „Das ist MEIN Bagger, damit darf der nicht spielen" gibt es auch bei fünf- und sechsjährigen Kindern noch.

Gut auflösen lassen sich solche Situationen durch das Ansprechen der sich entwickelnden Empathie: „Stell dir mal vor, ich würde zu dir sagen: ‚Mit der spiele ich nicht mehr', wie würdest du dich fühlen?"

Sich selbst behaupten

Eine wichtige Fähigkeit für das kommende Schulkind ist es, die eigene Position behaupten zu können. Auch diese Fähigkeit entwickelt sich immer mehr. Manche Zwillinge mögen sich hierbei schwertun, je nachdem wie eng ihre Beziehung zueinander ist. Haben Sie Geduld mit Ihren Kindern und akzeptieren Sie, dass die beiden ihren eigenen Weg gehen, der zu bestimmten Zeiten auch dasselbe sein kann.

Vielleicht bemerken Sie aber auch, dass ein Zwilling sich offensichtlich unwohl fühlt, wenn immer der andere entscheidet. Oder Sie nehmen wahr, dass einer von beiden es zwar versucht, aber einfach nicht schafft, sich gegen diese Dominanz des anderen zu wehren. Greifen Sie in solchen Fällen ein. Tipps dazu finden Sie unter Rollenverteilung ab Seite 113.

Petra Lersch

» Gemeinsame und eigene Positionen

Bei meinen eineiigen Söhnen ergab sich häufig eine gemeinsame Position, ohne dass einer der beiden offensichtlich eine eigene aufgegeben hätte. Es schien, als wollten sie eben einfach dasselbe. Oft habe ich mir deshalb Sorgen gemacht. Ich erlebe aber auch immer wieder, dass sie durchaus eigene Positionen haben und diese gut vertreten.« ▬

Die Entwicklung der Geschlechtsidentität

Typisch für die emotionale Entwicklung dieser Altersstufe ist der Versuch, sich betont geschlechtstypisch zu verhalten. Die Kinder identifizieren sich zunehmend mit dem eigenen Geschlecht und zeigen dies äußerlich durch „machohaftes" oder betont mädchenhaftes Verhalten und die entsprechende Kleidung. Es wirkt zuweilen unfreiwillig komisch, wenn Ihr Sohn betont cool durchs Zimmer schreitet oder Ihre Tochter am liebsten nur noch in rosa Tüllröcken mit Glitzer im Haar aus dem Haus gehen mag.

Zweieiige Pärchen-Zwillinge wenden sich mehr gleichgeschlechtlichen Spielkameraden zu, vielleicht finden sie sich sogar einfach nur gegenseitig blöd! Vermutlich werden Sie Ihr Zwillingspärchen nun nicht mehr von einer gemeinsamen Kindergeburtstagsfeier überzeugen können. Sehen Sie es positiv! Sie erweitern Ihr Wissen in vielen Bereichen und kennen sich nicht nur mit Prinzessin Lillifee und ähnlich rosa angehauchten Geschichten, sondern mindestens genauso gut mit Star Wars und Klonkriegern aus!

Natürlich gibt es auch Ausnahmen. Wir kennen eineiige Zwillingsmädchen, von denen eines im Vorschulalter am liebsten Fußball spielte und Kurzhaarschnitte trug, während ihre Schwester viel lieber in Kleidern durch die Gegend marschierte – aber gerne die Sporttasche ihrer Schwester packte! All dies ist normal, auch wenn die Mehrzahl der Kinder mehr einen gesellschaftlich geprägten Stereotyp im Verhalten zeigt.

Vielleicht stört es Sie, wenn der eigene Sohn sich als kleiner Macker aufführt. Oder die Tochter das rosa Tüllröckchen nur unter Protest zum Schlafengehen auszieht und alles so „süüüüßßß" findet. Haben Sie Verständnis, in dieser Probierphase überziehen die Kinder gerne das geschlechtsspezifische Verhalten, gerade um auch bei Freunden gut dazustehen.

Die Weiterentwicklung der Sprache

Mit fünf Jahren ist der Erwerb der Grammatik weitgehend abgeschlossen. Haben die Mehrzahl von Substantiven oder die Wahl des richtigen Artikels vorher noch Schwierigkeiten gemacht, sind diese Feinheiten nun kein Problem mehr. Zwar sind die Sätze in vielen Fällen noch einfach strukturiert, aber immer häufiger wird das Erlebte in logisch und zeitlich korrekter Reihenfolge ausführlich berichtet.

Zwillinge unterhalten sich viel miteinander, gerne auch mit anderen – und mittlerweile immer für alle verständlich. Zwillingseltern berichteten, dass ihre eineiigen Söhne in dieser Zeit oft gemeinsam erzählten. Ein Kind begann den Satz, das andere brachte ihn im Idealfall zu Ende oder – weitaus häufiger – beide widersprachen sich dauernd. Andere Eltern haben uns berichtet, dass ihre Zwillinge gleichzeitig erzählen möchten und sich vor allem durch Lautstärke gegenseitig übertreffen wollen.

Alle Kinder lieben es in diesem Alter, mit Sprache zu spielen. Absichtliche Fehler wie z. B. in dem Lied „Drei Chinesen mit dem Kontrabass" sind ebenso beliebt wie Quatschgeschichten, die sich Zwillinge natürlich auch gerne gegenseitig erzählen und sich dabei gemeinsam ausschütten vor Lachen.

Schimpfwörter

Verstärkt provozieren Kinder ihre Umwelt mit Sprüchen und Begriffen, die Erwachsenen nicht gefallen. Seien es Schimpfwörter oder Ausdrücke aus dem Sexual- oder Fäkalbereich – der Gossenhumor mit „Pippi-Kaka-Schwänzchen" und ähnlichen Wortschöpfungen kann Mahlzeiten durch albernes Gekicher sprengen. Gerade wenn Kinder im Rudel auftreten, verstärkt sich dieses Verhalten. Da erscheint es nur natürlich, dass Zwillinge sich hierbei gegenseitig beflügeln, man sitzt neben jemandem, der – da exakt gleich alt – einen ähnlich geprägten Humor hat, wie man selbst. Dazu kommt, dass die Kinder bemerken, wie Erwachsene sich durch diese Wortwahl schnell herausgefordert oder sogar verunsichert fühlen. Vor diesem Hintergrund setzt man dem Treiben am ehesten mit einer guten Portion Gelassenheit ein Ende. Versuchen Sie, sich nicht zu sehr aufzuregen. Dies ist in der Theorie leichter gesagt als in der Praxis getan. Von zwei Seiten bei gemeinsamen Mahlzeiten in einer Dauerberieselung von „Ah, isst du grad deine Kackawurst?" gepaart mit brüllendem Gelächter zu sitzen, schafft an bestimmten Tagen die hartgesottensten Eltern. Wie Sie am besten damit umgehen, dazu finden Sie Anregungen auf Seite 141.

Spiele

Im gemeinsamen Spiel werden soziale Fähigkeiten erprobt, das Sichzurücknehmen dem Spiel zuliebe wie es z. B. beim Abwechseln notwendig ist oder das Einhalten von Regeln, auch wenn es einem selbst schadet. Es ist völlig normal, wenn Kinder diese neuen Verhaltensweisen nicht lange durchhalten, sie üben ja noch.

Auch das Spielverhalten schwankt in diesem Alter. Die alten Spiele genügen nicht mehr, neue sind noch nicht gefunden. Ein Mangel an Ausdauer, geäußert durch „Ich habe keine Lust mehr", ist typisch für das Vorschulalter.

Im Verlauf des fünften Lebensjahres war das Rollenspiel beliebt geworden, sei es als Prinzessin oder Polizist. Im Verlauf des sechsten Lebensjahres intensiviert sich das detaillierte Rollenspiel mit anderen Kindern. Häufig drehen sich die Rollenspiele um gesellschaftliche Situationen: „Ich wär dann der Polizist."

Für Zwillinge ist immer jemand Gleichaltriges für ein Rollenspiel à la „Ich wäre dann mal der Lehrer und du wärst das Schulkind" da. Eine große Erleichterung und Entlastung für Zwillingseltern!

Auch Regelspiele wie „Mensch ärgere dich nicht" oder Ballspiele werden beliebter. Die Vorliebe für Zahlen nutzend ist ein Spiel wie „Elfer raus", das Vorschulkinder durchaus beherrschen können. Im Vorschulalter bleibt das Verstehen und Einhalten von Regeln nach wie vor eine Herausforderung, an die man je nach Tagesform herangeht. An manchen Tagen verliert man besser als an anderen. So helfen Regelspiele dabei, die Frustrationstoleranz zu erhöhen. Achten Sie trotzdem darauf, dass jeder mal gewinnt.

Die Kinder bauen gerne. Sie freuen sich über eine Kiste, in der viele Materialien sind, die sie munter für den Bau von Hütten, Höhlen oder anderem nutzen. Legosteine sind der Renner beim Konstruktionsspielzeug.

Aufgrund der sich entwickelnden Geschlechtsidentität tun Jungen und Mädchen sich oft schwer mit gemeinsamen Spielen. Bei Zwillingspärchen gestaltet sich dies etwas anders. Auch wenn sie sich im Kindergarten vermehrt gleichgeschlechtlichen Freunden zuwenden, spielen sie zu Hause gerne gemeinsam. Dann einigt man sich eben darauf, dass die Prinzessin von einem Soldaten beschützt wird!

Daran sollten Sie denken

Der Schwerpunkt der Kindervorsorge liegt jetzt auf der Überprüfung der für den nahenden Schulalltag wichtigen Fähigkeiten und Kompetenzen. Zögern Sie aber nicht, auch eine verzögerte Sauberkeitsentwicklung zu thematisieren, die in diesem Alter gut behandelt werden kann.

Kindervorsorge

U9 zu Beginn des 6. Lebensjahres

Zu Beginn des sechsten Lebensjahres steht die Vorsorgeuntersuchung U9 an. Koordinationsfähigkeit in der Grob- und Feinmotorik sowie das Hör- und Sehvermögen werden in dieser letzten Vorsorge vor der Einschulung noch einmal genau betrachtet. Einen breiten Raum nimmt auch die Überprüfung der sozialen und sprachlichen Fähigkeiten ein, die im Hinblick auf den bevorstehenden Schulalltag eine große Bedeutung haben. Hierzu wird der Kinderarzt Tests mit jedem Kind durchführen und sich im Gespräch mit Kind und Eltern ein Gesamtbild machen. Schließlich empfiehlt die Ständige Impfkommission (STIKO) bei der U9 Auffrischungsimpfungen gegen Tetanus, Diphtherie und Keuchhusten sowie die Vervollständigung eines lückenhaften Impfschutzes. Ergänzend sollte vor dem Schuleintritt auch ein Besuch beim Augenarzt erfolgen.

Vorsorgeuntersuchungstermin mit einem oder beiden Kindern?

Wir glauben, dass es entspannter und hilfreicher für alle Beteiligten ist, wenn Sie für Ihre Kinder getrennte Termine an verschiedenen Tagen vereinbaren. Die Kinder müssen getrennt untersucht werden, damit der Arzt sich ein objektives Bild verschaffen kann und Rolleneffekte ausgeschlossen sind. Kinderärzte veranschlagen für die U9 meist 1,5 Stunden, sodass Sie bei zwei aufeinanderfolgenden Terminen an einem Tag schon ohne Wartezeit auf einen Aufenthalt von drei Stunden in der Kinderarztpraxis kämen.

Vereinbaren Sie am besten zwei Vormittagstermine, an denen ein Kind im Kindergarten bleiben kann, während das andere mit Ihnen den Termin wahrnimmt. Kinderärzte bevorzugen Vormittagstermine für die Vorsorgeuntersuchungen, da die Kinder zu diesem Zeitpunkt ausgeruht in den Tag starten. Gibt es weitere Geschwisterkinder, sollten diese nicht mit zur Vorsorgeuntersuchung kommen. Gönnen Sie sich, dem Kind, das untersucht werden soll, den Geschwistern und dem Praxisteam eine möglichst entspannte Atmosphäre, in der sich alle auf das konzentrieren können, um das es gehen soll: das zu untersuchende Kind.

Verzögerte Sauberkeitsentwicklung

Hat eines Ihrer Kinder nach dem fünften Geburtstag noch Probleme mit Einnässen oder Einkoten, sollten Sie den Kinderarzt darauf ansprechen. Das Einnässen tritt häufiger auf als das Einkoten, deshalb hier Näheres dazu.

War Ihr Kind noch nie über einen längeren Zeitraum trocken, spricht man von einer "primären Enuresis". Dabei kann es sich um eine Reifeverzögerung handeln, die bei Zwillingen aufgrund ihres etwas früheren Geburtstermins häufiger auftritt als bei reifgeborenen Kindern. Nässt ein Kind wieder ein, nachdem es lange trocken war, geht man von psychischen Ursachen aus und spricht von der „sekundären Enuresis".

Häufig wird eine Weckapparatur empfohlen, bei der ein Alarmsignal abgegeben wird, sobald Urin in die Unterhose gelangt. Durch den Alarm werden die Kinder geweckt und lernen so, die Anzeichen des Harndrangs zu erkennen, um rechtzeitig die Toilette aufzusuchen. Die genaue Wirkweise ist trotz langjährigen Einsatzes weitgehend unklar, die Heilungsraten gelten aber als hoch. Für alle Beteiligten ist dies ein anstrengendes Verfahren. Unter Umständen wird die ganze Familie wach und wenn Ihr Kind wegen einer Reifeverzögerung den Urin nicht halten kann, ist das Bett trotzdem morgens eingenässt – Frust für das Kind wie für die Eltern.

Bestehen Sie deshalb auf eine genaue Diagnostik. Diese beinhaltet neben der Anamnese ein Miktions-Trink-Stuhl-Protokoll, eine Urinsowie eine Ultraschalluntersuchung. Mithilfe eines sogenannten Flow-EMGs kann man herausfinden, ob die Muskeln der Harnblase und der Harnröhre richtig zusammenarbeiten. Ist dies nicht der Fall, wäre ein spezielles Beckenbodentraining die richtige Therapie für Ihr Kind. In manchen Fällen können auch spezielle Medikamente hilfreich sein.

Zwillingsbeziehungen

Zwillinge marschieren gerne oft im Gleichschritt und doch kristallisiert sich im Vorschulalter heraus: einer geht meist voran, der andere folgt – oder auch nicht. Ob immer derselbe oder je nach Interessengebiet mal der eine, mal der andere der Anführer ist, für Zwillingseltern bleibt die Herausforderung, beiden in ihrer Eigenart gerecht zu werden.

Im Vorschulalter gewinnen andere Kinder zunehmend an Bedeutung. Mit dem veränderten Spielverhalten und den neuen Fähigkeiten wächst das Interesse daran, gemeinsam mit anderen in Vereinen oder Gruppen Hobbys nachzugehen. Mit Freunden spielen, Geburtstagspartys ausgiebig und gerne feiern, das alles machen Zwillinge gemeinsam oder getrennt. Es zeigt sich keine Regel für das Zwillingsdasein, noch ist ein allgemeines Urteil „Gemeinsam ist schlecht, getrennt ist gut" sinnvoll. Jede Zwillingsbeziehung ist individuell und Zwillinge finden ihren Weg – gemeinsam und getrennt.

Rollenverteilung

Ob man will oder nicht, man vergleicht die beiden doch immer mal wieder. So geht es den Eltern wie auch Außenstehenden. Beide Kinder haben dieselbe Familie und sie sind gleich alt. In den Augen der meisten Menschen können Unterschiede zwischen den beiden nur aus dem Kind selbst herrühren. So entstehen schnell Rollenzuschreibungen und Etiketten wie „Rita ist die Geschickte", „Lucy ist die Sportliche", die ein Kind schwächer als das andere erscheinen lassen. Dabei ist Lucy genauso geschickt und Rita ebenso sportlich wie viele andere Kinder dieser Altersgruppe.

Eineiige Zwillinge „tauschen" häufig zu irgendeinem Zeitpunkt die Rollen. Der eine zeigt vielleicht ein halbes Jahr später die Verhaltensweisen, die der andere vorher gezeigt hat. So sagte eine Kindergärtnerin: „Wenn ich es nicht genau wüsste, würde ich sagen, der Jan ist der Lars, so wie er sich jetzt verhält!" Diese Vergleiche sind menschlich, umso wichtiger ist es jedoch, sich der Falle, in die man allzu oft hineintappt, bewusst zu sein.

Einer geht voran

Im Vorschulalter kann es sein, dass ein Zwilling verbal deutlich die Führung übernimmt und für den anderen mit antwortet und entscheidet. Ein Phänomen, das nicht rein zwillingsspezifisch ist, sondern häufig auch bei eng befreundeten gleichaltrigen Kindern beobachtet werden kann. Ein bequemes Muster für beide Seiten, das aber häufig nicht glücklich macht. Der vorpreschende Zwilling äußert vielleicht: „Der Marvin macht mir alles einfach nach!" oder „Immer muss ich alles entscheiden!" Der zurückhaltendere Zwilling vertraut Ihnen dagegen in aller Stille an: „Die

Lotta antwortet immer so schnell, da komme ich gar nicht mit!"

Für das weitere Leben ist es wichtig für beide Kinder, eigene Entscheidungen treffen und anderen mitteilen zu können. Dies ist das Erziehungsziel, doch Hand aufs Herz! Es gibt genügend erwachsene Menschen, die dies nicht können. Verlangen Sie nicht zu viel von Ihren Zwillingen im Vorschulalter.

Geht es darum, das zurückhaltende Kind zu stärken, ist dies nicht immer einfach. Viel wird von ihm gefordert:

- Es soll wissen, was es selbst will.
- Es soll eventuell den Ärger des anderen über seine „Alleingänge" ertragen.
- Es soll sich trauen, selbst zu handeln, ohne die Sicherheit, den anderen immer bei sich zu haben.

Insofern hilft es wenig, den „vorlauten" Bruder in seine Schranken zu weisen oder einfach beide Kinder zu getrennten Aktivitäten zu „zwingen". Vielmehr gilt es einerseits, den scheinbar Unterlegenen darin zu stärken, eine eigene Position zu finden und zu vertreten. Dem dominanten Zwilling müssen andererseits Eltern immer verdeutlichen, wie gut es ist, dass er so schnell und gut entscheiden kann, dass er dies aber nicht immer machen muss, um Anerkennung zu bekommen.

Sprechen Sie mit jedem Ihrer Kinder einzeln. Ermutigen Sie die zurückhaltende Alina, überhaupt eine eigene Position und Wünsche zu finden. „Wunder-Fragen" können dabei helfen „Wenn alles perfekt wäre, was würdest du denn jetzt gerne tun?" und – wenn schließlich eine Antwort gefunden ist – diese Meinung auch zu unterstützen.

Vergessen Sie aber auch die dominante Sophie nicht. Wäre Sophie ein Einzelkind, wären Sie stolz auf ihre zupackende, entschiedene Art.

Sehen Sie auf die Stärke, die dieses Verhalten hat. Loben Sie Sophie, wenn Sie mit ihr alleine sind. „Ich finde es toll, dass du dich so schnell entscheiden kannst. Das können nicht alle so gut. Wenn ich weiß, dass jemand anders das nicht so schnell kann, warte ich immer ein bisschen, bevor ich was sage, damit der andere auch eine Chance hat." So wertschätzen Sie Sophies Verhalten und verpacken gleichzeitig noch einen hilfreichen Hinweis, ohne ihr Vorwürfe zu machen.

Trotzdem kann es passieren, dass die eine der anderen folgt. Denken Sie daran, steter Tropfen höhlt den Stein. Durch die Beschäftigung mit eigenen Wünschen und Positionen wird auf Dauer das wichtige Gefühl, einer und nicht nur ein Teil von zweien zu sein, auf jeden Fall gestärkt.

Zwillingsfrieden über alles?

Vielleicht nimmt sich eines Ihrer Kinder zurück, um den „Zwillingsfrieden" zu erhalten, sei es, weil der Bruder oder die Schwester dies explizit verlangt oder weil es aus eigenem Antrieb heraus schon im Vorhinein Konflikte vermeiden will. Ein Kind läuft langsamer, um den Bruder nicht zu besiegen, antwortet auch nicht, um die Schwester nicht dumm dastehen zu lassen. Was tun?

Werfen Sie einen Blick darauf, welches Ziel die Kinder mit ihrem jeweiligen Verhalten verfolgen. Haben Sie diesbezüglich eine Idee, überlegen Sie, wie das Bedürfnis jedes Kindes auf andere Art und Weise befriedigt werden kann.

Hat Lothar, der von seinem Bruder Michael den „Zwillingsfrieden" um jeden Preis fordert, Angst, allein dazustehen? Oder befürchtet er, vor Ihnen und der Umwelt schlecht dazustehen, weil er manches nicht so gut kann wie Michael? Schauen Sie: Was kann Lothar gut, wofür können Sie ihn loben? Zeigen Sie ihm verbal und nonverbal, dass Sie ihn lieb haben.

Michael, der so viel Mühe darauf verwendet, die Beziehung zu Lothar harmonisch zu halten, fürchtet sich vielleicht auch vor dem „Alleinsein". Ermutigen Sie ihn und spornen Sie ihn spielerisch an: „Komm, Michael, wir beide machen ein Wettrennen!" Lassen Sie ihn gewinnen und verlieren Sie mit Anstand: „Ich hätte ja auch gern gewonnen, aber du warst eben schneller." Beglückwünschen Sie ihn. So schlagen Sie zwei Fliegen mit einer Klappe: Michael bemerkt, dass Schneller-Sein eine intakte Beziehung nicht gefährdet, und Lothar hat wie nebenbei ein ausgezeichnetes Muster dafür bekommen, wie er sich anders verhalten könnte.

Objektive Leistungsunterschiede

Vielleicht ergibt sich die Situation, dass eines Ihrer Kinder eine Sache schneller und besser kann als der andere. In den Augen der Umwelt generalisiert dies schnell. Plötzlich ist Martha die Fixe und ihr Bruder Paul der gemütliche, langsame Part. In manchen Fällen wird Paul sogar resignieren und Dinge, die Martha besser kann, erst gar nicht ausprobieren.

Schauen Sie genau, denn jedes Kind kann irgendetwas gut! Finden Sie bei jedem Kind das, was es gut kann, und loben sie es dafür. Vielleicht malt Martha jedes Mandala akkurat aus und wird dafür von den Erzieherinnen im Kindergarten überschwänglich gelobt, während Paul auf diesem Feld keinerlei Qualitäten zeigt. Aber malt er vielleicht großflächig bunte Bilder? Liebt er es, ohne Begrenzung den Stift über das Papier sausen zu lassen? Oder rennt er besonders schnell? Loben Sie, was das Zeug hält, sowohl die akkurat ausmalende Martha als auch den großzügig bunt malenden Paul.

Hilfreich ist es dabei, wenn Sie sich Ihrer eigenen Wertmaßstäbe bewusst sind. Vielleicht trifft das akkurat ausmalende Kind eher Ihre Art als der großflächig pinselnde Zwilling. Es ist ganz normal, dass Sie das, was Ihnen mehr entspricht, besser finden. Viele Wege führen aber nach Rom. Versuchen Sie, andere Herangehensweisen als die Ihre nicht als „schlechter" anzusehen sondern als „anders"!

Sätze wie „Der Marten kann schneller rechnen und der Richard kennt sich mit Buchstaben besser aus" können sich in einer Familie manchmal lange halten. Das ist für beide Kinder in Ordnung. Eine Mutter berichtete, dass Ihre Kinder Leistungsunterschiede gerne damit erklärt haben, dass die eine ja 20 Minuten früher geboren sei. Greifen Sie solche natürlich vorgegebenen Erklärungsmuster auf, erst recht, wenn Ihre Kinder sie selbst nennen. Will einer von beiden genau das ausprobieren, was der andere besser kann, lassen Sie ihn dies mit Ihnen alleine tun und nicht im direkten Vergleich mit dem Zwilling.

Gemeinsam in die Welt

Gemeinsam traut man sich mehr – das ist das Tolle am Zwillingsdasein! Leon und Paul gingen samstags gemeinsam mit fünf Jahren zum Bäcker und kauften Brötchen ein, aber der Ältere musste anführen. Die Aufgaben wurden allerdings gerecht geteilt. Einer trug das Geld, der andere die Brötchen und gemeinsam stand man mit der Brötchentüte und dem Wechselgeld stolz vor den Eltern.

Ebenso fuhren sie schon früh gerne gemeinsam zur Oma. Da zeigte es sich wieder, eigentlich sind die Eltern weniger wichtig als der Bruder. Unterstützen Sie dieses Gefühl. Ist sie nicht beneidenswert für uns Nichtzwillinge, diese Sicherheit, immer jemanden zu haben, auf den man sich verlassen kann?

Sie können das „gemeinsam in die Welt hinausziehen" auch pädagogisch für Ihre Zwecke nutzen. Drücken Sie beiden Kindern abwechselnd den Brötchenwunschzettel in die Hand, geben Sie mal dem einen, mal dem anderen das Geld mit – so schenken Sie auch mal demjenigen, der aus eigenem Antrieb nicht vorangehen würde, die Verantwortung und damit ihr Vertrauen, dass er das genauso gut kann wie der andere.

Geschwister

Für Zwillinge bedeutet das Vorschulalter eine wichtige Umbruchphase. Im Kindergarten geschlossene Freundschaften festigen sich und beeinflussen sowohl die Wahl der Schule als auch die Auswahl der Schulklasse. Beide haben altersentsprechend gehörig Selbstvertrauen gesammelt und sind jetzt „die Großen" im Kindergarten. Diese Stimmung färbt auch auf die Beziehung zu ihren Geschwistern ab.

Zwillinge und große Geschwister

Natürlich wird man als großes Geschwister gerne bewundert und hält seinen Heldenstatus, schließlich geht man als Erstgeborener voran, und das dazu alleine. Es macht stolz, wenn die kleinen Geschwister bewundernd „auf dem Fuße" folgen.

Mit nur wenig jüngeren Zwillingsgeschwistern allerdings verliert sich mit zunehmendem Alter allmählich die Bewunderung. Zum einen wird der Altersabstand auch für Außenstehende immer weniger deutlich, zum anderen sind Zwillinge gar nicht so sehr auf ein großes Geschwister angewiesen. Sie haben zum Schulstart ihren Zwilling, mit dem sie große Schritte gemeinsam wagen, sodass es zuweilen schlichtweg egal ist, ob der große Bruder/die große Schwester schon auf die zukünftige Schule geht.

Im Miteinander polarisieren große Geschwister gerne. Sie spielen entweder harmonisch mit beiden, wenn sie den Ton angeben können oder sie ziehen einen Zwilling auf ihre Seite und schließen den anderen zu dessen Leidwesen aus. Sind die Zwillinge miteinander in ein Spiel vertieft, stören die Großen nicht selten das innige Spiel oder das Stören selbst wird zum Spiel. Das führt öfter zu Tränen, schafft allerdings, wenn es noch ein kleineres Geschwister gibt, immer wieder wechselnde Spiel-Konstellationen.

Große Zwillinge und kleine Geschwister

Sind die Zwillinge die „Großen", ist dies ein angenehmes Alter, denn die Zwillinge erfordern nicht mehr so viel Aufmerksamkeit im Alltag. Sie wollen mithelfen und kümmern sich rührend um das Kleinere. Die Kleinen hingegen genießen die doppelte Aufmerksamkeit und lassen sich gerne hofieren.

Eifersucht auf ein kleineres Geschwister kommt nur selten vor. Eine Mutter von vier Mädchen, die mittleren sind Zwillinge, berichtete uns, dass die Großen untereinander schon mal aufeinander eifersüchtig sind. Wenn aber die Kleinste beim Vorlesen auf dem Schoß der Mutter sitzen darf und regelmäßig dabei einschläft, finden das alle „voll in Ordnung und gerecht".

Christina und Dorothee haben wechselseitig gerne mit dem kleinen Bruder gespielt. Am liebsten wurde der fast drei Jahre jüngere Bruder in einem Puppenwagen durch die Gegend geschoben und dieser hat diese Ausflüge meistens auch genossen.

Der Geschwistervorteil

Geschwister bedeuten, eine wunderbare Auswahl an Spielgefährten zu haben. Man muss sich nicht verabreden, es ist immer jemand zu Hause und es entstehen immer wieder Spielideen, zu denen sich einer überreden lässt.

Gerade bei gemischtgeschlechtlichen Zwillingen ergeben sich immer öfter Spielsituationen mit den gleichgeschlechtlichen größeren oder kleineren Geschwistern. Mal macht es mehr Spaß mit dem großen Bruder zu kicken und gefordert zu werden. Ein anderes Mal ist es schöner, mit der kleinen Schwester Bauernhof zu spielen und „der Bestimmer" zu sein.

Unterschiedliche Interessen

Kinder mit einem ähnlichen Umfeld und im gleichen Alter entwickeln ähnliche Vorlieben – dies verwundert uns bei Freunden oder Freundinnen nicht. Alle freuen sich und finden es normal, dass die Nachbarsjungen Max und Florian gemeinsam zum Fußball wollen und Pauline und Janina aus der gleichen Kindergartengruppe nachmittags gemeinsam zum Tanzen gehen möchten.

Ihre gleichgeschlechtlichen Zwillinge leben im identischen Umfeld und sind gleich alt, doch wenn die beiden gemeinsam einem Hobby nachgehen möchten oder gerne zusammen spielen, werden Sie als Eltern häufig besorgt angesehen, ob dies nicht die Individualität Ihrer Kinder beeinträchtige. „Mama, bleib locker!", das ist die Erfahrung nach 14 Jahren Leben mit eineiigen Zwillingen!

Gemeinsame oder unterschiedliche Hobbys

Ermuntern Sie, wenn Ansätze zu individuellen Interessen auftauchen. Erwähnt Linus, dass er es toll fände, in der Fußballmannschaft des Dorfes mitzuspielen, bieten Sie ihm an, für ihn nachzufragen, wann die Trainingszeiten sind.

Schließen Sie seinen Bruder Robert nicht aus, aber vermeiden Sie die Frage: „Robert, willst du nicht auch Fußball spielen?" Vielleicht glauben Sie, dass Robert sich schon melden würde, wenn er auch möchte. Sind Sie sich nicht sicher, ob der stillere Robert sich nicht vielleicht ausgeschlossen fühlt, formulieren Sie eine offenere Frage wie: „Robert, welche Sportart würde dich denn interessieren?"

Kinder müssen das Gefühl haben: „Wenn ich möchte, kann ich etwas anderes als mein Bruder/meine Schwester machen." Wie traurig ist die Aussage einer erwachsenen Frau, die als Kind gerne Klavier spielen lernen wollte, dies aber nicht durfte, weil sie und ihre Zwillingsschwester das gleiche Instrument erlernen sollten. Verhindern Sie nichts, aber erzwingen Sie auch nichts!

Eine Studie des bekannten Zwillingsforschers Bouchard beruhigt. Er verglich getrennt voneinander aufgewachsene eineiige Zwillinge mit solchen, die miteinander aufwuchsen, und fand heraus, dass die getrennten Zwillinge einander ähnlicher waren als die gemeinsam aufwachsenden. Sein Fazit ist eindeutig: Gemeinsam aufwachsende Zwillinge wollen sich voneinander unterscheiden und individuell wahrgenommen werden. Getrennt aufwachsende eineiige Zwillinge haben diese Notwendigkeit nicht und entfalten sich daher eher hinsichtlich ihrer identischen biologischen Veranlagungen.

Die Kinder gewähren lassen

Eltern von eineiigen Zwillingen beobachten häufig, ihre Kinder wollen einfach dasselbe. Ihnen gefallen die gleichen Kleidungsstücke, sie finden das gleiche Hobby gut – keine Angst, so ist es eben! Ihre Kinder haben eine einzigartige Beziehung, in die wir als Erwachsene nicht eindringen können und die vermutlich nur ein eineiiger Zwilling verstehen kann. Nehmen Sie es hin und freuen Sie sich an dieser einzigartigen Beziehung, solange Ihre Kinder zufrieden damit wirken!

Bei zweieiigen Zwillingen entwickeln sich die Interessen eher auseinander. Vor allem Zwillingspärchen wenden sich in diesem Alter geschlechtstypischen Hobbys zu. Während viele Mädchen für Ballett oder Pferde schwärmen, bevorzugen ihre Brüder Fußball und andere Sportarten, in denen sie miteinander wetteifern können.

Äußern Ihre Kinder explizit den Wunsch, verschiedenen Interessen nachzugehen, sollten Sie dies respektieren. Wollen Ihre Kinder aber einfach gemeinsam die Freizeit verbringen, sehen Sie es ganz pragmatisch und genießen Sie den Vorteil, weniger Wege und Organisation zu haben. Lassen Sie die Meinung anderer, die raunen: „Na, die Kinder müssen ja einen Schaden bekommen", an sich abperlen, wie Sie dies im Laufe Ihres Lebens als Zwillingseltern vermutlich schon öfter gemacht haben. Sie sind diejenigen, die Ihre Kinder am besten kennen und einschätzen können!

Alle mir bekannten erwachsenen Zwillinge haben bestätigt, dass die Interessen sich irgendwann einfach auseinanderentwickelten, und das sogar zu Zeiten, in denen Eltern häufig ohne Nachdenken ihre gleichgeschlechtlichen Kinder gleich anzogen, Zwillinge wie selbstverständlich die selbe Schulklasse besuchten und der Einfachheit halber häufig zur gleichen Sportart oder zum gleichen Instrumentenunterricht angemeldet wurden.

Beziehung zur Umwelt und Freundschaften

Das Vorschulalter bringt viel Neues für Ihre Kinder. Passend zur Entwicklung der Geschlechtsidentität leben sich Zwillingspärchen häufig auseinander. Vor allem, wenn sie in einer anderen Umgebung und mit anderen Menschen zusammen sind. Steht eine Freundin zur Verfügung, ist der Zwillingsbruder vermutlich abgemeldet, ebenso wie der Bruder das Kicken und Herumrennen mit Freunden der Schwester vorziehen wird. Sind sie aber zu zweit zu Hause, werden Sie Ihren Ritter einträchtig gemeinsam mit der Prinzessin spielen sehen. Gleichgeschlechtliche Zwillinge, die gemeinsame Interessen haben, genügen sich oft und suchen nicht aktiv nach Außenkontakten. Vielleicht finden Sie dies traurig. Eines Ihrer Kinder auch? Oder haben Sie bei längerem Nachdenken den Eindruck, dass nur Ihre Welt nicht in Ordnung ist?

Getrennte Verabredungen

Im Vorschulalter lernen Kinder, sich zu verabreden. Ihre größere Sozialkompetenz und das sich entwickelnde Zeitgefühl helfen dabei. Äußert eines Ihrer Kinder den Wunsch, ein anderes Kindergartenkind zu treffen, unterstützen Sie dies und machen Sie am besten sofort telefonisch einen Termin aus! Warten Sie nicht darauf, dass Ihr Kind am nächsten Tag im Kindergarten einen Termin verabredet. Damit wäre es in diesem Alter noch überfordert.

Fragen Sie den Bruder oder die Schwester, wenn Sie alleine sind: „Möchtest du dich auch morgen verabreden?" und überlegen Sie gemeinsam, wer dafür infrage käme. Eine Alternative ist, die Zeit zu zweit zu verbringen und mit einem „Einzelkind" zu Hause zu spielen.

Bringen Sie Ihr verabredetes Kind pünktlich zum Freund. Bleiben Sie konsequent, wenn plötzlich der Wunsch kommt: „Ach, ich möchte doch viel lieber bei euch bleiben!" Erklären Sie sanft, aber bestimmt, dass die Verabredung auf seinen Wunsch zustande kam. Bleiben Sie heiter und malen ihm aus, was es mit seinem Spielkameraden alles machen kann. Vermeiden Sie wortreiche Erläuterungen oder gar Vorwürfe. Es ist selbstverständlich, dass Verabredungen eingehalten werden! Vereinbaren Sie eine Uhrzeit, zu der Sie abholen werden. Vielleicht starten Sie es mit zwei Stunden; das ist oft völlig ausreichend. Und nehmen Sie Ihr Kind zum Abschied in den Arm und drücken es noch einmal ganz fest. Strahlen Sie mit Ihrer gesamten Haltung aus, dass all dies ein völlig normaler Vorgang ist! Je mehr Sie sich sorgen, ob alles gut gehen wird, desto eher spüren beide Kinder dies und sind entsprechend verunsichert. Der Zwilling, der bei Ihnen geblieben ist, wird nach einiger Zeit fragen, wann denn wohl der andere zurückkommt. Beide werden sich – wieder vereint – darüber austauschen, wie ihr jeweiliger Nachmittag war.

Gemeinsame Verabredungen

Gerade bei gleichgeschlechtlichen Zwillingen sind Eltern von Kindergartenfreunden unsicher. Ist es nicht geradezu gemein, nur Marlon zum Spielen einzuladen, auch wenn nur er der Freund des eigenen Sohnes ist? Andererseits scheuen manche Eltern die Dreierkonstellation ebenso wie die vermeintliche Zurücksetzung des nicht befreundeten Zwillings und laden lieber keines Ihrer Kinder ein. Sprechen Sie in solchen Fällen mit den Eltern und nehmen Sie ihnen die Unsicherheit. Erläutern Sie, wie Sie es gerne hätten. Der Vergleich mit anderen Geschwisterkonstellationen hilft Ihnen weiter. Schließlich käme niemand auf die Idee, automatisch jüngere oder ältere Geschwister mit einzuladen!

Ihre Kinder haben einfach denselben Freund und können zu dritt sehr gut miteinander spielen? Nach meiner Erfahrung ist es oft hilfreich, wenn in einem solchen Fall die Zwillinge zunächst den Freund in seinem Zuhause besuchen. In den eigenen vier Wänden neigen Zwillinge eher dazu, ihrem üblichen Alltag nachzugehen, und lassen ab und an den Freund einfach gedankenlos außen vor. Eine andere Mutter berichtet hingegen, dass bei ihren Zwillingsmädchen eine gemeinsame Freundin sich besonders beachtet und hofiert fühlte, wenn sie zu Gast war. Probieren Sie einfach aus, wie es bei Ihnen am besten mit gemeinsamen Freunden funktioniert.

Petra Lersch

» Gemeinsam oder allein – Hauptsache Spaß!

Ich habe oft eine gewisse Scheu bis hin zu klarer Ablehnung bei Eltern von Spielkameraden erlebt, wenn ich angesprochen habe, dass durchaus auch nur einer meiner Söhne zu einer Geburtstagsfeier eingeladen werden kann. In der Realität waren im Vorschulalter beide fast immer gemeinsam eingeladen. Das wird bei Zwillingspärchen vermutlich anders sein. Nehmen Sie es, wie es kommt, und bleiben Sie entspannt. Hauptsache, Ihre Kinder haben beide Spaß auf den Partys!« ▬

Kindergeburtstag feiern

Sollen Zwillinge gemeinsam oder getrennt ihren Geburtstag feiern? Zunächst einmal haben Ihre Zwillinge natürlich am selben Tag Geburtstag und dies ist etwas Besonderes für die ganze Familie! Vermutlich fänden Sie es absurd, innerhalb der Familie getrennt den Tag zu feiern. Einen kleinen Kuchen mit der jeweiligen Anzahl Kerzen für jeden der beiden, getrennte Geschenke in zwei Ecken des Tisches oder – falls die beiden es sich gewünscht haben – ein gemeinsames großes Geschenk mitten auf dem Tisch und dann kann die Geburtstagsrunde beginnen.

Ob Zwillinge den Geburtstag mit anderen Kindern gemeinsam oder getrennt feiern, kann man meines Erachtens im Vorschulalter schon den Kindern überlassen. Vielleicht finden Ihre Kinder es absurd, getrennt zu feiern, wo sie doch am selben Tag Geburtstag und sowieso die gleichen Freunde haben.

Wollen Sie überhaupt zwei getrennte Geburtstagsfeiern räumlich und zeitlich organisieren? Wenn ja, sprechen Sie mit jedem der Kinder alleine darüber, wie er oder sie sich die perfekte Geburtstagsparty vorstellt. Dies wird Ihnen schnell zeigen, ob eine gemeinsame oder eine getrennte Geburtstagsfeier angesagt ist und, falls es eine gemeinsame werden soll, wo die Schnittmenge liegt. Unabhängig davon, ob getrennt oder gemeinsam gefeiert wird, lassen Sie jedes Kind eine eigene Einladungsliste erstellen.

Wie viele Kinder dürfen eingeladen werden? Die Faustregel „Ein Kind pro Lebensjahr" ist sicherlich ein guter Anhaltspunkt. Bevor Sie sich aber auf Zahlen festlegen, schauen Sie erst einmal die Einladungslisten an, vielleicht löst sich das Problem von ganz allein, wenn Sie sehen, dass es große Überschneidungen bei den eingeladenen Kindern gibt. Bei einer gemeinsamen Geburtstagsfeier kommt es auf ein oder zwei Kinder mehr sicherlich weniger an als bei getrennten Feiern.

Viele Zwillingseltern betonen, dass nur das einladende Kind von seinen Gästen ein Geschenk bekommen soll. Ich habe schon erlebt, dass die Eltern der Gäste sich wohler damit fühlten, wenn auch der nicht einladende Zwilling ein Geschenk bekam. Entscheiden Sie im Vorhinein, wie Sie es gerne für Ihre Familie hätten, und besprechen Sie dies mit den Eltern der eingeladenen Kinder!

Möchten Ihre Kinder lieber getrennte Geburtstagsfeiern mit Freunden machen, können Sie je nach räumlichen Möglichkeiten und Wünschen der Kinder an einem Tag zwei verschiedene Feiern veranstalten, die von unterschiedlichen Erwachsenen betreut werden: Vater feiert den Piratengeburtstag, Mutter organisiert die Prinzessinnen-Feier und abends trifft man sich wieder zum gemeinsamen Abendessen. Beide Kinder feiern mit den jeweiligen Freunden getrennt und laden sich natürlich auch nicht gegenseitig ein. Alternativ können Sie zwei Termine finden. Gibt es Überschneidungen bei den Gästen, müssen diese sich nicht entscheiden, mit wem sie lieber feiern möchten, und natürlich kann der Bruder oder die Schwester mitfeiern!

Hilfe bei Kindergeburtstagen tut immer gut! Fragen Sie Freunde oder Verwandte, ob Sie mit dabei sein können, um die Schatzsuche zu unterstützen oder Kuchen an viele hungrige Münder zu verteilen. Sind Sie alleinerziehend, tut diese Unterstützung doppelt gut, denn nur so können Sie bei gemeinsamen Feiern der Kinderschar gerecht werden oder bei getrennten Feiern sich noch ausreichend um das nicht feiernde Kind kümmern. Für jüngere oder ältere Geschwisterkinder sollten Sie in jedem Fall eine alternative Betreuung organisieren, damit für das Geburtstagskind oder die Geburtstagskinder deutlich wird: Das ist ihr Tag!

Julia

» Two in one

Bei unseren Kindergeburtstagen gilt die goldene Regel: Die Anzahl der Gäste pro Kind entspricht dem Alter, das wir feiern. Bei Marias und Romans viertem Geburtstag ereignete sich ein arithmetisches Wunder, denn 4 + 4 ergab – dank gemeinsamer Freunde – 5. Zu ihrem fünften Geburtstag wollten die Kinder nicht mehr gemeinsam feiern, sondern es sollte ein Fest für Jungen und eins für Mädchen geben. Ich beschloss, dass das gehe, und hoffte auf eine weitere mathematische Überraschung. Die blieb leider aus: 5 + 5 ergab 10, zuzüglich der Geburtstagskinder sogar 12. Meine Kinder luden nämlich diesmal mit Sinn und Verstand ein: Maria nur die Mädchen und Roman nur die Jungs. Letztlich haben sie ihren Kopf durchgesetzt. Am Tage X erschienen 10 Kinder, die sich unaufgefordert in zwei Gruppen aufteilten und den Nachmittag getrennt voneinander verbrachten. Es gab einen rosaroten Tisch, an dem ausschließlich Prinzessinengold (Apfelsaft) getrunken wurde, und einen blauschwarzen, an dem Piratenblut (Traubensaft) in Strömen floss. Es ereigneten sich erbitterte Kämpfe und grausame Seeschlachten im verwilderten Teil des Gartens, während in der höfischen Parallelwelt Schmuck und Geschmeide getauscht und die Schönheit der Garderobe verglichen wurde. Nur bei den Attraktionen des Tages (Topfschlagen, Dosenwerfen, Sackhüpfen) war es ein bunt gemischter Kindergeburtstag, genauso wie ich es mir vorgestellt hatte! Nächstes Mal feiern wir wohl getrennt und das auch, weil die Mathematik es so will ...« ▬

Gemeinsam sind wir stark

Egal, wie sehr zu Hause die Fetzen fliegen, in der überwiegenden Zahl der Fälle halten Zwillinge nach außen wie Pech und Schwefel zusammen, so wie andere Geschwister auch. Sie haben wie alle Kinder in diesem Alter ein feines Gespür für Gerechtigkeit und wachen darüber, dass nicht nur sie, sondern auch der Bruder oder die Schwester gerecht behandelt wird. Nach außen hin wirken die beiden oft wie eine starke Einheit und damit weniger angreifbar als ein Kind alleine. Dies bietet Ihren Kindern viel Sicherheit und Schutz vor Mobbing und anderen unschönen Gruppenphänomenen. Freuen Sie sich darüber und bestärken Sie die beiden in diesem Gefühl, füreinander da zu sein!

Herzlichen Glückwunsch

Ein Höhepunkt des Jahres ist der Geburtstag, den die Kinder begeistert feiern. Bei Zwillingspärchen treffen oft rosa Prinzessinnen gefährliche Piraten in friedlicher Eintracht. Unterschiedliche Interessen werden dann häufig für gemeinsame Spiele über Bord geworfen. Eltern schauen an diesem Tag staunend zurück, wie schnell die Zeit verflogen ist.

Elternthema: Einschulung von Zwillingen

Der erste Schultag – für jedes Kind ein besonderes Ereignis, das mittlerweile oft fast wie ein Geburtstag mit Verwandtenbesuch, Geschenken und Kaffee und Kuchen gefeiert wird. Für Zwillingseltern stellen sich nun ganz neue Fragen. Werden beide Kinder im gleichen Jahr eingeschult? Sind die Kinder in ein oder zwei Klassen oder sogar an getrennten Schulen besser aufgehoben?

In Deutschland beginnt für Kinder, die bis zu einem bundeslandspezifischen Stichtag das sechste Lebensjahr vollendet haben, die Schulpflicht. Jüngere Kinder, sogenannte Kannkinder, können die Schule besuchen, wenn sie entsprechend weit entwickelt sind. Wie die Einschulung in benachbarten deutschsprachigen Ländern gehandhabt wird, finden Sie im Serviceteil detailliert dargestellt.

Für den schulischen Erfolg Ihrer Kinder sind nicht nur intellektuelle Fähigkeiten, sondern auch die körperliche Entwicklung sowie die soziale und die emotionale Reife von Bedeutung. So sollten die Kinder etwa 15 Minuten konzentriert bei einer Sache bleiben können und eine ausreichende Merkfähigkeit zeigen. Aber auch Enttäuschungen aushalten und bei schweren Aufgaben nicht sofort aufgeben gehört dazu. Feinmotorisch geschickt sollten sie sein, mit einer ausgereiften Hand-Auge-Koordination und einem guten Gleichgewichtssinn. Weitere Fragen können sein:

- Ist ein Kind neugierig auf die Schule und die Dinge, die es dort zu lernen gibt?
- Ist es kontaktfreudig und kann es sich in eine Gruppe einfügen?
- Besitzt ein Kind genügend Selbstvertrauen und ist es emotional stabil genug, beispielsweise die Trennung von Ihnen für die Dauer eines Schultages auszuhalten?
- Wie gut sind seine sprachlichen Fähigkeiten entwickelt?

Die hier bisher kurz angesprochenen Aspekte betreffen natürlich Einlinge und Zwillinge in gleicher Weise. Bei der Einschulung ergeben sich für Sie und Ihre Kinder aber noch ganz andere Fragestellungen, auf die wir im Folgenden eingehen.

„Trennen" oder „nicht trennen"

In aller Regel sind Zwillinge ähnlich entwickelt und absolvieren die Schuleignungsuntersuchung beide mit Bravour. Wie beim Kindergartenstart ist neu zu entscheiden, ob die Kinder gemeinsam oder getrennt weitergehen, ob sie in einer gemeinsamen oder in zwei getrennten Klassen besser aufgehoben sind.

Die pauschale Antwort „Zwillinge müssen getrennt werden, sonst können sie sich nicht individuell entwickeln!" greift hier sicherlich zu kurz und wird in dieser plakativen Form meist nur von wenig zwillingserfahrenen Menschen aufgestellt. Dies soll nicht für eine unreflektierte Einschulung in einer gemeinsamen Klasse sprechen, sondern Mut machen, auf das eigene Gefühl zu hören. Wenn Sie der Ansicht sind, dass Ihre Kinder in einer gemeinsamen Klasse besser aufgehoben sind, dann entscheiden Sie so. Glauben Sie, dass zwei Klassen die bessere Lösung sind, dann wird dies auch so sein! Sind Sie unsicher, befragen Sie doch einfach Ihre Kinder. Vielleicht werden Sie erstaunt sein, vielleicht aber auch in Ihrem Bauchgefühl bestätigt werden.

Viele wissenschaftliche Studien belegen mittlerweile, dass eine Trennung für Zwillinge nicht generell als „gut" oder „schlecht" bewertet werden kann. Das Thema ist vielmehr, ob es zu diesem Zeitpunkt und für dieses Zwillingspaar die passendste Lösung ist – die vielleicht aber zu einem späteren Zeitpunkt schon wieder überholt sein wird. Und dann können Sie erneut handeln.

Renate

» Die Kinder befragen

Wir befragten unsere Söhne Simon und Jakob über den Zeitraum eines halben Jahres immer mal wieder getrennt voneinander: „Wenn du in die Schule kommst, möchtest du dann mit deinem Bruder zusammen in eine Klasse oder lieber alleine gehen?" Interessanterweise ergab sich konstant, egal wer wann fragte, die Situation, dass Simon immer alleine in eine Klasse wollte. Das war für uns der Anlass, sie in zwei getrennte Grundschulklassen zu geben. Jakob war zunächst beleidigt und drohte damit, „nie wieder" mit dem anderen auf dieselbe Schule gehen zu wollen, fand sich aber hinein, als wir es ermöglichen konnten, dass er in die Klasse seines besten Freundes kam.

Beim Wechsel auf die weiterführende Schule wiederholten wir dieses Vorgehen, und konstant, egal wer wann fragte – beide wollten gemeinsam in eine Klasse. Zur Begründung sagte Simon, der die Trennung in der Grundschule noch wollte: „Ich kann ja jetzt genauso schnell antworten wie Jakob!« ▬

Getrennte Klassen sind nicht automatisch das Beste …

Als Eltern denkt man gerne, Zwillinge in der Schule zu trennen, sei das Allheilmittel für Probleme, seien dies Konkurrenzverhalten, soziale Unreife oder Entwicklungsverzögerungen. Was geschieht aber außerhalb der Schule? Zwillinge verbringen nur einige Stunden des Tages in der Schule. Wollen Sie die Kinder auch zu Hause trennen? Eine Trennung in der Schule kann also nicht die alleinige Maßnahme sein, wenn sich ein Kind sich zum Beispiel grundsätzlich weniger zutraut als sein Geschwister.

In den letzten Jahren haben sich einige wissenschaftliche Untersuchungen damit beschäftigt, ob die schulische Trennung dazu führt, dass Zwillinge sich individueller entwickeln. Professor Hay, der mit seinem Team eine Übersicht über die Studien zu diesem Gebiet erstellt hat, findet darin keinen Beleg dafür, dass bei der Mehrzahl von Zwillingen eine Trennung die intellektuelle oder emotionale Entwicklung fördert.

Eine australische Studie an Zwillingspärchen beobachtete, dass das Verhalten dieser Zwillinge beim gemeinsamen Lösen einer Aufgabe umso zerstörerischer wurde, je länger die

Kinder getrennt gewesen waren. Sie hatten nach Meinung der Forscher die Fähigkeit, als eine Einheit zu funktionieren, verloren und waren mehr darauf bedacht, die Aufmerksamkeit auf sich zu lenken. Ein Fazit der Forscher: „Diese jungen Menschen werden ihr Leben lang Zwillinge sein und wir müssen darüber nachdenken, wie wir ihnen helfen, mit den unausweichlichen Konflikten, die dies mit sich bringt, umzugehen."

Dazu passt die Aussage der Klassenlehrerin eines Zwillingsgeschwisters, die am Ende der Grundschulzeit während einer Projektwoche beide in einer gemeinsamen Gruppe erlebte. Nach der Projektwoche meinte sie sehr nachdenklich: „Ich habe noch nie zwei Kinder so konstruktiv Hand in Hand arbeiten sehen. Beim Zuschauen habe ich mich gefragt, ob wir den beiden nicht auch etwas genommen haben, als wir sie in zwei unterschiedliche Klassen eingeschult haben."

... aber für bestimmte Zwillingskonstellationen die beste Lösung

Es gibt Situationen, in denen es offensichtlich ist, dass Zwillinge besser getrennte Schulklassen besuchen. Eine Trennung kann sinnvoll sein, wenn

- ein Kind deutlich weiter entwickelt ist als sein Zwilling,
- ein Kind immer vom anderen Zwilling bevormundet wird,

- so viel Wettbewerb zwischen ihnen herrscht, dass ihr einziges Ziel das Gewinnen gegen den anderen ist,
- immer einer für beide antwortet oder sogar für den anderen,
- beide ausschließlich gemeinsam auftreten und sich von anderen Kindern abgrenzen
- und schlussendlich, wenn mindestens eines Ihrer Kinder dies gerne möchte.

Dies sind also Zwillingssituationen, in der entweder sehr deutliche Entwicklungs- und Reifeunterschiede auftreten, die einem der beiden Kinder nicht guttun, oder die beiden so symbiotisch verbunden sind, dass sie ohne einander gar nicht könnten, auch wenn sie wollten.

Bei gemischtgeschlechtlichen Zwillingen kann es zu Problemen führen, dass sich Mädchen in einem anderen Tempo entwickeln als Jungen. Häufig übernimmt das Mädchen die Rolle der Anführerin, was oft dem Jungen gar nicht so unrecht ist, da er ohne größeren Aufwand durchs Leben kommt.

Eine einfache schulische Trennung wird ohne unterstützende Maßnahmen zu Hause nicht den gewünschten Effekt haben. In dem geschilderten Fall der gemischtgeschlechtlichen Zwillinge zum Beispiel brauchen beide die Botschaft, dass der Junge, wenn er etwas möchte, Initiative zeigen muss und sich nicht nur auf seine Schwester verlassen kann. Anregungen hierzu finden Sie unter Tipps für den Alltag ab Seite 133.

Britta

» Endlich gemeinsam!

Laura und Linda sind eineiige Zwillinge. Viele rieten uns, sie in der Schule zu trennen, so wie sie auch schon im Kindergarten getrennt waren. Das wollten weder die Kinder noch wir. Der Amtsarzt war bei der Schuluntersuchung unserer Meinung. Er war selbst Vater von eineiigen Zwillingen und verstand unsere Bedenken.

Wir erleben Laura und Linda sehr „entspannt", wenn Sie zusammen sein dürfen. Dann suchen sie sich unterschiedliche Spielpartner und sind viel offener für Neues. Trennt man sie hingegen, wie wir es im Kindergarten mussten, warten sie die getrennte Zeit nur darauf, dass sie wieder zusammen sein dürfen.

Unsere Entscheidung war goldrichtig. Unsere Kinder „dürfen" zusammen sein und sogar nebeneinander sitzen. Das ist für sie der Himmel auf Erden. Sie erzählen,

Der Himmel auf Erden. dass sie nicht quatschen, damit die Lehrerin sie bloß nicht auseinander setzt. Zur besseren Unterscheidung hat Laura eine rote Strähne im Haar und Linda eine gelbe. Sie wollten das unbedingt, damit die Lehrerin weiß, wer sie sind!

Laura und Linda zanken sich fast nie oder einigen sich schnell – warum sollten sie sich da mit anderen auseinandersetzen. Wir stellen aber schon nach zwei Wochen Schule fest, dass ihnen andere Kinder wichtig sind und immer wieder Namen fallen. Sie haben sich zwar noch nicht verabredet, aber sie sind offen. Vermutlich liegt es daran, dass sie jetzt zusammen sein dürfen und dadurch nicht mehr durch die „Sorge um die Schwester" abgelenkt sind.« ▬

Esther

》 Plötzlich getrennt!

Unsere zweieiigen Jungs Rufin und Marian wurden in zwei verschiedene Klassen eingeschult, obwohl sie im Kindergarten auf unseren Wunsch eine gemeinsame Gruppe besucht hatten. Wir haben dort die Erfahrung gemacht, dass sie sich so gemeinsam ganz „natürlich" auseinanderentwickeln konnten.

Mittlerweile vergleicht sich Marian aber sehr mit seinem Bruder und kommt seiner Einschätzung nach meistens schlechter dabei weg, gerade weil er motorisch und in der Wahrnehmung noch langsamer ist. Rufin kann im Zwanzigerraum schon rechnen, Marian noch gar nicht, Rufin kennt schon alle Buchstaben, Marian braucht noch etwas. So möchten wir in zwei verschiedenen Klassen nun jedem Kind die Förderung und Forderung geben, die passend ist, ohne dass der eine unmittelbar mit dem Bruder verglichen wird.

Die Einschulungsuntersuchung hat allen Spaß gemacht, die Kinder hatten zwei Termine hintereinander und kamen im Wechsel dran. So fühlte sich keiner benachteiligt, weil der andere zum Beispiel früher einen Termin hatte. Die Kinder hatten mehr Sicherheit, weil wir alle zusammen hingingen.

Rufin findet eine eigene Klasse gut. Wenn er gefragt wird, wer das entschieden hat, sagt er: „Mama und Papa und ich wollten das so". Marian wäre lieber mit seinem Bruder in eine Klasse gegangen, da er sehr viel Sicherheit braucht und immer genau wissen will, was los ist. Die beiden spielen in der Pause wohl oft zusammen mit einem ihrer Freunde, haben aber auch getrennte Freunde. Keiner hat aber einen engen besten Freund.« ▬

Zeitlich versetzte Einschulung

In manchen Fällen haben Sie als Eltern ähnlich wie Erzieher und Schularzt den Eindruck, dass einer der Zwillinge besser noch im Kindergarten aufgehoben wäre, während der andere darauf brennt, in die Schule zu gehen. Die Unterschiede zwischen den Kindern zeigen sich in unterschiedlicher Reife im sozialen oder kognitiven Bereich. In diesen Fällen stehen Sie als Zwillingseltern vor der schwierigen Entscheidung, ob ein Kind verfrüht oder verspätet zur Schule geht oder sogar eine zeitversetzte Einschulung in zwei aufeinanderfolgenden Jahren die Alternative ist.

Das Wichtigste für Ihre Kinder ist es, dass Sie als Eltern voll hinter Ihrer Entscheidung stehen. Es gibt kein „richtig" oder „falsch", sondern nur eine Entscheidung, die Sie beim jetzigen Erkenntnisstand für die Beste halten.

Für eine zeitlich versetzte Einschulung spricht ein gravierender Leistungsunterschied, gepaart mit dem starken Willen eines Kindes, unbedingt in die Schule zu gehen. Folgende Fragen sollten Sie sich selber stellen:
- Ist eines Ihrer Kinder einfach schon so weit, vielleicht sogar weit genug für eine vorzeitige Einschulung?
- Wie wird sich jedes Ihrer Kinder fühlen: Simon in der Grundschule ohne Bruder Tom, Tom ohne Simon im Kindergarten?
- Wird es Tom, den „Spätzünder" frustrieren, sich direkt mit dem wissbegierigen Simon, dem alles zufliegt, in der ersten Grundschulklasse zu messen?
- Oder wird er es genießen, ohne Simon noch ein Jahr im Kindergarten zu verbringen?

Beobachten Sie, wie jedes Ihrer Kinder im Vergleich zu anderen Kindern steht. Erscheint Ihnen Simon zwar reifer als Tom, im Vergleich zu anderen Vorschulkindern aber immer noch verspielter? Dies könnte für ein Zurückstellen

beider Kinder sprechen, auch wenn Simon kognitiv sehr weit für sein Alter ist.

Achten Sie auch auf Ihre Gefühle. Häufig haben Eltern gegenüber dem Kind, das noch nicht eingeschult werden soll, ein schlechtes Gewissen und schulen deshalb beide später ein. Kommentare der Umwelt tun ein Übriges dazu. Wenn Sie den Eindruck haben, dass es bei der Entscheidung zu stark um Ihre eigenen Gefühle geht, scheuen Sie sich nicht, professionelle Hilfe in Anspruch zu nehmen.

Schulen Sie Ihre Kinder zeitlich versetzt ein, überlegen Sie, ob für den später eingeschulten Zwilling eine andere Grundschule günstiger wäre. Fragen Sie Ihr Kind! Vielleicht ist es erleichtert, wenn es für Lehrer und Mitschüler nicht so offensichtlich ist, dass er oder sie ein Jahr später eingeschult wird.

Führen Sie beiden Kindern die Vorteile der Entscheidung vor Augen. Jeder hat ein eigenes Einschulungsfest, es kann schön im Kindergarten und in der Schule sein. Verdeutlichen Sie sich selbst immer wieder, welche Faktoren letztendlich zu Ihrer Entscheidung geführt haben, und seien Sie sicher, jedes Ihrer Kinder wird seinen Weg machen!

Einschulung in verschiedenen Schulen

Eine Einschulung in verschiedenen Grundschulen erfolgt, wenn eines Ihrer Kinder erhöhten Förderbedarf hat. Sogenannte Förderschulen sind für Kinder, die im Unterricht der allgemeinen Schule nicht hinreichend gefördert werden können. Eine Alternative bieten Schulen mit gemeinsamem Unterricht, die eine festgelegte Anzahl von integrativen Kindern in die allgemeinen Schulklassen aufnehmen und in diesem Rahmen nach speziellen Richtlinien unterrichten.

Sabine

» Zeitversetzte Einschulung

Selina haben wir fristgerecht eingeschult und Leonard für ein Jahr zurückstellen lassen. Für uns war der entscheidende Punkt für Leonards Rückstellung, dass er sowohl motorisch als auch sprachlich entwicklungsverzögert ist, was wir in einer Stoffwechselerkrankung begründet sehen.

Bei der Einschulungsuntersuchung wurde für beide Kinder eigentlich nur das bestätigt, was wir vorher schon wussten:

Selina wird eingeschult, Leonard darf noch ein Jahr im Kindergarten bleiben. Selina und Leonard haben ihre getrennte Einschulung als sehr positiv erlebt, denn so hatten sie beide auch ihr eigenes Fest. Außerdem haben wir das große Glück gehabt, dass Selinas Freundinnen alle älter sind und somit mit Selina eingeschult wurden, während Leonards Freunde jünger sind und mit ihm eingeschult wurden. Außerdem hatten wir in dieser Hinsicht den Vorteil, dass wir die Rückstellung ganz neutral auf Leonards Stoffwechselerkrankung schieben konnten, sodass Leonard sich nicht zurückgesetzt fühlen musste.

Durch die unterschiedlichen Einschulungen sind beide natürlich in unterschiedlichen Klassen, aber in den Pausen spielen sie oft zu mehreren zusammen. In Leonards Klasse wird es wahrscheinlich das ein oder andere Kind geben, das nicht einmal weiß, dass Selina und Leonard nicht nur Geschwister, sondern auch Zwillinge sind. Getrennte Freunde haben sie zwar schon, aber noch sind die Berührungspunkte groß, da sich die meisten Kinder noch vom Kindergarten her kennen."

Mit Zwillingen beim Schularzt

In Deutschland wird jedes Kind, das zum kommenden Schuljahr schulpflichtig wird, vor seiner Einschulung untersucht. Der Termin für die Untersuchung wird meist vom zuständigen Gesundheitsamt oder bei der Anmeldung in der gewählten Schule mitgeteilt. Im Gespräch und/oder mithilfe kurzer Tests werden alle Aspekte der Schulfähigkeit überprüft, wie zum Beispiel die motorische Entwicklung und relevante Aspekte des sozial-emotionalen und kognitiven Standes. Sie sollten hierbei anwesend sein, damit der Arzt Ihnen gegebenenfalls Fragen stellen und die Ergebnisse der Untersuchung sofort mit Ihnen besprechen kann.

Vereinbaren Sie für Ihre Kinder getrennte Termine an getrennten Tagen. Der Arzt hat es leichter, die Kinder in seiner Wahrnehmung zu trennen, und Sie können sich in Ruhe mit jeweils einem Kind beschäftigen. Auch wenn Sie sicher sind, dass Ihre Zwillinge besser in einer gemeinsamen Klasse aufgehoben sind, nutzen Sie diese Gelegenheit, jeden der beiden für sich alleine zu betrachten.

Energien ausleben

Seinen Energien freien Lauf lassen, einfach nach Lust und Laune hüpfen, springen, tanzen und sich austoben ist für Jungen und Mädchen gleichermaßen wichtig und macht gemeinsam umso mehr Spaß. So wird der Kopf frei und man kann sich nach dem Toben wieder ruhigen Aktivitäten zuwenden. Vor allem an Regentagen bewirkt eine Toberunde mit Luftballons wahre Wunder.

Manchmal ist dies aus organisatorischen Gründen nicht möglich. Vereinbaren Sie in diesen Fällen zwei Termine hintereinander und stellen Sie sicher, dass derjenige, der gerade nicht untersucht wird, betreut ist und Sie mit dem zu untersuchenden Kind alleine beim Arzt sind. Wenn Ihnen vom Schularzt doch angeboten wird, beide gleichzeitig zu untersuchen, um Zeit zu sparen oder den zweiten während der Begutachtung des anderen mit im Sprechzimmer zu lassen, lehnen Sie dies freundlich, aber bestimmt, ab. Zu groß ist die Wahrscheinlichkeit, dass Ihre beiden in der für sie ungewohnten Situation in einer ungewohnten Umgebung und unter einem gewissen Erwartungsdruck sich gemeinsam stark gegen die Großen machen. Es kann dann passieren, dass sie die Untersuchung komplett verweigern oder anderes unerwünschtes Verhalten zeigen.

Es ist gut, wenn Sie im Vorhinein als Eltern eine Meinung dazu haben, ob und wie Sie Ihre Kinder einschulen wollen. Die Vielfalt unter Schulärzten ist groß. Manche sind fest davon überzeugt, dass man Zwillinge auf jeden Fall trennen muss. Andere wiederum, meist zwillingserfahrene Ärzte, sehen durchaus auch Vorteile bei einer Einschulung in einer gemeinsamen Klasse. Die überwiegende Zahl der Schulärzte bezieht die Einschätzung der Eltern und die Erfahrungen aus dem Kindergarten ernsthaft mit ein. Die vergleichsweise kurze Zeit, in der er die Kinder zu Gesicht bekommt, erlaubt ihm kein umfassendes Urteil. Letztendlich entscheiden auch die Schulleitung und Sie als Eltern und nicht der Schularzt, wann und wie Ihre Kinder eingeschult werden!

Frühgeborene und Einschulung

Viele Kinder, die vor der 37. Schwangerschaftswoche auf die Welt kommen, gleichen den erschwerten Start ins Leben wunderbar aus und können bedenkenlos in einer Regelgrundschule eingeschult werden. In der überwiegenden Anzahl der Fälle durchlaufen diese Kinder völlig problemlos die Grundschuljahre.

Neuere Studien weisen darauf hin, dass sich allerdings bei manchen frühgeborenen Kindern in der Grundschule bestimmte Unsicherheiten in einigen Basiskompetenzen zeigen können. Man vermutet, dass dies daran liegt, dass die Gehirnentwicklung eben nicht unter den optimalen Bedingungen des Mutterleibs in den kompletten vierzig Schwangerschaftswochen ablaufen konnte. Diese Kinder sind normal intelligent und fallen nicht durch besondere Lernprobleme auf, haben aber zum Beispiel Schwierigkeiten damit, Wichtiges von Unwichtigem zu trennen, ähnliche Buchstaben zu unterscheiden oder sich Reihenfolgen zu merken. Ebenfalls können grob- und feinmotorische Defizite auftreten. Dies sind keine Lernstörungen im eigentlichen Sinne. Allerdings können diese Unsicherheiten Kindern das Schulleben erschweren.

Bedenken Sie dies beim Einschulungszeitpunkt Ihrer frühgeborenen Zwillinge. Besprechen Sie mit den Erzieherinnen des Kindergartens, ob sie Schwächen in den genannten Basiskompetenzen bemerken und holen Sie die Meinung Ihres Kinderarztes ein. Gegebenenfalls kann eine spätere Einschulung infrage kommen, damit Ihre Kinder diese Unsicherheiten durch gezielte Förderung aufholen können. Vielleicht ist auch eine Schule, die sonderpädagogische Unterstützung anbietet, in manchen Fällen die beste Wahl.

Weiterführende Informationen finden Sie in einer Broschüre des Landesverbandes „Früh- und Risikogeborene Kinder Rheinland-Pfalz" e. V., deren Bezugsadresse Sie im Serviceteil finden.

Expertenbeitrag

Einschulung von Zwillingen: getrennte oder gemeinsame Klassen?

Viele Eltern haben uns in den letzten Jahren davon berichtet, dass Schulen und Kindergärten häufig auf eine Trennung von Zwillingen bestehen. Das Hauptargument für die Aufteilung auf verschiedene Gruppen oder Klassen ist dabei, die Kinder in ihrer individuellen Entwicklung fördern beziehungsweise negative Entwicklungsverläufe verhindern zu wollen. Tatsächlich gibt es aber keine (!) wissenschaftliche Untersuchung, die die Notwendigkeit oder gar den Nutzen einer Trennung für die individuelle Entwicklung von Zwillingen belegt. Manche Studien weisen – im Gegenteil – sogar auf einen möglichen negativen Effekt hin, wenn den Kindern durch die Trennung die sichere Basis der Geschwisterbeziehung entzogen wird.

Auch für das Jugendalter konnten wir in eigenen Studien keinen positiven Effekt einer Trennung auf die Identitätsentwicklung feststellen. Zwillinge distanzieren sich im Jugendalter genau wie andere Geschwister nicht nur von den Eltern, sondern auch voneinander. Freunde werden zunehmend wichtiger. Der einzige Unterschied in unserer Studie war, dass sich Zwillinge, die gemeinsam eine Klasse besuchen, stärker mit dem anderen auseinandersetzen als Zwillinge in getrennten Klassen. Dies überrascht aber nicht und ist auch nicht negativ zu bewerten.

Generell lässt sich also die die Aussage: „Zwillinge müssen getrennt werden, sonst läuft in ihrer Entwicklung etwas schief!" nicht bestätigen. Die Entwicklung nimmt, egal ob getrennt oder nicht, einen vergleichbaren Verlauf. Nur in Ausnahmefällen ist eine Trennung angeraten, wenn z. B. ein Kind das andere stark dominiert. Dies ist aber nicht zwillingstypisch und sollte im Gespräch mit Eltern und Erziehenden entschieden werden.

Grundsätzlich können Zwillinge ein- und dieselbe Gruppe oder Klasse besuchen, ohne hierdurch Nachteile zu haben. Die Entscheidung für eine gemeinsame Klasse kann das familiäre Zusammenleben sogar entlasten, da sich die Eltern für beide Kinder nur nach einem Stundenplan richten und nur zu einem Elternabend gehen müssen. Zwillinge können in Schule und Kindergarten allerdings auch getrennt werden. Manche Geschwister äußern selbst den Wunsch, endlich einmal unterschiedliche Klassen zu besuchen. Ein häufig genannter Grund von eineiigen Zwillingen ist die Beobachtung, dass es manchen Lehrern trotz Hilfestellungen nicht gelingt, die Kinder zu unterscheiden. Als Konsequenz spiegeln Noten eher Durchschnittswerte als individuelle Leistungen wider, was den Zwillingen oft nicht gerecht wird. Eine Trennung kann hier sinnvoll sein.

Das Fazit aus den hier vorgestellten Erkenntnissen ist: Es gibt keine Faustregel! Eine Trennung ist nicht per se entwicklungsfördernd, sondern stellt eine mögliche Entscheidung dar. Grundsätzlich sollten Entscheidungen individuell getroffen werden – wenn möglich unter Einbezug der Zwillinge selbst. Ist eine Entscheidung getroffen, ist ein Austausch zwischen Eltern, Kindern und Erziehenden bzw. Lehrenden eine gute Basis, um die Richtigkeit der Entscheidung fortlaufend zu kontrollieren. Eine Anpassung ist möglich, da es nicht um dogmatische Grundsatzentscheidungen geht, sondern um das Wohl jedes einzelnen Kindes.

Tipps für den Alltag

Ihre Kinder sind nun „aus dem Gröbsten heraus". Sie schlafen in der Regel durch, essen selbstständig und ziehen sich ohne Hilfe an und aus. Bei Ausflügen mit dem Auto steigen sie ein, schnallen sich als Regelverfechter natürlich sofort an und wenn sie alle gemeinsam zu Fuß unterwegs sind, können Sie gelassener bleiben, weil Sie wissen, dass die beiden Gefahren nun besser einschätzen können.

Natürlich brauchen Ihre Vorschulkinder Sie noch im Alltag, doch gerade die Kleinigkeiten, die beide wie selbstverständlich nun alleine bewältigen, tun Eltern einfach gut und erleichtern es, sich den neuen Herausforderungen des Alltags zuzuwenden. Unterschiede zwischen den beiden kristallisieren sich heraus. Das freut Zwillingseltern meist und lässt gleichzeitig die Frage aufkommen, wie man am besten damit umgeht, ohne einen von beiden zu benachteiligen. Getrennt und doch ein Team – auch wenn manche Zwillinge sich im Vorschulalter schon gerne mal voneinander wegbewegen, halten sie im entscheidenden Moment gegen die Eltern zusammen und fordern die elterliche Erziehungskonsequenz heraus.

Wohnen

Teilen sich Ihre Kinder noch ein Zimmer? Finden die beiden das gut, auch wenn es die Möglichkeit gäbe, zwei Zimmer zu haben? Dann lassen Sie es, wie es ist, auch wenn Ihre räumlichen Möglichkeiten eine Trennung zuließen. Nutzen Sie das zweite Zimmer als Spielzimmer und lassen Sie beide gemeinsam einschlafen. Ermuntern Sie sie trotzdem, Ihre eigene Ecke im gemeinsamen Zimmer ausgiebig zu gestalten. Überlegen Sie mit jedem der beiden getrennt, welche Poster oder Fotos er zum Beispiel gerne am eigenen Bett aufhängen möchte. So schaffen Sie ohne Druck die individuelle Note.

Bemerken Sie, dass es nur Streit gibt, dass sogar ein Kind äußert, gerne ein eigenes Zimmer haben zu wollen, dann ist es an der Zeit, zwei getrennte Zimmer einzurichten. Sollte dies aufgrund der Platzsituation nicht möglich sein, schaffen Sie eine deutliche räumliche Trennung durch Raumteiler im gemeinsamen Zimmer. Bei Zwillingspärchen bietet sich das Vorschulalter, in dem die Geschlechtsidentität für die Kinder so wichtig wird, für eine räumliche Trennung an.

Trotz eines eigenen Zimmers werden Ihre Kinder weiterhin viel in Ihrer Nähe spielen und nicht in ihrem Zimmer. Sie sollten natürlich darauf bestehen, dass die Spielsachen am Ende aufgeräumt werden, weil das Wohnzimmer eben Ihr Zimmer ist! Vorschulkinder mit ihrem Sinn für Strukturen und Regeln werden dies verstehen.

Nutzen Sie verschiedene Räume. Stellen Sie in verschiedenen Zimmern Spielmöglichkeiten für die Kinder bereit. So ermöglichen Sie den Kindern eher spielerisch, auch mal alleine zu agieren. So kann es durchaus vorkommen, dass einer Ihrer Söhne hoch konzentriert im Wohnzimmer eine Kinder-CD anhört und lauthals mitsingt, während sein Zwillingsbruder im Kinderzimmer Lego baut und Sie mit der kleinen Tochter in der Küche etwas malen können. Außerdem können Sie so, wenn eines Ihrer Kinder offensichtlich alleine beschäftigt ist, ohne viel Aufhebens mit dem anderen in einen zweiten Raum, sei es das Wohnzimmer, Schlafzimmer oder die Küche, gehen. Beschäftigen Sie sich dort mit ihm oder ihr, sodass auch die räumliche Entfernung gar nicht dazu verleitet, den Bruder oder die Schwester im Spiel zu stören.

Schön ist es, wenn Ihnen ein eigener Garten zur Verfügung steht, egal wie klein oder groß. Viel der überschießenden Energie des Vorschulalters können Ihre Kinder dort abreagieren, beim Schaukeln, Toben oder Ballspielen. Für Sie ist es sehr entlastend, wenn Sie dazu nicht immer auf einen Spielplatz gehen müssen. Gestalten Sie den Garten so, dass Ihre

Kinder ihn gut erreichen und sich dort problemlos kurzfristig alleine aufhalten können. Ihre Kinder sind zwar verständig genug, nicht mehr alles in den Mund zu stecken, aber sicher ist sicher! Eine Rasenfläche, ein Weg in den Garten möglichst ohne Treppen, keine giftigen Pflanzen – das ist perfekt.

Gartenspielzeug in eine spezielle Kiste zu räumen, an die die Kinder auch ohne Sie kommen, verhilft Ihnen zu kostbaren Freiräumen. Wichtig ist, dass Sie für Ihre Kinder erreichbar sind und die beiden wissen: „Mama oder Papa sind schnell da, wenn wir sie brauchen." Auf eine lange ungestörte Zeit können Sie sich leider (noch) nicht hundertprozentig verlassen. Die schon beschriebene Wankelmütigkeit des Vorschulalters lässt manches Spiel schnell versiegen. Doch es wird immer wieder Tage geben, an denen Sie sich fragen, wo Ihre Kinder eigentlich sind, um besorgt nachzuschauen und festzustellen, dass sie in größter Eintracht im Garten miteinander spielen, und Sie überhaupt nicht gebraucht werden.

Schlafen

Auch wenn Ihre Kinder nun groß und häufig cool sind: Das „Ins-Bett-geh-Ritual" ist ein „Muss", es wird immer wieder eingefordert. Vielleicht lesen Sie eine Geschichte vor, oder es wird eine Runde gekuschelt. Halten Sie das Ritual ein, es ist eine gute Gelegenheit, die Nähe zu Ihren „Großen" beizubehalten. Schlafen Ihre Kinder in getrennten Zimmern, können Sie abwechselnd in je einem Zimmer vorlesen und der andere kommt „zu Besuch" dorthin. Funktioniert dies nicht, gibt es noch den Tipp einer Zwillingsmutter, die sich in den Flur zwischen die Zimmer der Mädchen gesetzt und von dort aus die Gutenachtgeschichte vorgelesen hat. Vielleicht ist aber auch ein getrenntes Ritual passender für Sie.

Jedem Kind am Abend allein eine gewisse Zeit zum Kuscheln und vielleicht noch Erzählen zur Verfügung zu stehen, kann eine gute Möglichkeit sein, Zeit zu zweit zu genießen und den Tag Revue passieren zu lassen.

Achten Sie weiterhin auf ausreichenden Schlaf für Ihre Zwillinge. Vorschulkinder sollen 11–13 Stunden in der Nacht schlafen, um am Folgetag gut gelaunt und ausgeruht zu sein.

In einem Zimmer

Schlafen die beiden in einem Zimmer, bietet sich aus Raumgründen ein Etagenbett an. Vermutlich werden Sie auch hier Diskussionen erleben, wer oben und wer unten schläft. Nehmen Sie dies ernst; für Ihre Kinder ist das Thema nun einmal wichtig. Die natürliche Hackordnung aufgrund unterschiedlichen Alters fehlt, also schafft man sie sich durch andere Mittel! Lösen Sie dieses Problem durch Abwechseln. Mal schläft der eine oben, in der nächsten Nacht der andere. Versuche zu pfuschen oder diese Abmachung zu torpedieren, gibt es der Erfahrung vieler Eltern nach kaum, denn ihre Kinder sind ja starke Regelverfechter.

Renate

» Die ideale Lösung mit zwei Hochbetten

Wir haben für unsere zwei Jungs im gemeinsamen Zimmer mit zwei Hochbetten eine gute Lösung gefunden. Jeder konnte oben schlafen und drunter hatte jeder einen eigenen Kleiderschrank sowie eine Spielecke. So waren beide zufrieden, konnten sich gegenseitig besuchen und hatten doch auch ihr eigenes Reich.« ▬

Oft ist es für die Kinder schön und irgendwie beruhigend, wenn sie trotz getrennter Zimmer die Möglichkeit haben, besuchsweise beim anderen zu übernachten. Wir haben gute Erfahrungen mit einem Hochbett und einer darunterliegenden Matratze gemacht, die entweder von Besuchern zum Schlafen genutzt wird oder aber wie eine kleine Höhle zum Herumlümmeln am Nachmittag einlädt.

Trennen Sie Ihre Kinder zum Schlafen nie als erzieherische Maßnahme. Schlafen die beiden noch gemeinsam und genießen dies, brauchen sie es zu ihrer Sicherheit.

Unterschiedliche Wünsche

In manchen Fällen werden Sie bei einem Zwilling den Wunsch nach Schlafen in getrennten Räumen erleben, während der andere unbedingt gemeinsam weiter in einem Zimmer bleiben möchte. Egal, wie Sie entscheiden, Sie werden es nicht beiden recht machen können. Ihre Kinder sind im Vorschulalter auch noch nicht in der Lage, dieses Problem rational mit Ihnen zu diskutieren. Sie dürfen bei einer Entscheidung nicht auf das Verständnis desjenigen hoffen, dessen Wunsch Sie nicht berücksichtigen!

Ihre Entscheidung hängt von Ihren Vorstellungen ab. Werten Sie das Bedürfnis nach Individualisierung eines Kinder höher und nehmen dafür in Kauf, dass das Zwillingsgeschwister mit einem größeren Bedürfnis nach Nähe das Alleinsein ertragen muss? Oder sind Sie eher der Ansicht, dass der Wegstrebende seinem Geschwister helfen müsste, weil sie füreinander da sein sollten? Beide Ansichten und die daraus resultierenden Entscheidungen sind in Ordnung und werden keines Ihrer Kinder fürs Leben schädigen.

Wichtig ist nur, dass Sie eine konsequente Haltung finden. Haben Sie zwei Zimmer für die Kinder, die eigentlich getrennt schlafen sollen, so ist es ungünstig, an einem Abend Louisa doch zu erlauben, bei ihrer widerstrebenden Schwester zu schlafen, um am nächsten darauf zu bestehen, dass sie alleine in ihrem Zimmer einschläft. So weiß Louisa nie, woran sie ist, und wird jeden Abend aufs Neue ihr Glück versuchen.

135

Überlegen Sie gemeinsam mit Louisa, wie sie gut ohne ihre Schwester einschlafen kann, etwa mit einem speziellen Kuscheltier, einer nur für sie kreierten „Alle haben Louisa lieb"-Einschlafkarte, die sie vor dem Einschlafen anschauen kann, oder einem speziellen Ritual, das abends für sie gilt. Befragen Sie auch Ihre Kinder, die oft auf verblüffende Lösungen kommen. Mehr zum Thema „Konsequenz bei Zwillingen" finden Sie auf Seite 139.

Ernährung

Kinder brauchen aufgrund ihres Wachstums ein wenig mehr Kalorien, als sie durch Bewegung verbrauchen, gerade in der Zeit des Vorschulalters. Unverzichtbare Nährstoffe in diesem Alter sind insbesondere Kalzium als Baustein für Knochen und Zähne sowie Eisen als Motor für das Wachstum Ihrer Kinder.

Fördern Sie weiterhin gesunde Essgewohnheiten, auch wenn dies nicht immer auf die Gegenliebe Ihrer Kinder stößt. Oft hilft es, Ihnen zu erklären, warum gesundes Essen eigentlich wichtig ist. Lassen Sie beide so häufig wie möglich mitkochen. Vor allem an ruhigen Tagen ist es ein schönes Erlebnis, gemeinsam eine Mahlzeit zuzubereiten. Der eine wäscht, rupft und schleudert den Salat, der andere darf das Obst für den bunten Obstsalat schnippeln. Klar verteilte Aufgaben helfen auch hier, Streit zu vermeiden. Sollten Sie denken, dass Sie ohne diese Hilfe viel schneller fertig wären, sehen Sie es als Beschäftigungsprogramm für Ihre beiden und als gute Investition in die Zukunft. Ihre Kinder werden in wenigen Jahren eigene gesunde Mahlzeiten zubereiten können, weil sie gelernt haben, wie es geht!

Die meisten Kinder lieben „Junkfood", machen Sie sich also keine Sorgen, wenn dies bei Ihren Kindern nicht anders ist. Burger und Pommes, am besten zusammen mit einer großen Limonade, üben eine magische Anziehungskraft auf Kinder aus.

Petra Lersch

» Der besondere Tag

Wir haben in der Vorschulzeit einen sogenannten „Junkfood-Tag" pro Woche installiert, an dem es zu Mittag genau das gab: Pommes, Burger oder Fertigpizza – die Kinder konnten auswählen. Dieser Tag war und ist ein festes Ritual und ersparte uns an den anderen Tagen die Bettelei nach ungesundem Essen oder gar einem Gang in die nächste Imbissbude.«

Verschiedene Geschmäcke

Was tun, wenn Ihre Kinder unterschiedliche Essvorlieben haben? Darauf Rücksicht nehmen und zwei unterschiedliche Gerichte zubereiten? Oder die Devise „Es gibt ein Essen und das müssen beide essen!" vertreten? Dies hängt allein von Ihnen ab. Die meisten Eltern entwickeln allerdings im Laufe der Zeit eine gute Routine darin, Gerichte auszuwählen, die für beide akzeptabel sind oder das Menü so zusammenstellen, dass für jeden etwas dabei ist.

Mag der eine partout kein Brokkoli und der andere auf keinen Fall Mais, kann es eine gute Lösung sein, Brokkoli und Mais in kleineren Mengen zu machen, sodass jeder sein bevorzugtes Gemüse nehmen kann. Für uns war und ist dies die Lösung der Wahl, wenn Gemüse sowieso nicht zum Lieblingsessen von Kindern zählt und man froh ist, wenn sie überhaupt etwas davon zu sich nehmen. Bei uns haben sich Gerichte bewährt, bei denen die einzelnen Zutaten getrennt auf den Tisch kommen. Jeder muss von allem eine Mindestmenge nehmen und kann sich gegebenenfalls an dem, was er wirklich gerne mag, satt essen. Vermeiden Sie Machtkämpfe ums Essen. Sie können kein Kind zum Essen zwingen, erst recht nicht, wenn die Schwester oder der Bruder empört Partei ergreift.

Erziehungstipps für den Alltag

Der Umgang mit Unterschieden zwischen Ihren Kindern fordert viel Einsatz von Ihnen, gibt Ihnen aber das gute Gefühl, jedem Ihrer Kinder gerecht zu werden. Konsequent und gelassen Grenzen setzen – das ist eine wichtige Erziehungsaufgabe des Vorschulalters, die Zwillingseltern etwas mehr Energie abverlangt.

Individualität fördern in alltäglichen Situationen

Vertrauen Sie auf Ihre Kinder und verhindern Sie getrennte Entwicklung nicht. Das können Sie leisten, mehr nicht. Individualität zu erzwingen funktioniert ebenso wenig, wie körperliche Entwicklung extrem zu beschleunigen. Greifen Sie individuelle Ansätze auf und stärken Sie diese.

Getrennte Ansprache Sprechen Sie Ihre Kinder getrennt an. Fragen Sie zuerst denjenigen, bei dem Sie den Eindruck haben, er passe sich dem anderen eher an: „Ludwig, hast du Lust schwimmen zu gehen?" Antwortet der Bruder oder die Schwester für ihn, lächeln Sie ihn an: „Ich habe doch Ludwig gefragt! Das bist du doch nicht, oder?" Oder Sie spielen erstaunt: „Ups, hab' ich euch verwechselt? Bist du etwa der Ludwig?" Lautes Gelächter wird der Situation die Schärfe nehmen, Ihr in der Situation dominanteres Kind ohne Gesichtsverlust in die Schranken verweisen und so dem zurückhaltenderen Zwilling noch eine Antwort ermöglichen. Natürlich kann diese gefärbt sein von der Antwort des anderen, aber im Laufe der Jahre wird diese Strategie Früchte tragen.

Und noch ein anderes Beispiel: Statt eines „Kinder, räumt auf!" rufen Sie eher: „Lotta, räum dein Zimmer auf!" und „Lukas, hilf mir bitte beim Tischdecken." Wie schnell passiert es auch im Alltag, dass man bei Lärmattacken aus dem oberen Stockwerk entnervt nach oben ruft: „Jungs, hört auf!" Daraufhin schallt einem empörtes: „Mama, ich, der Richard, war ganz ruhig in meinem Zimmer, das kann die Heike bestätigen! Das ist ungerecht!" entgegen – und recht hat er, es ist ungerecht, in einem Rundumschlag beide zu beschuldigen!

Rückzug ermöglichen Wenn Ihre Kinder sich offensichtlich gemeinsam am wohlsten fühlen, dann lassen Sie sie gewähren. Beobachten Sie allerdings genau, ob sich dies ändert. Haben Sie den Eindruck, eines Ihrer Kinder fühlt sich nicht mehr wohl in dieser engen Beziehung, dann ist es an Ihnen zu handeln. Welche Anzeichen gibt es dafür? Vielleicht zieht sich eines Ihrer Kinder auffällig zurück und ist genervt, wenn der Bruder oder die Schwester immer wieder stört. Es kann auch sein, dass sich dies in Aggressionen äußert, die scheinbar ohne Grund entstehen. Oder aber Ihr Kind strahlt einfach über einen längeren Zeitraum Unzufriedenheit aus, lacht wenig, weiß nichts mit sich anzufangen, will aber ganz bestimmt nichts mit dem Geschwister unternehmen.

Schützen Sie denjenigen, der sich zurückziehen will vor zu viel Vereinnahmung, indem Sie laut und deutlich sagen: „Lisa, die Marie möchte jetzt einfach ohne dich spielen. Lass sie bitte in Ruhe," anstatt zu Marie zu sagen: „Aber Marie, Lisa ist doch sonst allein, sei lieb und spiel mit ihr." Bieten Sie sich Lisa als Spielgefährten an oder sammeln Sie mit ihr Ideen, mit wem sie alternativ spielen kann. Aber bleiben Sie konsequent, Marie wird in Ruhe gelassen!

Umgang mit Unterschieden

Jana saust nach zwei Tagen mit ihren neuen Inlinern die Straße entlang, während Karina sich vorsichtig auf Rollen am Zaun entlanghangelt. Richard radelt ohne Stützräder herum, derweil Josef weiterhin mit Stützrädern in die Pedale tritt. Wie gehen Sie am besten damit um, wenn Ihre Kinder sich in unterschiedlichem Tempo die diversen Fertigkeiten aneignen?

Natürlich bemerken auch Ihre Kinder die Unterschiede, leugnen Sie diese also auch nicht. Loben Sie auf jeden Fall beide für Fortschritte. „Super, Richard, du fährst ja schon ganz schön schnell!" für denjenigen, der ohne Stützräder fährt, und „Mensch, Josef, du achtest sehr gut auf die anderen Autos!" für denjenigen, der etwas ängstlicher noch nicht alleine in die Pedalen treten mag. Geben Sie beiden gleichmäßig so viel Lob und Aufmerksamkeit, dass es nicht zu Situationen kommt, in denen der ohne Stützräder fahrende Richard ruft:

„Mama, guck doch auch mal zu mir; ich kann das schon allein!", weil Sie die ganze Zeit damit beschäftigt sind, Josef darin zu unterstützen, alleine loszufahren.

Jedes Kind braucht seinen Platz und seine Zeit. Sagen Sie deutlich: „Josef, jetzt schaue ich mal Richard zu!" genauso wie: „Richard, jetzt helfe ich mal Josef und halte sein Rad fest." Ihre Kinder werden nicht sagen: „Klar doch, Mama, mach mal, ich verstehe das!" Natürlich wollen sie Ihre uneingeschränkte Aufmerksamkeit. Das geht aber nicht. Je selbstverständlicher Sie dies akzeptieren und je weniger Sie dabei ein schlechtes Gewissen haben, desto selbstverständlicher werden auch Ihre Kinder damit umgehen. Machen Sie sich bewusst: Das Zwillingsdasein mag für Ihre Kinder ab und an Nachteile haben, es birgt aber mindestens genauso viele Vorteile und kein Zwilling könnte sich ernsthaft vorstellen, gerne mit einem Einzelkind zu tauschen!

Schüren Sie nicht die Konkurrenz zwischen Ihren Zwillingen, indem Sie äußern: „Josef, der Richard traut sich doch auch, allein zu fahren. Streng dich mal an!" Richard wird sich denken: „Ich bin der Bessere, das sieht sogar die Mama", während Josef die Botschaft hört: „Ich bin schlecht, weil ich mich nicht traue." Er wird unter Druck geraten und es erst recht nicht schaffen.

Wertschätzen Sie das individuelle Tempo jedes Ihrer Kinder. Schnell etwas zu erlernen hat oft die Schattenseite, dass Kinder zu wagemutig und unbedacht werden. Langsam sich an Grobmotorisches heranzutasten hat oft den Vorteil, dass es richtig beherrscht wird, wenn man es kann. Erinnern Sie sich noch dran, wie Ihre Kinder laufen gelernt haben? Häufig sind es diejenigen, die früh loslaufen, die häufiger auf dem Po oder den Knien landen, während die Bedächtigeren erst dann loslaufen, wenn sie es ohne Hinfallen schaffen!

Zwei gegen einen – konsequent sein im Alltag

Es kann anstrengend sein, konsequent zu bleiben, schon mit einem Kind, das gerne argumentiert. Sie haben zwei Kinder, die eisern zusammenhalten, wenn es gegen den „gemeinsamen Feind" geht, mit zwei Köpfen lautstark viele gute Argumente ins Feld führen können und sich gegenseitig stützen in ihrer Abwehr von Ungeliebtem.

Kinder brauchen Regeln und vor allem Ihre Konsequenz. Gerade im Alltag mit Zwillingen und erst recht mit noch weiteren Geschwisterkindern ist es wichtig, dass ohne größere Diskussionen das elterliche Wort gilt und dementsprechend gehandelt wird. Wenn Sie um 16 Uhr bei einem Arzttermin sein und deshalb um 15 Uhr das Haus verlassen sollten, müssen sich alle bereit machen, sobald die entsprechende Ansage von Ihnen kommt. Wenn Sie abends sagen: „Macht euch alle bitte bettfertig!", ist es für alle Beteiligten das Beste, wenn dies ohne Diskussionen geschieht. Sätze wie „Ich will aber noch nicht ins Bett", „Ich bin aber gar nicht müde", „Ach, nur noch eine Viertelstunde" oder Ähnliches zerren abends nur an den Nerven.

Genau dies wird Ihnen mit zwei Kindern aber passieren, wenn die beiden die Hoffnung gewinnen, dass langes Bohren und Weiterdiskutieren Sie so zermürben wird, dass Sie schließlich Ja sagen, dazu, dass man sich jetzt gerade nicht die Schuhe anziehen kann, weil man unbedingt noch die Sendung zu Ende sehen will oder erst in einer Stunde ins Bett geht und das auch nur, wenn die Mama sich eine Stunde danebenlegt.

Carolyn

» Konsequenz mal zwei

Ich habe es mir angewöhnt, Situationen einzuteilen in solche, für die es sich lohnt, den „Kampfanzug" anzuziehen, und in solche, in denen ich ohne Gesichts- und weitere Verluste nachgeben kann. Termine oder Regeln, von denen ich fest überzeugt bin und an denen ich nicht gerüttelt haben möchte, bestimmte Verhaltensweisen gegenüber anderen Menschen, die mir wichtig sind – hier müssen meine Kinder deutlich merken, dass ich konstant dafürstehe. Bin ich hingegen von einem bestimmten Museumsbesuch überzeugt, der gut für die Kinder wäre, keines der Kinder aber Lust dazu hat, kann ich nachgeben.

Wie bleibe ich konsequent in der Hektik des Alltags? Schallt mir der Satz „Wir wollen das nicht" entgegen, nehme ich dies nicht so hin. Ich spreche jedes Kind getrennt an, zunächst das, das nicht gesprochen hat: „Stimmt das, Lara? Du willst nicht ins Bett gehen?" und zur anderen gewandt: „Leonie, was gefällt DIR denn daran nicht?«

Eine weitere hilfreiche Methode ist es, Zeit zu gewinnen. Wenn Ihre Kinder schon bemerkt haben, dass Sie schwankend sind, ob Sie ihnen das dritte Eis bei 35 Grad Sommerhitze genehmigen sollen oder nicht – dann haben Sie schon verloren! Sagen Sie, wenn Sie nicht so genau wissen, wie Sie entscheiden wollen: „Ich überlege und wenn ich das gut finde, bringe ich es gleich in den Garten." Kommentieren Sie alles weitere Betteln mit einem stoischen „Nein, ich überlege." Allerdings müssen Sie das Eis dann entweder auch in den Garten bringen oder erklären, warum Sie sich dagegen entschieden haben!

Mit Fragen wie „Darf ich die Sendung im Fernsehen anschauen?" oder „Wie lange darf ich Computer spielen?" können Sie genauso verfahren. Bilden Sie sich in Ruhe und unbeeinflusst von zwei auf Sie einredenden Kindern Ihre Meinung und teilen Sie diese den beiden nach dem gewählten Zeitraum mit.

Das funktioniert wunderbar und Ihre Kinder werden es immer mehr akzeptieren, wenn Sie es über einen längeren Zeitraum konsequent durchhalten. Vor allem, wenn sie bemerken, dass Sie in anderen Fragen – nämlich denen, die Ihnen gar nicht so wichtig sind – auch einmal den Kindern nachgeben.

Daniela

» Konsequenz im Skiurlaub

Der Skiurlaub mit ihrem besten Freund war für unsere fünfjährigen Söhne Levi und Lino das Highlight des Jahres. Täglich zwei Stunden vor- und nachmittags Skischule. Sie waren davon nie müde, sondern topfit bis in den Abend. Während der Mittagpause des letzten Skitages zeigte der beste Freund plötzlich Lustlosigkeit, Müdigkeit und Bauchschmerzen. Kurzerhand entschieden die Eltern, den Sohn von den letzten zwei Stunden Skiunterricht zu befreien. Keine Minute später klagten unsere beiden über furchtbare Bauchschmerzen und entschieden rigoros: „Wir fahren auch nicht." Vier Tage Glückseligkeit – alles vorbei.

Für uns war klar: Unsere Kinder beenden diesen Skikurs wie gebucht und bezahlt. „Warum darf unser Freund aufhören und wir müssen fahren?", „Ich will nicht mehr, ich hab Bauchschmerzen", „Ich fahre auf keinen Fall" hörten wir in Endlosschleifen von zwei Seiten pausenlos trotzig.

Wir wussten: das konnten wir nur als Team in aller Konsequenz durchziehen.

Liebevoll, aber bestimmt wiederholten wir immer wieder: „Keine Diskussion" – „Der Kurs ist gebucht und wir ziehen ihn bis zum Ende durch." Zu dem deutlich kommunizierten „Es gibt keine Wahl" war das entscheidende Argument: „Es wird noch oft passieren, dass andere Eltern andere Entscheidungen als eure Eltern treffen. Da müsst Ihr durch!"

Zehn Minuten später fuhren sie jauchzend durch die schwerste Etappe, den Tiefschnee! Und waren die stolzesten Kinder der Welt. Ihrem Freund haben sie nachher alles erzählt, und beste Freunde sind die drei auch noch.« ▬

Gewinnen – verlieren – wütend werden

Viele Kinder können nicht gut verlieren, dies ist völlig normal in diesem Alter. Anders als bei Einzelkindern verliert man nicht nur gegen Mutter oder Vater, sondern sogar gegen das gleichaltrige Geschwister. Natürlich trifft dies den Verlierer noch mehr! Achten Sie bei Brettspielen darauf, ob es bei jedem Spiel immer derselbe Zwilling ist, der verliert, oder ob sich Gewinnen und Verlieren die Waage halten. Wissen Sie, dass bei „Memory" meist Peter und bei „Elfer raus" eher Feline gewinnt, wählen Sie bei gemeinsamen Spielen mit den Kindern beide Spiele hintereinander aus.

Kommt es zu aggressivem Verhalten, greifen Sie sofort ein und trennen Sie die Kinder. Hat sich die Lage beruhigt, lassen Sie jeden der beiden erzählen, was passiert ist, und sammeln Sie Ideen, wie die Situation zu lösen gewesen wäre. Vielleicht werden Sie erleben, dass derjenige, der die Aggression abbekommen hat, den Bruder oder die Schwester in Schutz nimmt und behauptet, es sei doch gar nichts gewesen. Schildern Sie in diesem Fall, wie Sie die Situation erlebt haben: „Ich habe gesehen, wie Lisa Silvie gehauen hat," und ermutigen Sie damit Silvie, sich zu wehren.

Loben Sie Ihre Kinder klar und deutlich, wenn sie kooperativ spielen: „Es ist toll, wie ihr beide zusammen gespielt habt. Ich freue mich darüber, dass Ihr euch gut versteht!" Nehmen Sie Ihren Sohn, der es hasst, zu verlieren, wortlos in den Arm, wenn er mit Tränen in den Augen dasitzt, weil er zum wiederholten Male kurz vorm Häuschen beim „Mensch ärgere dich nicht" herausgeworfen wurde.

Vergleichen Sie Ihre Kinder nicht. „Die Malou ist immer so lieb und du schlägst sie!" mag einem komplett unpädagogisch im ersten Ärger vielleicht über die Lippen kommen – es wird Malous Schwester oder Bruder aber immer weiter in die Enge treiben und das unerwünschte Verhalten eher verstärken. Kinder wollen Anerkennung und Zuwendung, es macht ihnen keinen Spaß, Mamas oder Papas Ärger auf sich zu ziehen. Versuchen Sie, die Aggression als eine hilflose Reaktion zu sehen, um die eigene Wut loszuwerden, weil man keine bessere Möglichkeit kennt. Vielleicht

hilft diese andere Perspektive Ihnen dabei, weiterhin liebevoll, wenn auch bestimmt und konsequent mit Ihrem kleinen Rumpelstilzchen umzugehen!

Gelassen bleiben – Grenzen setzen

Vorschulkinder provozieren gerne. Das beste Mittel dagegen bleibt das Ignorieren. Das fällt nicht immer leicht angesichts zweier Kinder, die Sie unter verbalen Dauerbeschuss nehmen können. Wenn Ihnen das Ignorieren von Schimpfwörtern oder anderen Zoten mal nicht gelingen sollte, dürfen Sie deutlich und bestimmt sagen: „Ich will das jetzt nicht hören!" Benutzt eines Ihrer Kinder Ausdrücke, mit denen es Sie oder andere verletzt, suchen Sie das Gespräch mit ihm. Erklären Sie, was die Worte bedeuten – oft ist Kindern dies in diesem Alter gar nicht klar –, und erläutern Sie altersgerecht, welche Empfindungen das bei Ihnen oder anderen Menschen auslöst.

Unser Tipp

Ganz erfolgreich im Sinne von „auch verständnisvolle Eltern wollen mal ihre Ruhe" ist die Regelung, dass im Kinderzimmer oder weitab von den Eltern gesprochen werden darf, wie man will – nur nicht in ihrem Beisein.

Zwillinge sind etwas Tolles!

Mit Zwillingen etwas unternehmen – das ist im Vorschulalter nichts Besonderes mehr. Das Herausgehen mit Zwillingen wird sehr angenehm. Auf dem Abenteuerspielplatz toben die Kinder miteinander und niemand fordert von Ihnen, auf den Turm zu klettern, weil es sonst langweilig ist. Wenn sich die beiden auf eine gemeinsame Unternehmung geeinigt haben, können Sie in der Regel entspannt zugucken. Genießen Sie es!

Gemeinsam in der Grundschule

Die Grundschuljahre sind geprägt von vielen Veränderungen, vor allem im Umgang mit anderen und im Bereich des Wissens und Lernens. Und Ihre beiden werden groß! Verlassen Ihre Zwillinge die Grundschule schon fast als Teenies, werden Sie sich beim Anschauen der Einschulungsfotos fragen: „Das waren meine Kinder?"

Die wichtigsten Meilensteine des Grundschulalters

Das Wachstum

Bis zum elften Geburtstag

- sind die meisten Mädchen und Jungen knapp 1,45 m groß, und wiegen ungefähr 35 kg,
- zeigen Jungen und Mädchen je nach Beginn der Vorpubertät extreme Unterschiede in der Entwicklung und
- füllen sich die Zahnlücken nach und nach mit den bleibenden Zähnen.

Ankunft in der Welt der Großen

- Fabelwesen gehören nun ins Reich der Fantasie.
- Das Erkennen der Unveränderbarkeit von Mengen und Gewichten ermöglicht das mathematische Verständnis.
- Ein sich stark entwickelndes Gedächtnis und planvolles Vorgehen erleichtern das schulische Lernen.
- Die Leistungsmotivation und Selbstkontrolle entwickeln sich.

Unterwegs mit anderen

- Kinder sind Gruppenmenschen, sie spielen und bewegen sich am liebsten in der Gruppe.
- Gesellschaftsspiele werden beliebt.
- Kinder vergleichen sich miteinander und finden so eine eigene Identität.
- Kinder sind Jäger und Sammler, kein Stock oder Stein ist vor ihnen sicher.

Die Welt erfassen über Malen und Schreiben

- Die Handschrift wird erlernt, von der groben Druckschrift des ersten Schuljahrs bis zur kleineren und leserlicheren persönlichen Schrift.
- Gemalte Bilder spiegeln Details und das, was man sieht.

Entwicklung – miteinander groß werden

Zu Beginn erscheint die Schultüte nur unwesentlich kleiner als Ihre Kinder und der neue Ranzen so groß auf dem kleinen Rücken. Am Ende der Grundschulzeit wirkt er geradezu lächerlich klein an den Kindern und wird meist schon durch ein angesagteres rucksackähnliches Modell ersetzt. Während der Grundschulzeit werden aus Ihren Kindern schon richtige kleine Teenies!

Sie wachsen kontinuierlich und vielleicht bemerken Sie bei Ihren Mädchen schon gegen Ende der Grundschulzeit erste Vorboten des Teenies, sowohl körperlich als auch psychisch. Zwischen dem siebten und elften Lebensjahr festigt sich vieles, was vorher schwankend war. Die Stimmungslage wird meist ausgeglichener, die Energieverteilung über den Tag gleichmäßiger. Ihre Kinder bleiben wahre Energiebündel und bewegen sich am liebsten in Gruppen an der frischen Luft. Auch dadurch lernen sie in dieser Zeit, sich planvoll und konzentriert Kompetenzen und Wissen anzueignen.

Körperliche Entwicklung

In den ersten Grundschuljahren erleben Sie bei Ihren Kindern eine kontinuierliche körperliche Weiterentwicklung, zunächst ohne große Sprünge bei Größe oder Gewicht. Gegen Ende der Grundschulzeit können sich, vor allem bei Mädchen, schon die ersten Zeichen der Pubertät bemerkbar machen.

Wachstum und Zahnwechsel

Statt in die Länge wachsen Ihre Kinder nun eher in die Breite. Die meisten Mädchen bleiben dabei zunächst etwas kleiner und leichter als Jungen. Das ändert sich erst gegen Ende der Grundschulzeit. Bei Mädchen beginnt die Vorpubertät heute schon mit ungefähr zehn Jahren, während sie bei Jungen noch ein bis zwei Jahre auf sich warten lassen kann. Bei Pärchen-Zwillingen können also große Unterschiede auftreten. Aber auch bei gleichgeschlechtlichen zweieiigen Zwillingen kann es in diesem Alter zu stark unterschiedlichen Wachstumsverläufen kommen.

Die ersten Zahnlücken füllen sich bei Schuleintritt mit bleibenden Zähnen. Mit etwa neun Jahren kommt es wieder zu einem weiteren Zahnwechsel, diesmal im Seitenzahnbereich. Durchschnittlich kommen vier neue Zähne pro Jahr durch. Doch wie in der gesamten Entwicklung ist die Vielfalt hier wieder unerschöpflich. Manche Kinder warten einfach länger auf ihre neuen Zähne!

Das Gewicht steigt parallel zum Wachstum vor allem aufgrund der Zunahme von Knochenmasse und Muskulatur. In der Grundschulzeit werden Kinder im Jahr durchschnittlich zwei bis drei Kilogramm schwerer. Dadurch verbessern sich körperliche Fähigkeiten wie Kraft, Schnelligkeit, Bewegungskoordination und Ausdauer.

Die Körperproportionen, die sich in der Vorschulzeit so verändert haben, bleiben zunächst wie sie sind. Mit durchschnittlich 24 bis 26 Kilogramm bei einer Größe zwischen 1,24 und 1,30 m sind Ihre Zwillinge im achten Lebensjahr häufig schon bei Schuhgröße 34 oder 35 angelangt. Elfjährige sind im Durchschnitt ein Stück größer als 1,40 m und wiegen ungefähr 35 Kilogramm. Es erscheint unvorstellbar, dass diese beiden kleinen Persönlichkeiten einmal gemeinsam im Bauch der Mutter Platz hatten!

Kognitive Entwicklung

Die Aufmerksamkeit Ihrer Kinder verändert sich zwischen dem siebten und elften Lebensjahr auf dreifache Weise: Sie wird selektiver, angepasster und planvoller. Denkprozesse wie das Verstehen von Zusammenhängen und die Gedächtnisleistung differenzieren sich aus.

Die Welt deuten

Immer sachlicher verstehen Ihre Kinder die Welt. Osterhase, Nikolaus und Weihnachtsmann werden dahin verfrachtet, wo sie hingehören, ins Reich der Fantasie! Von Kind zu Kind kann dies allerdings in unterschiedlichem Tempo geschehen, wie der folgende Dialog der achtjährigen Zwillinge belegt:

Lukas: „Mama, ich hab mir was überlegt. Also, ich glaube, die Nikolausgeschenke kauft nicht der Nikolaus, sondern ihr Eltern."

Mutter: „Wie kommst du denn darauf?"

Lukas: „Also, der Nikolaus hat ja woanders gelebt, in der Türkei. Da habe ich mich gefragt, wie kauft der einen Comic für mich? Woher kennt der Comics überhaupt? Vielleicht kauft eher die Mama die Geschenke."

Michael: „Nein, Lukas, das stimmt nicht."

Lukas: „Doch Michael, ich bin mir sicher, den Nikolaus gibt es nicht."

Michael: „Und was ist mit dem Weihnachtsmann? Der hat mir voriges Jahr die Ritterburg geschenkt, da hatten Mama und Papa kein Geld für."

Lukas: „Ja, das stimmt. Den gibt's, glaube ich, doch."

Michael: „Ja, bestimmt."

Die detailliertere Auffassung der Welt spiegelt sich auch in den Zeichnungen Ihrer Kinder wider. Sie werden genauer und näher an dem, was man tatsächlich sieht. Spiegelverkehrte Buchstaben oder Zahlen kommen daher auch immer seltener vor.

Denken

Mit sieben Jahren verändern sich die Denkprozesse von Kindern. Bleistifte können sie nun zum Beispiel nach zwei Merkmalen wie Länge und Dicke sortieren, d. h., sie bilden die Gruppe der langen und dicken, langen und dünnen, kurzen und dicken und kurzen und dünnen Buntstifte, während sie vorher nur nach „dick – dünn" oder „kurz – lang" sortieren konnten. Sortieren und Zusammenfassen von Gegenständen nach den verschiedensten Kriterien wird zu einer Lieblingsbeschäftigung und zeigt, wie gut Kinder nun darin sind, verschiedene Merkmale gleichzeitig aufzunehmen.

Für Schulkinder ist klar, dass ein längerer Weg genauso schnell zum Ziel führen kann wie ein kürzerer, der Fahrer muss einfach schneller fahren! Vorher bedeutete ein längerer Fahrweg automatisch eine längere Fahrzeit. Passend dazu beginnt die Zeit, in der Ihre Kinder in Kippbildern, also in Bilder, die durch optische Täuschungen mehrere Deutungsmöglichkeiten bieten, alle Möglichkeiten erkennen und mehr als eine Sache darin sehen.

Die Raumorientierung Ihrer Kinder wird sich verändern, die Unterscheidung in rechts und links beginnt stabil zu werden. Dies wird auch für Wegbeschreibungen genutzt. War es vorher ein „dann kommt ein Baum und danach eine Bank und das Haus, in dem Maria wohnt", wird gegen Ende der Grundschulzeit schon öfter ein „links bzw. rechts abbiegen" eingebaut. Dann sind Kinder in der Lage, einen Weg in ihrem Vorstellungsvermögen abzugehen und dies wiederzugeben. Die Kinder erkennen schon zu Beginn der Grundschulzeit, anders als im Vorschulalter, dass die Menge gleich groß bleibt, wenn man nichts hinzufügt oder wegnimmt. Schüttet man zum Beispiel 100 ml Wasser in ein kleines, bauchiges Glas und diese Menge danach in ein langes, schmales Glas, wird die geänderte Wasserhöhe die Kinder nicht mehr beeindrucken, natürlich ist in beiden Gläsern gleich viel Wasser! Gegen Ende der Grundschulzeit erfolgt dieser Lernschritt auch für Gewichte.

Diese Erkenntnis der Unveränderbarkeit von Mengen ist die Grundlage für das Rechnen, der erste Zahlbegriff. Hat ein Kind diesen Schritt noch nicht gemacht, nutzt alles Üben nichts. Rechenaufgaben können noch nicht bewältigt werden. Was aber hilft ist das spielerische Anwenden von Mathematik im Alltag: „Hilf mir doch bitte beim Tischdecken. Wie viele Gabeln brauchen wir, wenn wir fünf Personen sind?"

Ihre Kinder werden schließlich zu wahren Schnellrechnern, je mehr die Grundrechenarten Addieren und Subtrahieren gegen Ende der Grundschulzeit beherrscht werden. Sie wenden dieses Wissen gerne stolz im Alltag an und rechnen schon mal so nebenbei den Wechselgeldbetrag im Supermarkt aus.

Aufmerksamkeit und Konzentration

Die Aufmerksamkeit wird selektiv. Kinder können nun gut entscheiden, welche Informationen zum Beispiel für das Lösen einer Aufgabe wichtig sind und welche nicht. Die planvolle Aufmerksamkeit gelingt immer besser. So treffen sie zum Beispiel bei Aufgaben mit verschiedenen Teilen eine Entscheidung über die Reihenfolge der Bearbeitung.

Ebenso verbessert sich die Konzentrationsfähigkeit. Für sieben- bis achtjährige Kinder sind 15 Minuten volle Konzentration ein guter Wert, gegen Ende der Grundschulzeit sind schon 25 Minuten ununterbrochene und unabgelenkte Aufmerksamkeit auf eine Sache problemlos möglich.

Gedächtnis und Behalten

Die Gedächtnisleistung nimmt zu. Hat eines Ihrer vierjährigen Kinder den Lieblingsteddy verloren, wird recht unkoordiniert einfach danach gesucht; ein achtjähriges Kind hingegen denkt erst einmal darüber nach, wo es ihn verloren haben könnte, und sucht gezielt an diesen Stellen. Das Kurzzeitgedächtnis verbessert sich deutlich. Können Kinder im Vorschulalter vier bis fünf Ziffern wiedergeben, die ihnen einmal genannt wurden, gelingt dies Elfjährigen leicht mit sieben Ziffern.

In der Schulzeit lernen Kinder nicht mehr nebenbei im Spiel, sondern bewusst und damit vergrößern sich Gedächtnisinhalte geplant. Die Kinder realisieren, dass sie sich bestimmte Inhalte einprägen müssen, um andere tun zu können. Ohne Kenntnis der Buchstaben kann man eben nicht lesen! Die bevorzugte Gedächtnisstrategie in den ersten Schuljahren ist das Wiederholen. Kinder lernen das Abc dadurch, dass sie es gerne immer wieder vor sich hinsagen. Gegen Ende der Grundschulzeit prägen sich Kinder allerdings Inhalte vermehrt dadurch ein, dass sie sie ordnen und zusammenfassen. Zu den „Haustieren" gehören dann „Hund und Katze", zu den „Tieren im Zoo" „Löwe, Tiger und Elefant".

Leistungsmotivation

In den ersten beiden Schuljahren gehen Kinder davon aus, dass man sich nur genügend anstrengen muss und alles gelingt. Mit ungefähr acht Jahren allerdings wird allmählich zwischen Fähigkeiten und Anstrengung getrennt. Hilfreich ist, wenn Kinder ihre Erfolge auf gute Fähigkeiten zurückführen und Versagen eher auf mangelndes Bemühen. Dies beeinflussen Sie als Eltern stark, denn die Anstrengungsbereitschaft ist noch stark von den Reaktionen der Umwelt abhängig. Lob ist nach wie vor wichtiger als das eigene Gefühl, eine Aufgabe gelöst zu haben. Diese sogenannte aufgabenorientierte Motivation tritt erst gegen Ende des Grundschulalters auf.

Loben Sie Ihre Kinder also, was das Zeug hält bei Erfolgen: „Pia, Mensch, du bist eine gute Rechnerin, da hast du das Eckenrechnen heute wieder gewonnen!" „Erik, da muss man schon sehr ausdauernd sein, wenn man beim Schullauf drei Runden geschafft hat!" Stellen Sie bei Misserfolgen dagegen die Anstrengung in den Vordergrund: „Nächstes Mal trainierst du etwas mehr vorher, dann läuft es bestimmt viel besser."

Aufgeschlossen und neugierig auf alles, was um sie herum passiert, sammeln Ihre Kinder Kenntnisse so, wie die Sammelleidenschaft sie insgesamt gefangen hält (siehe Seite 156). Sie können dies spielerisch nutzen. Wir hatten zum Beispiel Tisch-Sets, auf denen sehr kindgerecht die deutschen Bundesländer oder Europa mit all seinen Mitgliedsstaaten abgebildet waren. Nach einigen Tagen fragte mein Sohn plötzlich: „Mama, wie heißt denn die Hauptstadt von Moldawien?" und freute sich wie ein Schneekönig, dass ich Chisinau nicht kannte.

Motorische Entwicklung

Grundschulkinder bauen ihre schon erworbenen motorischen Fähigkeiten unermüdlich aus, sowohl im fein- als auch im grobmotorischen Bereich. Die Vitalität schwankt nicht mehr nach Tagesform, sondern wird gleichmäßiger. Ihre Kinder sind wahre Energiebündel, die die Welt den ganzen Tag erobern wollen. Die Schule mit ihren Anforderungen an Stillsitzen und Konzentrieren ist also eine große Herausforderung für Ihre beiden, die sie im Laufe der Zeit immer besser bewältigen.

Grobmotorische Entwicklung

Im Grundschulalter haben Kinder normalerweise einen nahezu unermüdlichen Bewegungsdrang. Sie hüpfen und rennen in einem fort und sind gerne per Rad, Roller oder Inliner unterwegs. All dies gelingt ihnen gut und neue Fertigkeiten wie zum Beispiel Waveboardfahren oder auf einer Slackline balancieren werden so schnell erlernt, dass Sie es gar nicht bemerken!

Generell kann man feststellen, dass Schulkinder im Vergleich zu Vorschulkindern körperlich biegsamer sind, ein ausgereifteres Gleichgewicht haben und in ihren Bewegungen schneller und kräftiger agieren. Auch aufgrund der großen kognitiven Sprünge verbessert sich die Reaktionszeit immens: Elfjährige reagieren in der Regel doppelt so schnell wie Fünfjährige.

Bewegen alleine ist schnell langweilig, Bewegungsspiele machen erst in Gruppen richtig Spaß: Völkerball, Fußball, Seilspringen oder Gummitwist sind typische Grundschulspiele. Zunehmend werden diese Spiele wettbewerbsorientiert. Oft spielen Mannschaften gegeneinander. Eine andere Variante sind Spiele wie Gummitwist oder Seilspringen, bei denen bestimmte vorgegebene Aufgaben erfüllt werden müssen, um im Wettbewerb zu bleiben.

Bei diesen Spielen kommt wieder einmal der Zwillingsvorteil zum Tragen. Ihre Söhne können schnell gegeneinander ein Fußballmatch austragen. Ihre Töchter wiederum schaffen es mithilfe einer Mülltonne, um die der Gummi gespannt wird, auch zu zweit Gummitwist zu springen! Selbst bei Pärchen-Zwillingen lässt sich oft der eine erweichen, mal mit Seil zu springen oder eben auch mit zu kicken.

Die Natur hat es sinnvoll eingerichtet, dass im Grundschulalter der Bewegungsfreude keine Grenzen gesetzt sind, denn Bewegung trainiert die Wahrnehmungsfähigkeit und erleichtert damit das Lernen in der Schule immens. Schaffen Sie deshalb möglichst viele Anreize für Bewegung und genießen Sie, dass Sie sich währenddessen zurückziehen können. Bälle und Seile, Straßenkreide, um Hüpfekästchen aufzumalen, Schaukeln und Klettergerüste, gut erreichbar für die Kinder, bieten draußen viele Verwendungsmöglichkeiten für die beiden. Bei schlechtem Wetter kann eine alte Matratze in der Wohnung oder im Haus gute Dienste tun. Vielleicht ist es Ihnen sogar möglich, einen Kellerraum oder ein Zimmer umzufunktionieren zu einem „Tobezimmer". Eine Sprossenwand an der Zimmerwand, davor eine Matratze und verregnete Nachmittage verlieren ihren Schrecken!

Die Grundschuljahre sind ein guter Startpunkt für eine Sportart in einer größeren Gruppe. Lassen Sie Ihre Kinder getrennt entscheiden. Für Ihre Zwillinge ist es sehr wichtig, dass Sie unterschiedliche Vorlieben wahrnehmen, ermutigen und ermöglichen, wo immer es geht.

Feinmotorische Entwicklung

In den Grundschuljahren wird die Handschrift zunehmend ausgereifter und leserlicher. Oft schon im zweiten Schuljahr wird deshalb mit dem Erlernen einer Ausgangsschrift begonnen, die als Mittler zwischen Druck- und Schreibschrift den Weg zur eigenen, zügigen Handschrift bahnen soll. An den meisten Schulen wird zu diesem Zeitpunkt auch das Schreiben mit dem Füller eingeführt und Ihre Kinder werden Ihnen – falls die Lehrerin einen solchen vergibt – stolz einen „Füllerführerschein" oder etwas Vergleichbares präsentieren.

Die sich ausdifferenzierende Feinmotorik erlaubt Kindern, exakt zu zeichnen und auszumalen. In den Zeichnungen erkennt man zunehmend Details und eine Verbindung zwischen den dargestellten Inhalten. Gegen Ende der Grundschulzeit wird die dritte Dimension in die Zeichnungen eingebaut.

Auch mit der Schere werden sie immer geschickter. Wenn Basteln nicht die große Vorliebe eines Kindes ist, kann man die verbesserte Feinmotorik an anderen Hinweisen erkennen. Vielleicht schneidet es beim Essen schon mit dem Messer oder dreht mit einem Schraubenzieher gerne kleinste Schrauben heraus und hinein.

149

Im »Wir« das »Ich« entdecken

Eineiige und zweieiige Zwillinge entwickeln unterschiedliche Vorlieben. Bei eineiigen Zwillingen hat man allerdings oft den Eindruck, die beiden wechseln sich ab und zeigen die gleiche Vorliebe zu unterschiedlichen Zeitpunkten. Aber langsam entwickeln sich individuelle Vorlieben, z. B. für ein Instrument, Bücher oder andere Hobbys.

Gefühl und Mitgefühl

Schwankten die Emotionen im Vorschulalter von himmelhochjauchzend bis zu Tode betrübt, beginnt nun eine ausgeglichene Phase Ihrer Kinder. Das heißt nicht, dass nichts passiert. Gerade im sozial-emotionalen Bereich differenziert sich vieles aus, was für das spätere soziale Leben Ihrer Kinder immens wichtig sein wird.

Sich und andere besser verstehen

Immer besser verstehen Ihre Kinder Gefühle, sowohl ihre eigenen als auch die anderer. „Das macht mich traurig, dass du mir keinen Löffel mitbringst", so Marten zu seiner Schwester Heike, als er sie bat, ihm einen Löffel anzureichen, und sie sich weigerte. Sie lernen, sich in andere hineinzuversetzen und die eigenen Gedanken und Gefühle aus der Sicht des Gegenübers zu betrachten. Da sie wissen, dass andere dies auch können, kommt es schon mal zu Satzkonstruktionen wie „Ich dachte, du würdest denken, ich mache nur Spaß". Zu zweit werden Ihre Kinder dies ausgiebig und gerne üben.

Lange war der Gesichtsausdruck für Ihre Kinder das Zeichen dafür, wie ein anderer sich fühlt. Zwischen sechs und acht Jahren lernen sie nun immer besser, zwischen äußerer Erscheinung und Realität zu unterscheiden, und nutzen mehrere Hinweise, um die Gefühle anderer zu interpretieren. Sie sehen, dass Lilly lächelt, aber dabei die Schultern hängen lässt, und erkennen, dass Lilly traurig ist, obwohl sie lächelt.

Die Gefühlswelt wird mit etwa acht Jahren ausdifferenzierter. Die Kinder entdecken, dass man mehr als ein Gefühl auf einmal haben kann. „Ich habe mich gefreut, dass die Oma mir das Buch geschenkt hat, aber etwas traurig bin ich schon, weil ich mir so sehr ein Meerschweinchen gewünscht habe!" – ein solcher Satz kann nach der Geburtstagsfeier zum achten Geburtstag fallen. Ungefähr zur gleichen Zeit wird Ihren Kindern auch bewusst, dass ein Gefühl aus mehreren bestehen kann. Max ist doppelt stolz auf seinen Erfolg, wenn auch der Papa seine Freude darüber zeigt. Wobei immer wieder auffällt, dass viele Zwillinge sich oft auch gegenseitig ausgiebig loben und stolz aufeinander sind.

Selbstständigkeit

Jetzt gilt: je größer, desto selbstständiger und zu zweit natürlich noch selbstbewusster. Der Schulweg wird nach kurzer Zeit alleine gemeistert, Ihre Kinder schließen alleine die Haustür auf und zu und können gemeinsam einen gut strukturierten Alltag auch einmal ohne Sie regeln. Dies kann sehr hilfreich sein.

Petra Lersch

» Beauftragte

Als ich einmal krank war und mein Mann auf Reisen, haben wir sogenannte „Beauftragte" ernannt: während der eine dafür zuständig war, dass alle um 18.30 Uhr rechtzeitig zur Lieblingssendung gemeinsam vor dem Fernseher saßen, war der andere derjenige, der dafür zu sorgen hatte, dass Bruder und Schwester gemeinsam mit ihm um 19 Uhr, Zähne putzen und sich zum Schlafen in ihr eigenes Bett legen. Dies hat problemlos geklappt!« ▬

Probleme sind dazu da, ohne Hilfe gelöst zu werden. Schallt Ihnen auch ein „Mama, wir brauchen Hilfe!" entgegen, warten Sie getrost zwei Minuten ab. Oft ist dies genau der Zeitraum, in dem Ihnen ein „Mama, wir brauchen keine Hilfe mehr!" zugerufen wird und ihre Kinder gemeinsam eine gute Lösung gefunden haben.

Das Gewissen und Regeln

Moralische Grundprinzipien und das Gewissen entwickeln sich vor allem durch Nachahmung des Verhaltens Erwachsener und durch Lob bzw. Missbilligung. In den ersten beiden Jahren des Grundschulalters erscheint den Kindern alles gerecht, was eine Autorität verfügt. Von Erwachsenen gesetzte Regeln müssen widerspruchslos eingehalten werden. Erst gegen Ende der Grundschulzeit werden Regeln schon mal in Frage gestellt.

An Regeln hält man sich in diesem Alter noch, um negativen Konsequenzen zu entgehen, nicht aus Einsicht. Was zählt ist das Ergebnis, nicht die Absicht. In einem bekannten psychologischen Experiment finden Kinder im frühen Grundschulalter ein Kind, das zwei Teller beim Abtrocknen zerbricht, unartiger als eines, dem beim heimlichen Naschen ein Teller kaputtgeht. Zähne werden abends zum Beispiel nur dann gut geputzt, wenn man befürchten muss, dass Mama oder Papa nachschauen werden. Ob nun tatsächlich „Karius und Baktus" gerade an dem Abend zuschlagen, ist da weniger relevant. Berücksichtigen Sie dies. Lange Vorträge über die Sinnhaftigkeit des Tuns vergeuden Ihre Zeit – kontrollieren Sie das, was Ihnen wichtig ist, und zwar bei beiden gleich intensiv. Gerade weil Zwillinge ein gleichaltriges Gegenüber haben, das ähnlich tickt wie sie selbst, bestärken sie sich oft gegenseitig darin, nur das zu tun, was ihnen gerade passt.

Teilen

Teilen – ein wichtiges Thema für Zwillinge ebenso wie für alle Geschwister. Bei Zwillingsgeschwistern ist dieses vielleicht ein größeres Thema als bei Kindern, die altersmäßig weit auseinanderliegen, da ihre Bedürfnisse und Wünsche in der Regel sehr ähnlich sind.

Im Weltbild von Vorschulkindern herrscht Gleichheit, alle bekommen den gleichen Anteil, dürfen genauso oft Erster sein oder gleich lange aufbleiben. In den ersten Grundschuljahren finden Kinder aber, dass jemand, der etwas Besonderes geleistet hat, eine Sonderbelohnung bekommen darf. Hat Laura sich also sehr angestrengt und für das Sportabzeichen trainiert, während Melissa eher missmutig nur das Nötigste tat, dürfen Sie Laura ohne schlechtes Gewissen Melissa gegenüber loben, das hat sie auch im Weltbild von Grundschulkindern verdient.

Melissa kann das verstehen, auch wenn sie dies vermutlich nicht zeigen wird. Achten Sie allerdings darauf, Laura individuell zu loben und nicht in Beziehung zu Melissa zu setzen. Ein „Super, Laura, das freut mich für dich, so wie du trainiert hast", wird sie strahlen lassen. Sätze wie „Na, da hast du Melissa gut abgehängt. Streng dich mal so an wie Laura, Melissa!", werden beide Töchter eher mit einem schalen Gefühl zurücklassen. Häufen sich solche Aussagen im Laufe der Zeit im Umgang mit den beiden, schüren Sie eine Rivalität zwischen ihnen, die völlig unnötig und hausgemacht ist.

Etwa ab dem neunten Lebensjahr finden Kinder, dass benachteiligten Menschen besondere Aufmerksamkeit gewidmet werden sollte. Ist Julius ans Bett gefesselt, weil er ein Gipsbein hat, wird Lukas ihm vermutlich ohne großes Nachdenken großzügig einen größeren Anteil an Süßigkeiten zugestehen.

Selbstkontrolle

Die Selbstkontrolle entwickelt sich langsam in diesem Alter. Und zwar als die Fähigkeit, etwas zum jetzigen Zeitpunkt zu unterlassen, das man eigentlich tun möchte, um etwas Sinnvolleres, das aber weniger Spaß macht, stattdessen zu tun. Dies ist sinnvoll angesichts dessen, dass die Schule mit Hausaufgaben und Lernen eben auch erfordert, etwas Ungeliebtes sofort zu tun und erst später zu spielen. In Untersuchungen dazu wird Kindern als Belohnung für eine gelöste Aufgabe entweder sofort eine kleinere Belohnung oder später eine größere Belohnung in Aussicht gestellt. Die meisten Sechs- bis Achtjährigen wählen die „Sofort-kleinere-Belohnung-Variante", was eher für eine niedrige Fähigkeit zur Selbstkontrolle spricht. Andere Versuche zeigen aber, dass das Verhalten erwachsener Bezugspersonen entscheidend dafür ist, wie Kinder sich entscheiden, dass also die Fähigkeit zur Selbstkontrolle durchaus in diesem Alter vorhanden ist.

Zwillinge beeinflussen sich gegenseitig und sind Modell füreinander. Es erfordert mehr Überwindung, sich an die Hausaufgaben zu setzen, wenn der Bruder draußen Fußball spielt oder mal kurz vorbeischaut, um zu fragen, ob man nicht vielleicht doch lieber Roller fahren sollte. Vielleicht ist die Entwicklung der Selbstkontrolle für Zwillinge einfach schwieriger als für Einzelkinder, die keine Ablenkung durch Gleichaltrige direkt neben sich haben.

Persönlichkeitsentwicklung

Wer bin ich? Was unterscheidet mich von anderen? Im Grundschulalter finden in der Entwicklung der eigenen Identität Veränderungen statt. Beschreiben sich Kinder im Vorschulalter selbst, nennen sie meist beobachtbare Merkmale und das, was sie gerne tun. In der Grundschulzeit treten Fähigkeiten und Eigenschaften in den Vordergrund. Stärken und Schwächen werden deutlich in Selbstbeschreibungen benannt ebenso wie Gedanken und Gefühle zur eigenen Charakterisierung mehr und mehr genutzt werden. Im sozialen Vergleich mit anderen wird Kindern im Schulalter kontinuierlich klarer: „Ich bin ein Individuum, weil meine Gedanken und Gefühle anders sind als die der anderen." Die eigene Identität entwickelt sich. Interessantes zur Identitätsentwicklung speziell bei Zwillingen finden Sie in unserem Kapitel „Zwillingsbeziehungen" ab Seite 158.

Sprechen und Lesen

„Wenn ich in die Schule gehe, lerne ich endlich lesen!" Viele Kinder erwarten geradezu sehnsüchtig diese neue Fähigkeit und sind enttäuscht, wenn sie dies nicht innerhalb weniger Tage können.

Sprachentwicklung

Angeregt durch Schule, die ungeheure Wissbegierde dieser Altersstufe und natürlich durch die neue Fähigkeit zu lesen, erweitert sich der Wortschatz Ihrer Kinder stark. Gegen Ende der Grundschulzeit werden die Sätze komplexer und der Gebrauch der Zeiten differenzierter, immer mehr Adjektive werden bei Erzählungen zur Beschreibung eingesetzt. Geschichten werden so erzählt, dass Anfang und Ende erkennbar und logisch aufgebaut sind. Zunehmend werden auch Gefühle und das Innenleben der handelnden Personen beschrieben.

Sie werden bemerken, dass sich die Gesprächsbeiträge jedes Kindes immer mehr auf die vorangehenden Äußerungen beziehen und so richtige Diskussionen zwischen Ihren Kindern aufkommen.

Spielen mit Sprache bleibt weiterhin sehr beliebt. Die Mehrfachbedeutungen von Wörtern werden nun erfasst und in zahlreichen Wortspielen und Rätseln mit viel Vergnügen ausgeschlachtet. Das Interesse an Fäkalsprache und die Betonung von Schimpfwörtern hingegen sinkt wieder – zur Beruhigung der Eltern!

Lesen

Kinder saugen Neues auf wie ein Schwamm. Geschriebene Geschichten kommen der Wissbegier von Kindern entgegen, führen sie sie doch in neue spannende Welten. Wie gerne und wie häufig Kinder tatsächlich lesen, hängt stark von Ihnen ab. Untersuchungen bestätigen immer wieder die große Bedeutung des familiären Umfeldes für die Lesemotivation von Kindern. So weiß man, dass Lesen bei den Kindern beliebter ist, denen häufiger vorgelesen wurde. Doch auch noch im Schulalter lieben Kinder das Vorlesen und schmökern danach gerne noch eine Weile im Buch weiter. Jungen lesen weniger als Mädchen, doch auch Jungen können zu wahren Leseratten werden. Möglicherweise lesen Ihre Kinder sich auch gegenseitig gerne vor.

Bieten Sie Ihren Kindern passenden Lesestoff an, sobald sie beginnen, selbstständig zu lesen. Im neunten Lebensjahr zum Beispiel wendet sich das Interesse Erzählungen und Abenteuergeschichten zu, die in früheren Zeiten oder fernen Ländern spielen. Auch ein Comic kann ein guter Anreiz sein. Viele Kinder finden über die „Lustigen Taschenbücher" von Donald Duck zu dicken Wälzern, die sie völlig versunken verschlingen. Lesen Sie selbst viel, gerade im Schulalter ahmen Ihre Kinder Sie gerne nach.

Unser Tipp

Spielen Sie mit Ihren Kindern auch Spiele, die das Lesevermögen schulen, wie z. B. das klassische Scrabble oder „Galgenmännchen".

Freizeitbeschäftigungen

Freizeit, das war bisher vor allem gemeinsames Spielen mit anderen Kindern drinnen oder draußen. Doch nun erweitert sich der Horizont Ihrer Kinder, oft nicht zur Freude der Eltern! Spielkonsolen, Computer und Handy werden für Ihre Kinder interessanter und wichtiger.

Gesellschafts- und Regelspiele

Regelspiele setzen sich endgültig durch, die Vorliebe für Rollenspiele sinkt. In Regelspielen probieren Kinder Kooperation aus und entdecken, warum Regeln überhaupt notwendig und welche sinnvoll oder weniger sinnvoll sind. Die meisten Jungen scheinen sportliche Aktivitäten mit Wettbewerbscharakter zu bevorzugen, während die typischen Mädchen eher weniger wettbewerbsorientiert in Kleingruppen spielen. Wie schon bei der körperlichen Entwicklung erwähnt, sind geschlechtsübergreifend Bewegungsspiele sehr beliebt. Doch auch Gesellschaftsspiele wie „Monopoly" oder „Die Siedler von Catan" werden gerne in Gruppen gespielt.

Teilweise werden neue Spiele basierend auf bekannten mit eigenen Regeln erfunden. Diese

Art von Spielen erfordern meist einfache körperliche Fähigkeiten und ein gewisses Maß an Glück – daher kann jede/r gut mitmachen.

Mit Zwillingen hat man es bei vielen Gesellschaftsspielen leichter, denn die bei den meisten Spielen erforderlichen vier Spieler sind mit Eltern und Kindern schon da. Außerdem erleichtert es die Spieleauswahl sehr, dass beide Kinder auf dem gleichen Entwicklungsstand sind. Fällt die Einigung trotzdem schwer, wechseln Sie einfach wieder ab: jeder darf mal sein Wunschspiel aussuchen.

Die Zeit der Sammler

Dies ist das Alter der leidenschaftlichen Sammler. Steine, Schneekugeln oder vor allem Sammelkarten und Sticker zu aktuellen Themen sind beliebt. Fußballereignis-Alben und „Hello Kitty"-Sammelalben – als Eltern eines Zwillings-Pärchens bilden Sie sich in zwei grundverschiedenen Bereichen fort!

Auch wenn Sie ab und an den Kopf schütteln über die Sammelleidenschaft Ihrer Kinder, freuen Sie sich, dass die beiden viel daran lernen können wie zum Beispiel die Ordnung, die notwendig ist, um den Überblick darüber zu behalten, welche Karten man schon hat und welche noch fehlen, oder die kommunikativen und sozialen Fähigkeiten, die es zum Tauschen mit Freunden braucht.

Elektronische Medien und Kommunikationsmittel

Im Grundschulalter kommt das Thema „elektronische Medien" verstärkt auf durch den sozialen Vergleich mit anderen. Etwa die Hälfte aller Sechs- bis Dreizehnjährigen besitzt laut aktuellen Studien ein Handy. Natürlich berichten Ihre Kinder, dass alle anderen viel länger Fernsehen oder Computer spielen dürfen und alle mindestens eine Wii, einen Nintendo DSI, eine Playstation und einen eigenen PC haben. Lassen Sie sich davon nicht beeindrucken, sondern fragen Sie bei anderen Eltern nach. In den meisten Fällen hören diese Eltern die gleichen Geschichten über Sie!

Das Fernsehen ist unter den Medien die beliebteste Freizeitbeschäftigung, liegt aber in der Rangfolge aller Lieblingsbeschäftigungen immer noch auf Platz drei hinter „Freunde treffen" und „draußen spielen". Das beruhigt, erst recht, wenn man Zwillinge hat – zumindest bei den gleichgeschlechtlichen Zwillingen gibt es immer einen Spielkameraden, mit dem man viel anfangen kann. Setzen Sie weiterhin auf geregelten Medienkonsum, mehr Informationen dazu finden Sie auf Seite 183.

Daran sollten Sie denken

Waren die U1 bis U9 kostenlose Gesundheitschecks für Ihre Kinder, werden die in die Grundschulzeit fallenden zwei Vorsorgeuntersuchungen zwar empfohlen, aber nicht von allen Krankenkassen bezahlt. Bei beiden Untersuchungen wird neben der körperlichen Entwicklung vor allem auf die emotionale, soziale und schulische Entwicklung geachtet. Mögliche Entwicklungsstörungen wie zum Beispiel AD(H)S oder Lernstörungen wie Legasthenie oder Dyskalkulie werden bei Auffälligkeiten diagnostisch abgeklärt. Der Impfschutz wird überprüft, bei Mädchen mit unzureichendem Rötelnschutz wird eine Impfung empfohlen. Auch Vorsorgeuntersuchungen beim Zahnarzt stehen nun in regelmäßigen Abständen an.

Kindervorsorge

U10 und U11 im 7./8. bzw. 9./10. Lebensjahr
Die U10 sollte zwischen dem siebten und achten Geburtstag wahrgenommen werden, die
U11 ist ein Angebot für neun- bis zehnjährige
Kinder. Besprechen Sie mit Ihrer Krankenkasse, ob sie die Kosten für diese Vorsorgeuntersuchungen übernimmt.

Ihre Kinder sollten in beiden Untersuchungen
einzeln mit dem Kinderarzt sprechen. Nur so
kann er sich ein individuelles Bild jedes Kindes machen. Ob Sie mit Ihren mittlerweile
doch etwas geduldigeren Kindern zwei hintereinander liegende Termine an einem Tag beim
Kinderarzt vereinbaren oder lieber an unterschiedlichen Tagen jeweils einen Termin finden, ist dabei unerheblich.

Zahnvorsorge

Kinder ab sechs Jahren sollten Kiefer, Mund
und Zähne zweimal pro Jahr vom Zahnarzt
untersuchen lassen. Die bleibenden Backenzähne werden, wenn notwendig, versiegelt,
um sie zusätzlich vor Karies zu schützen. Dies
sind gesetzliche vorgeschriebene Leistungen
der Krankenkassen ebenso wie die jährliche
medizinische Zahnreinigung zur Paradontho-
seprophylaxe ab dem sechsten Lebensjahr.

In der Grundschule gibt es darüber hinaus
gruppenprophylaktische Angebote zur Zahngesundheit. Prophylaxe-Helferinnen oder Zahn-
ärzte kommen regelmäßig in die Schule und
untersuchen dort Mund und Zähne aller Kinder.
Die Tipps aus der Schule helfen der täglichen
Zahnpflege meist mehr als Ihre Ermahnungen!

Zwillingsbeziehungen

„Ich bin ich und du bist du" – die Beziehung zum Zwilling verändert sich. Die persönliche Identität entwickelt sich durch den Vergleich mit anderen und dazu gehört natürlich der Zwilling ebenso wie die Freundinnen und Freunde der Grundschulzeit.

Zwillinge können zusammenhalten wie Pech und Schwefel, aber auch erbittert miteinander konkurrieren. So wie alle Geschwister. Überhaupt tritt das Zwillingsdasein in der Wahrnehmung vieler Zwillingseltern mit dem Schuleintritt zunehmend in den Hintergrund. Vielleicht kommt es sogar vor, dass Außenstehende Ihre Kinder gar nicht mehr für Zwillinge halten.

Zwillinge haben immer jemanden neben sich, mit dem sie sich vergleichen könnten. Tun sie dies wirklich und setzt es sie unter Druck?

Wie entwickelt jeder der beiden ein Gefühl für das „Ich"? Fragen, die auch die Rollenverteilung zwischen Ihren Kindern wieder auf den Kopf stellen können.

In Familien mit mehreren Kindern kehrt Ruhe im Zusammenleben miteinander ein, jeder hat seinen Platz gefunden. Für Ihre Zwillinge allerdings werden jetzt immer mehr Nicht-Familienmitglieder wichtig. Freunde, Lehrer und Betreuungspersonen bevölkern das Leben Ihrer Kinder und entgegen vielen Vorurteilen kommen Zwillinge damit auch bestens klar.

Rollenverteilung

Für Zwillinge ist der Prozess, indem sie sich ihrer eigenen Persönlichkeit bewusst werden, ein besonderer. Viele Zwillingseltern befürchten, dass das Zwillingsdasein von einem steten Vergleich, der beiden schadet, begleitet wird. Doch es hängt vom Temperament Ihrer Kinder ab, ob dies so sein wird oder nicht. Und das, was oft als zwillingsspezifische Konkurrenz untereinander dargestellt wird, kennen Eltern von Geschwistern ebenfalls zur Genüge.

Identitätsentwicklung

Die Identitätsentwicklung wird von der Zwillingsbeziehung geprägt, aber nicht verhindert oder gar per se gestört. (Dr. Meike Watzlawik)

Zwilling ist man oder ist man eben nicht. Insofern ist „Zwilling sein" zunächst auch ein persönliches Merkmal, das die Identität prägt wie die selbstverständliche Tatsache „Ich wohne in Deutschland" oder „Ich bin groß". Wie entwickeln sich Zwillinge hinsichtlich ihrer persönlichen Identität, wie beantworten sie für sich die Frage „Wer bin ich?"?

Hierzu gibt es keine allgemeingültigen Aussagen für alle Arten von Zwillingen. Zwillingspärchen wenden sich verstärkt gleichgeschlechtlichen Spielgefährten zu und entwickeln das Gefühl für das Ich anstatt das Wir schon dadurch schneller. Gegen Ende der Grundschulzeit, wenn bei Mädchen in der beginnenden Pubertät verstärktes Wachstum einsetzt, entwickeln sich Bruder und Schwester noch weiter auseinander. Nicht selten sind Mädchen genervt vom „kleinen Bruder" und Jungen verstehen die zickige Schwester nicht mehr, die immer meckert.

David A. Hay, emeritierter Professor der australischen Curtin University, hat intensiv zu Zwillingsbeziehungen geforscht. Gemeinsam mit Professor Pat Preedy hat er das unten dargestellte Modell verschiedener Zwillingsbeziehungen entworfen, das gerade für das Ver-

ständnis der Identitätsentwicklung von gleichgeschlechtlichen Zwillingen hilfreich ist. Die weitaus überwiegende Zahl der Zwillinge in deutschen Studien entspricht übrigens dem Modell der „ausgewogenen Zwillingsbeziehung"!

Wie Sie Ihre Zwillinge in ihrer Identitätsentwicklung unterstützen können, wenn es Ihnen einmal nicht so einfach zu sein scheint, dazu finden Sie viele Ideen und Anregungen auf Seite 181.

Verschiedene Arten von Zwillingsbeziehungen

Symbiotische Beziehung	Ausgewogene Beziehung	Ablehnende Beziehung
Eine Einheit, die ohne den anderen nicht funktioniert: reagieren auf beide Namen oder einen gemeinsamen Kunstnamen, treffen immer gemeinsame Entscheidungen	Genießen das Zwillingsdasein, sind Individuen mit eigener Identität, fähig zu eigenen Entscheidungen	Finden das Zwillingsdasein einengend und wollen kein Zwilling sein
Immer identische Kleidung	Ob man gleich oder unterschiedlich angezogen ist, hat keine Bedeutung	Mögen keine gleiche Kleidung
Wenige und nur gemeinsame Freunde	Gemeinsame und eigene Freunde	Nur getrennte Freunde, man kann mit einem Freund des Zwillings nicht befreundet sein
Versuchen, auf einem Niveau zu bleiben	Unterstützen sich gegenseitig in Schwächen und Stärken	Gönnen sich gegenseitig keinen Erfolg, meiden Bereiche, in denen der andere Erfolg hat

[Quelle: M. Watzlawik, Vortrag Zwillings-Aktiv-Tag, VHS Langenfeld/D. Hay und P. Preedy: Model for relationships, Download von www.twinsandmultiples.org]

Ich bin besser, schöner, klüger – Zwillinge und der Vergleich

Das Selbstbild von Grundschulkindern hängt stark davon ab, was sie meinen zu können. Das, was sie tun, soll immer möglichst perfekt sein, da haben sie einen hohen Anspruch an sich. Ob es das ist, erfahren sie vor allem im sozialen Vergleich mit anderen Kindern. Doch nicht nur das „Besser-Sein" ist wichtig, es muss auch bemerkt werden. Erst das Lob und die Anerkennung machen die Leistung für sie zu einem Erfolg.

Ob Zwillinge sich früher miteinander vergleichen, als Einlinge das mit anderen Kindern oder dies in stärkerem Ausmaß tun, hängt sicherlich mit ihrer Persönlichkeitsstruktur zusammen. Eineiige Zwillinge zeigen in Studien starke Übereinstimmungen in den „Big Five", ihre Charaktere ähneln sich also in den Grundzügen (siehe Seite 83). Sind Sie in ihrer Art eher ruhig und harmoniebedacht und regen sich nicht schnell auf, dann werden konkurrenzgeprägte Vergleiche untereinander weniger stattfinden.

Manche Zwillinge lassen sich zum Beispiel durch bessere Noten des anderen weder anspornen noch sich die Laune verderben. Mit gemeinsamen Freunden spielen beide oft einträchtig und treten nie miteinander in Wettbewerb. Eineiige Zwillingspaare können aber auch anders gestrickt sein. Sind beide leistungsorientiert und eher aufbrausend, kann es schon eher zum deutlichen Sich-miteinander-Messen kommen.

Schwierig wird es, wenn ein Zwilling sich immer am anderen misst und dabei aus seiner Sicht schlechter abschneidet. Dies kann zu fest gefügten Rollen führen, die ohne Hilfe von außen schwer aufzubrechen sind.

Sabine war in der Vorschulzeit häufig frustriert, weil ihr Bruder Max vieles ihrer Meinung nach besser konnte. Er war größer, lief schneller und war stärker als sie. Mit anderen Kindern verglich sie sich nie, nur Max zählte. Allerdings beeinträchtigte das ihre Beziehung zu Max nicht, die beiden verstanden sich gut miteinander und sie war nie wütend auf ihren Bruder. Die Eltern der beiden entschieden sich deshalb für zwei getrennte Klassen in der Grundschule. Für Sabine war es sehr wichtig, in einer eigenen Schulklasse ohne Max zu sein. Dort, ohne den Maßstab „Max", lebte sie auf und wurde ausgeglichen und ruhig.

Ursula Katthöfer

» Zwillingsbeziehungen – Identitätsentwicklung

Wenn auf dem Schulhof eine fremde Frau auf mich zukommt und fragt: „Sind Sie die Mutter von Leon?", rutscht mir das Herz in die Hose. Was hat er nun wieder angestellt? Eine Kette zerrissen oder das Schulklo verstopft? Leon, der ältere unserer zweieiigen Zwillingssöhne, ist wild, aufbrausend und sehr emotional. Schon mehrmals standen ihm die Tränen der Wut in den Augen, während er auf dem Schulhof mit verschränkten Armen an einem Pfeiler lehnte.

Henrik stürmt derweil einem Fußball hinterher. Er ist ehrgeizig, beißt sich durch. Noch nie hat mich jemand gefragt: „Sind Sie die Mutter von Henrik?" Im Gegenteil: Die Klassenlehrerin erzählt mir, er sei ein „tolles Kind".

Sie gehen ins dritte Schuljahr, in getrennte Klassen und getrennte OGS-Gruppen (**o**ffene **G**anztags**s**chule). Sie haben vollkommen unterschiedliche Freundeskreise und Interessen.

Unsere Zwillinge leben ihre eigene Identität. Der eine besucht die „Schach-AG", der andere „Kochen und Backen". Doch trotz dieser gegensätzlichen Welten und der vielen Möglichkeiten, sich voneinander abzugrenzen, messen sie sich immer wieder. Schulnoten sind für sie ein wichtiger Indikator. Vor allem der ehrgeizige Henrik kann es schlecht aushalten, wenn sein Bruder bessere Noten hat.

Zu ihrer Identitätsfindung tragen vor allem die unterschiedlichen Veranlagungen bei. Als Eltern können wir nicht feststellen, dass sie Entscheidungen von der Meinung ihres Zwillingsbruders abhängig machen. Sie wissen selbst, was sie wollen.« ■

Paul hat immer bessere Noten – Robert ist immer frustriert?

In der Schulzeit stehen die sich stark entwickelnden kognitiven Fähigkeiten von Kindern im Blickpunkt. Eltern befürchten häufig, dass Zwillinge darunter leiden, wenn es in diesem Bereich ein Ungleichgewicht zwischen den Kindern gibt, das sich in unterschiedlichen Noten manifestiert. Robert könnte sich schlecht fühlen, wenn Paul mal wieder eine Eins im Rechnen hat, während er „nur" eine Drei schafft. Sie sorgen sich, Robert können sich womöglich unterlegen fühlen, sogar Paul gegenüber aggressiv reagieren. Oder Paul traue sich als Konsequenz nicht, gute Noten in Mathematik zu haben, und werde sich dümmer stellen, als er ist.

Wir beobachten dies in unserer Zwillingsumgebung nicht. Es scheint eher so, dass die Eltern das größere Problem damit haben, diesen unterschiedlichen Leistungsstand zu akzeptieren! Die Kinder gehen in der Regel gelassen damit um. Dies bestätigen uns viele, wenn auch nicht alle, befragten Zwillingseltern. Auch wir Autorinnen können aus eigener Erfahrung als Zwilling bzw. Zwillingsmutter derartiges nicht berichten.

Vergleiche von außen wecken oft sogar eher Beschützerinstinkte, die sich in Vorwürfen an die Erwachsenen ausdrücken: „Eine Drei ist doch auch ok, dafür muss Du die Lisa doch nicht ausschimpfen!" oder „Mama, der Jakob hat doch gut gelernt, da kannst Du nicht meckern!"

Zwillinge und ihre Geschwister

Haben Ihre Zwillinge erst einmal mit der Schultüte in der Hand die Pforten der Grundschule passiert, wird sich in Bezug auf ihr Zusammenleben mit ihren Geschwistern nicht mehr viel ändern. Ihre Kinder haben ihre Position innerhalb der Familie gefunden und die Beziehungen unter den Geschwistern sind weitgehend gefestigt. Natürlich bestehen klare Allianzen untereinander, das ist allerdings nicht zwillingsspezifisch, sondern unter Geschwistern ganz normal.

Was verändert sich innerhalb der Geschwisterbeziehung?

Für viele Familien rückt das „Zwillingsthema" immer mehr in den Hintergrund. Große Geschwister sind schon längst im Klassenverband integriert, gehen eigenen Hobbys nach und treffen eigene Freunde.

Kleinere Geschwister werden, je nach Alter, wenig Veränderung bemerken. Haben sich ihre älteren Zwillingsgeschwister liebevoll gekümmert und mit ihnen gespielt, wird das auch jetzt noch so sein. Natürlich ändert sich mit der Einschulung der Alltag. Der Wecker klingelt meist zeitiger am Morgen, es müssen Hausaufgaben erledigt werden, unter Umständen müssen die Kleineren lange warten, bis endlich jemand zum Spielen Zeit hat.

Die Zwillinge werden sich in der Grundschule noch mehr als im Kindergarten eigenen Freunden zuwenden und eigene Wege gehen – und damit weniger Zeit mit kleineren oder größeren Geschwistern verbringen, je nachdem, wie eng ihre Beziehung zu einem Geschwister ist.

Gefestigte Geschwisterbeziehungen

Beziehungen zwischen unterschiedlich alten Geschwistern sind ebenso vielfältig wie die Beziehungen zwischen Zwillingen. Mal sind die Kinder eng verbunden, mal konkurrieren sie miteinander.

Das Verhältnis zwischen Geschwistern ist maßgeblich davon abhängig, in welchem Altersabstand die Kinder geboren sind. Ein zehn Jahre älterer Bruder wird nicht unbedingt mit dem kleinsten Geschwister die engste Verbindung haben, liegen die Interessen doch altersgemäß weit auseinander. Sind Kinder kurz hintereinander geboren und zudem gleichgeschlechtlich, wachsen sie so eng miteinander auf wie gleichgeschlechtliche Zwillinge.

Ein mittlerweile erwachsener „kleiner" Bruder von Zwillingsschwestern antwortete auf die Frage, wie er denn seine Zwillingsschwestern

in der Kindheit erlebt habe, dass er die Zwillinge an sich gar nicht besonders in Erinnerung habe, aber als kleinster Bruder mit drei großen Schwestern aufzuwachsen, sei nicht immer einfach gewesen. Die große Schwester hingegen, die mit nur geringem Altersabstand Zwillingsschwestern bekam, findet es noch heute ungerecht, wie stark verbunden die Zwillinge gewesen sind und wie chancenlos sie den beiden gegenüber war.

Vielleicht verschafft es Kinder einen leichten Aufmerksamkeitsgewinn ihrer Umgebung, wenn sie Geschwister von Zwillingen sind, gerade wenn es sich um eineiige Zwillinge handelt, und man ihnen so einiges zum Beispiel an der neuen Schule zeigen kann. Wenn die „Kleinen" Zwillinge sind, erntet man dazu von Mitschülern und Lehrern zunächst auch zusätzliche Aufmerksamkeit.

Umgang mit der Kinderschar

Für viele Eltern tritt das Zwillingsthema in den Hintergrund, wenn erst einmal die Weichen für den Eintritt in die Schule gestellt sind. Man ist als Eltern mit seinen Kindern im Plural unterwegs; ob nun zwei Gleichaltrige dabei sind, wenn es ins Theater oder in den Kletterpark geht, ist erst einmal nicht von Bedeutung. Man nimmt sich selbst als Großfamilie wahr, eher nach dem Motto „Das sind unsere vier" und nicht „Das ist unser Großer und das sind unsere Zwillinge und das ist unsere Kleine". Und so stehen auch nicht die Zwillingsthemen im Mittelpunkt, sondern die Alltagsbewältigung mit mehreren Kindern, die in den Kindergarten und in die Schule begleitet werden wollen und denen man als Eltern gerecht werden will.

Für manche hingegen setzt sich das Thema „Zwillinge" in jeder Altersstufe wie ein rotes Band fort. Mit jedem Neuanfang in der Schule

Das »Wir« ist uns wichtig

Gute und schlechte Tage miteinander gehören zum Zwillingsleben. An guten Tagen genießen die beiden den Austausch über das, was sie interessiert. Langeweile kommt nur selten auf, denn zu zweit gibt es viele Möglichkeiten, sich die Zeit zu vertreiben. Eltern sind dazu bei Grundschulkindern nicht mehr gefragt und freuen sich über Zeit für sich selbst.

oder mit einem Hobby stellt sich die Frage nach Individualität, nach besonderer Beziehung, nach gemeinsam oder einzeln zu bewältigender Aufgaben. Seien Sie als Eltern gelassen und befragen Sie dazu einfach Ihre Kinder.

Haben Sie beispielsweise drei Mädchen und eines ist nur wenig älter oder jünger als die Zwillinge, kann es vorkommen, dass sich alle drei gerne gleich anziehen oder einem gemeinsamen Hobby nachgehen wollen. Solange es allen damit gut geht, ist dagegen überhaupt nichts einzuwenden.

Der Umgang der Eltern mit ihren Kindern beeinflusst dabei die Beziehung der Geschwister maßgeblich. Wird ein Kind besonders bevorzugt, werden die anderen eher neidisch sein und unter Umständen durch ihr Verhalten versuchen, die Aufmerksamkeit der Eltern auf sich zu lenken, oder sich sogar gegen das bevorzugte Geschwister wenden. Wird ein Kind von den Eltern immer als „Aufpasser" ausgewählt, werden sich seine Geschwister ebenfalls eher gegen es verbünden. Aber auch ein sehr dominantes Kind, das von sich aus gerne immer alles bestimmen möchte, sich in den Vordergrund drängt und von den Eltern nicht gebremst wird, kann die Beziehung der Geschwister untereinander stark beeinflussen. Eine mittlerweile erwachsene Frau berichtete, dass sie Angst vor ihrer großen Schwester hatte, gegen die sich weder die Eltern noch der gleichaltrige Bruder durchsetzen konnten. Mit ihren eigenen Kindern lässt sie es zu so einer starken Dominanz eines Kindes gar nicht erst kommen und achtet sehr darauf, ein Gleichgewicht zwischen den Kindern zu halten.

Rike, 11 Jahre

» So ist das mit großen Zwillingsbrüdern

Das Leben mit älteren eineiigen Zwillingen ist manchmal nicht einfach, weil jeder immer einen hat, der zu ihm hält oder mit ihm spielt, und weil sie immer alles zusammen machen. Wenn ich mit einem was spielen möchte, soll ich immer erst mal den anderen fragen, ob er es spielen möchte. Ich wollte beispielsweise mit meinen Brüdern einen Film anschauen. Nur Vincent hatte Lust. Aber dann wollte Laurenz plötzlich auch mitschauen. Oder wenn es darum geht, wohin wir essen gehen, dann sind die beiden immer gegen das, was ich möchte, und deshalb verliere ich bei solchen Abstimmungen ganz oft.

Allerdings ist das Leben mit Zwillingsbrüdern auch schön. Wenn wir zum Beispiel alleine sind, gibt es zwei, die auf mich aufpassen. Oder wenn irgendwas getragen werden muss, müssen sie das tun und nicht ich. Ich finde auch witzig, wenn andere meine Brüder nicht auseinanderhalten können, ich kann das ganz selbstverständlich. Auch manche meiner Freunde und die meisten Lehrer meiner Brüder wissen immer, wer wer ist. Aber viele Erwachsene haben damit Probleme. Ich finde es lustig, wenn ich dann gefragt werde: „Wie kannst du die beiden eigentlich unterscheiden?"

Oft ist mir alleine langweilig und ich würde mir wünschen, dass meine Eltern mehr mit mir spielen. Die Zwillinge haben immer einen Spielpartner, um die müssen Eltern sich eigentlich weniger kümmern. Oder es wäre toll, wenn ich auch eine Zwillingsschwester hätte!«

Unterschiedliche Interessen

Mareike tanzt Ballett, während Linus bei den wilden Fußball-Kerlen glücklich kickt. Robert lebt beim Judo auf, während Michael im Kinderchor der Kirchengemeinde lauthals mitsingt, und Sybille und Lucie gehen einträchtig gemeinsam zum Ballett. Solange Ihre Kinder offensichtlich zufrieden mit ihrer getrennten oder gemeinsamen Freizeitgestaltung sind, seien Sie es auch!

Schule und Freizeit

Die Schule wird Ihre Kinder zunächst einmal genug beschäftigen. Häufig wollen Kinder sogar mit Hobbys, denen sie in der Vorschulzeit begeistert nachgegangen sind, aufhören. Es ist ihnen einfach zu viel. Die immer häufiger vorhandenen Ganztagsangebote an Grundschulen machen die Organisation außerschulischer Angebote überdies schwierig. Besucht ein Kind eine Offene Ganztagsschule bis 16.30 Uhr, bleibt danach einfach nicht mehr viel Zeit für Ballettschule oder Fußballverein. Zudem sind sieben- bis elfjährige Kinder meist damit überfordert und schlichtweg müde, nach 8,5 Stunden außer Haus noch einen Termin anzuhängen.

Innerhalb der schulischen Ganztagsbetreuung werden vermehrt Angebote gemacht, sowohl im sportlichen als auch im kreativen Bereich. Besprechen Sie mit jedem Ihrer Kinder getrennt, welches Angebot ihn oder sie interessieren würde. Gemeinsam mit anderen Klassenkameraden in einer vertrauten Umgebung fällt die Trennung vom Bruder oder der Schwester oft leichter. Zwingen Sie Ihre Kinder aber nicht zu getrennten Angeboten gerade am Anfang der Schulzeit. Seien Sie gewiss, die beiden werden im Laufe der Grundschulzeit sicherlich an unterschiedlichen Angeboten Interesse finden. Lassen Sie ihnen das eigene Tempo dabei.

Beziehung zur Umwelt

In Büchern und Geschichten sind Zwillinge immer etwas Besonderes. Oft verkörpern sie völlige Harmonie wie bei Hanni und Nanni, die von vielen Kindern um ihr Zwillingsdasein beneidet werden. In den Medien landen die Zwillinge, die abgeschottet von allen während ihrer gesamten Schulzeit ein Mysterium für die Mitschüler bleiben, oder die „schweigsamen Zwillinge", die gemeinsam kriminell werden und schließlich umkommen. Da seufzt man als Zwillingseltern schon einmal auf, denn die überwiegende Zahl der Zwillinge hegt und pflegt völlig normale Kontakte zur Außenwelt. Und auch hier gilt wieder: Eine einheitliche Zwillingssituation gibt es nicht.

Sich selbst genug

Gleichgeschlechtliche Zwillinge, die sich gut miteinander verstehen, sind während der Grundschulzeit, egal ob in einer gemeinsamen oder in getrennten Klassen, meist die besten Freunde. Kein Wunder, wer sollte einen auch besser kennen und mit wem hat man so viel Schönes gemeinsam erlebt?

Sind Ihre Kinder zufrieden mit der Situation, seien Sie dies auch. Sehen Sie es positiv, ihre Kinder sind gar nicht so auf andere Menschen angewiesen, das kann das Leben einfacher für sie machen.

Mal ehrlich: Wie oft passt man sich an oder verbiegt sich, nur um Freunde zu haben? Gemeinsam ist man stärker und wird als stärker erlebt, was einen guten Schutz vor Mobbing, das leider bereits in Grundschulen schon Thema ist, bietet.

Bei eineiigen Zwillingen ist es ab und an gut, genauer hinzuschauen. Sie sind sich in ihren Eigenschaften sehr ähnlich. Ist einer schüchtern, wird es der andere also vermutlich auch sein. Fällt es deshalb beiden schwer, sich Außenkontakte zu schaffen und zu halten, kann es passieren, dass sie sich gegenseitig in ihrem Rückzug verstärken. In einem solchen Fall sind sie sich selbst genug, nicht weil sie es wollen, sondern weil sie es nicht anders können. Mehr zum Umgang finden Sie auf Seite 181.

Freundschaften schließen

Je nach Alter definieren Kinder Freundschaft unterschiedlich. Zu Beginn der Grundschulzeit sind Freunde im Wesentlichen die Spielgefährten. Neun- bis elfjährige Kinder hingegen betonen gemeinsame Interessen und gegenseitige Unterstützung – man ist füreinander da. Bis zur Pubertät haben Mädchen fast ausschließlich Freundinnen, Jungen dagegen Freunde. Ihre Pärchen-Zwillinge werden also wahrscheinlich spätestens im Grundschulalter unterschiedliche Freundeskreise aufbauen.

Gleichgeschlechtliche Zwillinge haben häufig gemeinsame Freunde. Dies wird, wenn die Freundschaft sich ohne Zutun der Erwachsenen einfach so ergibt, in den meisten Fällen völlig problemlos ablaufen. Man trifft sich und spielt gemeinsam. So können sie in der Grundschulzeit viele harmonische Nachmittage mit einem gemeinsamen Freund oder gemeinsamen Freunden verbringen. Ab und an kann so eine Dreierkonstellation aber auch problematisch werden. Dann entsteht eine Allianz

von einem Zwilling plus Freund oder Freundin gegen den anderen Zwilling. In solchen Situationen trennen Sie die Dreierkonstellation am besten zügig und spielen mit einem der eigenen Kinder alleine etwas.

Einfacher erscheint es vermutlich den meisten Eltern, wenn ihre Zwillinge getrennt Freundschaften schließen, dies ist für uns erwachsene Einlinge „normaler"! Wollen Zwillinge sich im Grundschulalter voneinander abgrenzen, werden sie sich sehr bewusst getrennte Freunde suchen. Vielleicht sogar um den Preis, dass man die Freundin der anderen, die man eigentlich auch mag, aufgibt, weil sie jetzt die Freundin der Zwillingsschwester ist.

Getrennte Schulklassen bieten eher die Gelegenheit zu eigenen Freundschaften, sind aber keine Garantie dafür. Gerade eineiige Zwillinge pflegen trotz getrennter Schulklassen öfter gemeinsame Freundschaften. Man trifft sich in der Pause und spielt dann gemeinsam. Ebenso tun sich Eltern anderer Kinder wie schon im Kindergarten oft schwer damit, nur einen Zwilling einzuladen. Sie fühlen sich, wie mir eine Mutter glaubhaft berichtete „einfach schlecht dabei".

Ihre Kinder wird dies in der Regel nicht stören. Entweder gehen sie einträchtig gemeinsam hin oder Leo wird selbstverständlich sagen: „Ich kenn den Timo doch gar nicht, was soll ich da?", und gerne zu Hause bleiben.

Zwillinge, Lehrer und Betreuungspersonen

Getrennte Klassen, selbst unterschiedliches Alter feien auch Geschwister nicht gegen Vergleiche. Es kommt wie schon im Kindergarten darauf an, Lehrer und Betreuungspersonen für den Umgang mit Zwillingen zu sensibilisieren und den Kindern das Selbstbewusstsein mitzugeben, sich gegen ungerechte Vergleiche zu wehren. Meist ist es einfach der fehlende Bezug zu Zwillingen, der zu unsensiblen Verhaltensweisen führt, die ohne böse Absicht die Kinder verletzen.

Haben Sie eineiige Zwillinge in einer gemeinsamen Klasse, muss der Lehrer die Kinder unterscheiden können. Ob es nun eine unterschiedlich gefärbte Haarsträhne ist, die Laura und Linda sich als Mittel zur Unterscheidung ausgesucht haben, oder ein anderes offensichtliches Merkmal, lassen Sie die Kinder am besten zusammen mit ihrem Lehrer entscheiden, wie es gehen soll.

Viele erwachsene Zwillinge beschreiben, wie sehr es sie gestört hat, in einer gemeinsamen Klasse ähnlich benotet worden zu sein. Dies kann viele Ursachen haben. Vielleicht sind diese Zwillinge wirklich sehr ähnlich im Leistungsverhalten, vielleicht nehmen bestimmte Lehrer sie aber auch nur als so ähnlich wahr und schauen nicht genau genug nach Unterschieden. Welche Ursache es genau ist, werden Sie als Eltern nie wissen. Was Sie aber tun können, ist bei Elternsprechtagen über jedes Kind einzeln zu sprechen. Machen Sie sich Notizen, was Sie zu welchem der beiden ansprechen wollen.

Gibt der Lehrer ein „Allgemein-Zwillingsurteil" ab wie „Die beiden müssen mündlich einfach mehr mitarbeiten", fragen Sie gezielt nach. „Rosi ist ja sehr schüchtern. Haben Sie den Eindruck, sie traut sich nicht, sich zu melden?" Sprechen Sie konsequent nur über Rosi und gehen Sie erst zu Hannah über, wenn Sie genug wissen. „Hannah meldet sich auch nicht genug im Unterricht. Woran liegt das Ihrer Meinung nach?" Mit solchen Fragen können Sie gezielt über ein Kind mehr erfahren. Plötzlich ergeben sich neue Perspektiven; entweder bemerken Sie, dass Ihre Kinder sich wirklich ähnlicher sind, als Sie selbst wahrhaben wollen, oder der Lehrer bemerkt, dass Rosi dem Unterricht folgt, aber sich nicht traut, während Hannah tagträumt und nicht mitbekommt, was das Thema der Stunde ist.

Auch das Betreuungspersonal in einer schulischen Ganztagsbetreuung hat während der Grundschulzeit großen Einfluss auf Ihre Kinder. Oft sind Zwillinge, trotz getrennter Klassen, in einer gemeinsamen Betreuungsgruppe. Haben Sie die Wahl, entscheiden Sie bei getrennten Klassen konsequenterweise auch für eine Trennung in zwei Gruppen.

Unser Tipp

Setzen Sie bei Problemen fort, was Sie im Kindergarten schon begonnen haben. Weisen Sie sanft, aber bestimmt Rollenzuweisungen zurück und schärfen Sie den Blick des Betreuungspersonals.

Elternthema:
Wahl der weiterführenden Schule

Kaum haben Sie sich daran gewöhnt, dass Ihre Zwillinge Schulkinder sind, kommt das Thema „weiterführende Schule" auf. Die Frage „Welche weiterführende Schule wollen wir für unsere Kinder?" stellt sich und damit wieder die Überlegungen, ob beide besser gemeinsam oder getrennt in eine Klasse oder vielleicht sogar auf verschiedene Schulen gehen.

Die Bildungspolitik wird in Deutschland von den Bundesländern geregelt. In den meisten Bundesländern erfolgt der Wechsel auf die weiterführende Schule nach vier, in Berlin und Brandenburg nach sechs Grundschuljahren. Noch vielfältiger wird es bei den Arten von weiterführenden Schulen, unter denen Sie die Wahl haben.

Eltern wollen alles richtig machen und Zwillingseltern müssen nicht nur für ein, sondern direkt für zwei Kinder entscheiden, was das Beste ist und welche Möglichkeiten es überhaupt gibt. Schwierig wird es, wenn sich zwei verschiedene Leistungseinschätzungen und daraus resultierende Empfehlungen seitens der Grundschule abzeichnen. Wie damit umgehen, wenn ein Kind eine Gymnasialempfehlung bekommt, während dem Bruder Realschultauglichkeit attestiert wird? Wie beeinflusst dies die Zwillingsbeziehung und wie können wir als Eltern gut damit umgehen?

Welche Schule passt zu meinen Kindern?

Spätestens mit dem Eintritt in die letzte Grundschulklasse ist der Übertritt ein wichtiges Thema in Familien. Auch wenn natürlich mit der Entscheidung erste Weichen für die Schulkarriere Ihrer Kinder gestellt werden, so bietet das Schulsystem doch an vielen Punkten Übergangsmöglichkeiten zwischen den Schulformen. Die Entscheidung, die Sie jetzt treffen, legt also nicht zwingend den weiteren Lebensweg Ihrer Kinder fest. Zumeist gibt es mehrere Schulen, die für Ihre Kinder in Frage kommen, und es liegt an Ihnen, eine Vorauswahl zu treffen. Ob Ihre Kinder letztendlich die Wunschschule besuchen können, ist je nach Wohnort von verschiedenen Faktoren abhängig.

Vielfalt der Schullandschaft

Das dreigliedrige Schulsystem mit Gymnasium, Realschule und Hauptschule wird in den meisten Bundesländern derzeit reformiert. Wir stellen Ihnen hier nur einige Grundkonzepte vor. Mehr Details bieten die Literatur und die Linktipps in unserem Serviceteil.

Drei Schulen: Gymnasium, Real- und Hauptschule

Das Gymnasium läuft mittlerweile in fast allen Bundesländern nach dem sogenannten G8-Prinzip, d. h., das Abitur wird nach insgesamt 12 Jahren erreicht. Verlässt man das

Gymnasium nach Klasse 9 (G8) oder Klasse 10 (G9), erhält man die Mittlere Reife (Realschulabschluss), manchmal ist hierzu eine Externenprüfung an einer Realschule notwendig. Die Realschule führt bis zur zehnten Klasse zur mittleren Reife, während man nach Klasse 9 der Hauptschule die sogenannte Berufsschulreife erwirbt (Hauptschulabschluss).

Längeres gemeinsames Lernen – Alternativen zum dreigliedrigen System

Fast alle Bundesländer bieten Alternativen zum kontrovers diskutierten dreigliedrigen Schulsystem mit unterschiedlichen Bezeichnungen und Konzepten an.

- Jeder Schulabschluss unter einem Dach: Gesamtschule (fast alle Bundesländer) – Stadtteilschule (Hamburg) – Gemeinschaftsschule (Saarland, Schleswig-Holstein) – Oberschule (Bremen) – Integrierte Sekundarschule (Berlin)
- Haupt- und Realschulabschlüsse und teilweise die Qualifikation für die gymnasiale Oberstufe unter einem Dach: Oberschule (Brandenburg, Niedersachsen) – Regionale Schule (Mecklenburg-Vorpommern, Schleswig-Holstein) – Mittelschule (Sachsen) – Sekundarschule (Sachsen-Anhalt, Nordrhein-Westfalen) – Realschule plus (Rheinland-Pfalz) – Regelschule (Thüringen)

Der Übertritt – Empfehlung oder Elternwille?

Grundschulen sprechen mit dem Halbjahreszeugnis der Klasse 4 bzw. 6 eine „Empfehlung" für eine weiterführende Schule aus. Unterschiedlich ist die Verbindlichkeit dieser Empfehlung. Während in der Mehrzahl der Bundesländer letztendlich die Eltern entscheiden, an welcher weiterführenden Schulform sie ihre Kinder anmelden wollen, ist die Lehrerempfehlung in anderen Bundesländern bindend. Auch dies ändert sich, Informationen zum aktuellen Stand finden Sie im Serviceteil ebenso wie einen Überblick über das Bildungssystem in Österreich, der Schweiz und in Liechtenstein.

Potenziale der Kinder einschätzen

Nach vier Grundschuljahren ist es häufig schwer, ein Kind bezüglich seines Leistungsverhaltens richtig einzuschätzen, vor allem wenn es ein sogenannter „Spätzünder" ist. Dies ist bei Zwillingen nicht anders als bei Einlingen! Komplizierter ist es für Zwillingseltern, weil sie jedem der beiden gerecht werden und keinen von beiden frustrieren wollen. Oft kommt dazu ein latentes Schuldgefühl bei Eltern, wenn man sich fragt, was man falsch gemacht haben könnte, weil einer der beiden intellektuell hinterherhinkt.

„Viele Wege führen nach Rom" und zum Abitur, wenn es denn eines sein soll. Versuchen Sie, an die Potenzialeinschätzung jedes Kindes zunächst einmal ungeachtet möglicher Auswirkungen auf die Kinder und ihre spätere berufliche Laufbahn heranzugehen. Sprechen Sie mit dem Klassenlehrer, informieren Sie sich im Internet oder in der Literatur, die wir Ihnen im Serviceteil aufführen, und scheuen Sie sich nicht, schulpsychologische Beratung in Anspruch zu nehmen. Beginnen Sie mit Ihrer Analyse frühzeitig, das zweite Halbjahr des dritten bzw. fünften Schuljahres ist eine gute Zeit, um die Richtung jedes Kindes festzustellen.

Die Auswahl

Vermutlich haben Sie schon vieles über die am Ort oder in der näheren Umgebung vorhandenen Schulen gehört. Machen Sie sich auf jeden Fall selbst ein Bild! Alle weiterführenden Schulen veranstalten jährlich im zweiten Schulhalbjahr Informationstage und -abende, zu denen Sie jederzeit gehen können. Informieren Sie sich ein Jahr vorher, gehen Sie ohne Ihre Kinder in Ruhe hin und lassen Sie Informationen und Umgebung auf sich wirken. Gehen Sie im entscheidenden letzten Grundschuljahr gemeinsam mit Ihren Kindern zu zwei oder maximal drei Informationsveranstaltungen der Schulen, die für Sie in die engere Wahl kommen. So können Sie viel besser zu einer gemeinsamen Entscheidung kommen.

Jede Familie hat andere Prioritäten. Den einen ist ein möglichst naher Schulweg wichtig, den anderen eine Ganztagsschule. Die einen möchten den Freundeskreis der Kinder möglichst erhalten, andere wiederum sehen eher eine Chance in einem Neustart. Treffen Sie Ihre individuelle Entscheidung für Ihre Familie und bleiben Sie möglichst unbeeinflusst von den Entscheidungen anderer. Besprechen Sie mit Ihren Kinder, was den beiden wichtig ist, und gleichen Sie ab mit den Erfordernissen Ihres Alltags. Sollen Ihre Kinder dieselbe Schule besuchen, erfragen Sie bei Ihrer Wunschschule die Aufnahmekriterien. Beliebte Schulen haben oft mehr Anmeldungen als verfügbare Plätze und Sie benötigen zwei davon. Meist nehmen weiterführende Schulen zunächst die Kinder aus der näheren Umgebung auf, ebenso Kinder, deren ältere Geschwister die Schule schon besuchen. Falls die restlichen Anmeldungen die Zahl der freien Plätze übersteigt, werden ab und an Plätze im Losverfahren vergeben.

Und noch mal: „Trennen" oder „nicht trennen"

Ihre Zwillinge scheinen für die gleiche weiterführende Schulform geeignet. Damit stehen Sie wieder vor der Entscheidung, ob die beiden gemeinsame oder getrennte Schulklassen besuchen sollen?

Vielleicht setzen Sie einfach fort, was Sie schon begonnen haben, weil Sie und die Kinder wissen: „Dies war die richtige Entscheidung." Vielleicht hat sich aber auch etwas geändert. Fragen Sie Ihre Kinder, möglichst getrennt und zu verschiedenen Zeitpunkten. Für Jonas und Markus war nach der getrennten Grundschulzeit die gemeinsame Klasse beim Übertritt von großem Vorteil. Beide waren in den Grundschuljahren sehr zurückhaltende Schüler gewesen, die trotz der Trennung nur schwer getrennte Freundschaften schlossen und sich nur wenig im Unterricht zutrauten. Lehrer und Eltern stimmten darin überein, dass eine gemeinsame Klasse auf der weiterführenden Schule den beiden die Sicherheit geben würde, sich gemeinsam in die neue Situation gut einzufinden und sich vor allem im mündlichen Bereich mehr zuzutrauen.

Gleiche Schulform – verschiedene Schulen

Vielleicht führen Ihre Kinder aber auch so getrennte Leben, dass ihnen Freunde wichtiger als die Zwillingsschwester oder der Zwillingsbruder sind. Für Sie vielleicht überraschend und erst einmal ungewohnt plädieren Ihre Kinder in dem Fall vielleicht nicht nur für zwei verschiedene Klassen, sondern sogar für zwei verschiedene Schulen der gleichen Schulform. Wenn Ihnen das Konzept der jeweiligen Schulen zusagt, der Schulweg zumutbar ist, müssen Sie für sich entscheiden, wie viel Aufwand Sie als Eltern auf sich nehmen wollen. Für Sie bedeuten zwei Schulen möglicherweise unterschiedliche freie Brückentage und auch verschiedene Elternsprechtage oder Schulfeste müssen im Alltag gemanagt werden. Sie werden aber auch jeden Ihrer Zwillinge bei seinem Weihnachtskonzert bewundern können – und die Zwillinge sich gegenseitig. Ob womöglich das Bestehen auf eine andere Schule etwas mit bewusster Abgrenzung vom Zwilling zu tun haben mag, werden Sie – wenn überhaupt – erst sehr viel später erfahren.

170

Ines

» Zuerst zusammen, dann getrennt

„Mit dir will ich nicht mehr in eine Klasse!" – „Meinst du, ich will das? Nee!" So sprachen
unsere Söhne, als feststand, dass beide in die gleiche Schule wechseln. Wir als Eltern hatten dies schon zu Beginn der vierten Klasse so gesehen. Die Entscheidung, unsere Zwillinge
während der Grundschulzeit dieselbe Klasse besuchen zu lassen, haben wir keineswegs
bereut. Im Gegenteil, für unsere eineiigen Jungs war dies genau richtig. Während dieser
Zeit hatte Konrad sich stets für seinen „kleinen Bruder" verantwortlich gefühlt, hatte ihm
seine Sachen nachgetragen, ihn an Hausaufgaben und Termine erinnert. Somit musste
Kilian sich um nichts kümmern! Andererseits konnte Konrad sich in Konfliktsituationen
hinter Kilian verstecken. Dieser ging auf Menschen offen zu, war mit Abstand kontaktfreu-
diger und ausgleichend. Um die Entwicklung jedes einzelnen zu fördern, jedem die Möglichkeit zu geben selbstständig zu werden, sich eigene Freunde zu suchen und Eigenverant-
wortung zu übernehmen, war der Schritt, sie auf der weiterführenden Schule zu trennen,
in unseren Augen, vonnöten. Nach anfänglichen vorhersehbaren Schwierigkeiten sind sie
jetzt, Mitte 6. Klasse, leistungsstark, selbstbewusst und jeder für sich in seinem Leben angekommen. Für uns Eltern bedeuten zwei Klassen zweimal neue Eltern, Lehrer und Kinder,
zweimal Elternabend, der natürlich gleichzeitig stattfindet, verschiedene Schulzeiten oder
Hausaufgaben! Aber all dies nehmen wir gern in Kauf. Die positive Entwicklung unserer
Söhne zeigt uns, dass diese Entscheidung die richtige war.« ▬

Verschiedene Schulformen geeigneter?

Jedes Ihrer Kinder ist woanders besser aufgehoben. Vielleicht hat sich dies während der
gesamten Grundschulzeit abgezeichnet und
Sie alle finden dies nun, wo der Übergang zur
weiterführenden Schule ansteht, nicht problematisch. Vielleicht tun Sie sich als Eltern
aber auch schwer damit, Philipp auf eine
Realschule und Daniel auf ein Gymnasium zu
schicken. In einem Bundesland, in dem Sie als
Eltern über die weitere schulische Laufbahn
Ihrer Kinder entscheiden, haben Sie die Wahl.
Schicken wir beide besser gemeinsam auf
eine Schule, in der der eine vermutlich über-
oder der andere unterfordert ist? Oder besuchen sie getrennt die Schulform, die die Lehrer empfehlen und die auch Sie selber für
richtig halten?

Sie müssen eine grundsätzliche Entscheidung
treffen, ob Sie das Gemeinsame am Zwillingsdasein höher bewerten oder die Unterschiedlichkeit stärker im Blickpunkt haben. Ohne
diese Grundsatz-Entscheidung, die manche Eltern schon bei dem Thema „zeitlich versetzte
Einschulung" (siehe Seite 124) oder angesichts einer etwaigen Klassenwiederholung
nur eines Zwillings treffen mussten, kommen
Sie nicht weiter. Ihre Kinder werden damit viel
besser klarkommen, wenn Sie als Eltern voll
und ganz hinter Ihrer Entscheidung stehen.
Nehmen Sie sich deshalb Zeit und Ruhe dafür.
Sammeln Sie Informationen und nutzen Sie
Hilfsangebote von Beratungsstellen, die Ihnen
bei der Entscheidungsfindung nutzen können.

Bietet Ihr Bundesland eine Schulform an, die
bis zum Abitur unter „einem Dach" führt, können Sie Ihre Kinder eine gemeinsame Schule

besuchen lassen, auf der den unterschiedlichen Leistungsniveaus Rechnung getragen
wird. Das längere gemeinsame Lernen bis zu
einer Differenzierung hält auch für einen
„Spätzünder" länger alle Türen offen. Das löst
nicht ihr alltägliches Problem des Umgangs
mit den unterschiedlichen Leistungsniveaus
(siehe Seite 129), stellt die Leistungsunterschiede aber nicht so explizit in den Vordergrund und kommt bei den Zwillingen, die gerne gemeinsam eine weiterführende Schule
besuchen wollen, diesem Bedürfnis entgegen.

Der gleiche Weg trotz unterschiedlicher Voraussetzungen

Es kann viele Gründe geben, sich trotz unterschiedlicher Voraussetzungen Ihrer Kinder für
eine gemeinsame Schule zu entscheiden. Vielleicht wollen Sie kein deutliches Ungleichgewicht herstellen, vielleicht haben sie viele
Kinder und wollen den organisatorischen Aufwand, den Schule verursacht, möglichst gering
halten, vielleicht sind Sie aber auch davon
überzeugt, dass es emotional und mental für
einen von beiden zum jetzigen Zeitpunkt
schlecht wäre, eine andere Schulform als der
Zwilling zu besuchen. Und Sie haben keine Ge-
samtschulen und Co. vor Ort oder Ihnen gefallen die Schulen, die in Frage kämen, nicht.

Dann können Sie für beide Kinder eine Realschule oder eine Alternative, die Haupt- und
Realschulabschluss inkl. der Qualifizierung für
die gymnasiale Oberstufe wählen. Das Kind
mit der höherwertigen Empfehlung behält so
trotzdem die Chance, nach einigen Jahren mit
einem Wechsel in eine gymnasiale Oberstufe
das Abitur zu erwerben.

Getrennte Wege aufgrund unterschied- licher Voraussetzungen

Ist in Ihrem Bundesland die Lehrerempfehlung
bindend und nur mit viel Aufwand auszu-
hebeln oder Sie entscheiden sich dafür, der
Empfehlung zu folgen, weil Sie dies für besser

halten, müssen Sie zwei Schulen auswählen,
die Ihnen und dem jeweiligen Kind zusagen.
Dies ist für Sie in der Zeit der Auswahl auf-
wendiger, weil Sie als Eltern mit jedem Kind
getrennt die jeweiligen Tage der offenen Tür
besuchen müssen. In diesem Fall ist es umso
hilfreicher, wenn Sie im vorletzten Grundschuljahr sich schon alleine eine Meinung zu
den infrage kommenden Schulen gebildet haben. Besuchen Sie mit jedem Kind getrennt
den jeweiligen Tag der offenen Tür und diskutieren Sie mit jedem der beiden individuell,
welche Schule die der Wahl sein soll.

Setzen Sie in diesem Fall die Zwillingsbrille
ab. Sehen Sie Ihre Kinder einmal nur als Geschwister ähnlichen, aber unterschiedlichen
Alters und sofort wird Ihnen die Situation
ganz normal vorkommen! Genau diese Nor-
malität müssen Sie als Eltern Ihren Kindern
vermitteln. Achten Sie darauf, dass dies auch
in Ihrer Umgebung so ist. Die Oma, die kopfschüttelnd sagt: „Ach, Susi, hättest du dich
mal mehr angestrengt", ist weder hilfreich für
Susi noch für ihre Schwester Lena, die eine
Gymnasialempfehlung bekommen hat.

Sie werden, wie mit unterschiedlich alten
Kindern, zwei Schulen mit ihren unterschiedlichen Schwerpunkten kennenlernen. Zwei
Elternabende, zwei Schulfeste, Elternsprechtage, all dies werden Sie in Ihren Alltag integrieren, so wie Sie es auch täten, wenn Josua
zwei Jahre jünger als Michael wäre.

Ihre Kinder werden ihre individuellen Wege
gehen und sich trotzdem nicht verlieren. Sie
werden neue Freunde gewinnen. Vielleicht
mischen sich die verschiedenen Freundeskreise, vielleicht bleiben sie aber auch deutlich getrennt und Ihre Kinder genießen Zeit zu zweit
zu Hause. Auf jeden Fall werden Ihre Zwillinge
gemäß ihren individuellen Fähigkeiten gefordert und gefördert. Dies ist einer der vielen
möglichen Wege von Zwillingen.

Rüdiger, Vater von 15-jährigen eineiigen Zwillingssöhnen

» Verschiedene Schulformen können guttun!

Nach unseren guten Erfahrungen im Kindergarten haben wir entschieden, dass beide eine eigene Grundschulklasse besuchen. Peter war mit vielen Kindergartenfreunden in einer sehr leistungsstarken Klasse, wo er schon nach zwei Schuljahren den ersten Klassenlehrerwechsel erlebte. Das tat ihm nicht gut und er bekam keine Gymnasialempfehlung. Marcel hingegen kam als Einziger aus seiner Kindergartengruppe in eine eher chaotische Klasse. Trotzdem erhielt er am Ende die Empfehlung für ein Gymnasium.

Wir haben viele Schulen angeschaut und uns für Peter für eine Realschule entschieden. Mittlerweile ist er kurz vor seinem Realschulabschluss und wird anschließend eine Kollegschule besuchen, wo er mit Schwerpunkt Informatik sein Abitur machen kann. Marcel wird G8-Abitur an einem Gymnasium machen und möchte Grafiker werden.

Beide haben einen sehr guten Notendurchschnitt. Es macht für sie keinen Unterschied, dass der eine ein Gymnasium und der andere eine Realschule besucht, sie empfinden ihre Leistungen als gleichwertig, vergleichen sie aber genau miteinander. Unser Umfeld war mit der Realschule nicht glücklich, aber wir und unsere Söhne sind sehr zufrieden. Peter erlebte in der Realschule intensivere Betreuung; der praktische Bezug hat ihm gutgetan. Marcel wählte im Gymnasium seine Fächer jetzt passend zu seinem Berufswunsch. Ich erlebe meine Söhne sehr harmonisch miteinander. Es gibt keinen Streit, keiner ist neidisch auf den anderen wegen der Schule oder der Noten. Wir würden das genau wieder so machen.« ▬

Tipps für den Alltag

Der Schuleintritt ist ein Meilenstein, der sich einprägt und den familiären Alltag stark beeinflusst. Sind Ihre Kinder doch gerade erst gemeinsam mit Ihnen durch die Kindergartentür marschiert! Nun verlassen sie morgens zu einer festgelegten Zeit gemeinsam, aber ohne Sie, das Haus mit ihrem Ranzen, um zur Schule zu gehen.

Vieles ändert sich für Ihre Kinder und für Sie. Ein Alltag, der weiterhin altersgemäße Rituale beinhaltet und Raum für familiäres Beisammensein schafft, gibt Ihren Kindern das Rüstzeug für gute Tage. Doch auch Raum für getrenntes Leben muss sein, erst recht, wenn Ihre Kinder ihr soziales Umfeld durch zwei verschiedene Klassen erweitern. Erzieherisch bleiben Zwillinge in manchen Situationen eine Herausforderung, die weiterhin vor allem Klarheit und Konsequenz von Ihnen, den Eltern, erfordert.

Wohnen und Schlafen

Die beste Lösung im Grundschulalter sind auf jeden Fall zwei getrennte Zimmer. Dies ermöglicht am einfachsten getrenntes Arbeiten, Spielen mit verschiedenen Freunden und einen ungestörten Schlaf, der für Schulkinder zwingend erforderlich ist.

Getrenntes Arbeiten ermöglichen

Gerade zu Beginn der Grundschulzeit machen Kinder ihre Hausaufgaben gerne noch in der Nähe der Eltern und oft fragt man sich frustriert, warum man eigentlich in Kinderschreibtische investiert hat. Seien Sie sicher, Ihre Kinder werden diese Schreibtische noch benutzen, daher ist es gut, wenn man in der Anfangszeit, wenn es noch nicht so nötig ist, den Raum dafür schafft. Wenn Sie Ihre Kinder in zwei verschiedene Klassen eingeschult haben, werden sie verschiedene Hausaufgaben haben, die sie räumlich getrennt bewältigen sollten. Doch auch bei einer gemeinsamen Klasse müssen Ihre Kinder lernen, getrennt zu arbeiten. Im Laufe der Grundschulzeit werden die beiden vermehrt, auch wenn sie ihre Hausaufgaben in einer schulischen Ganztagsbetreuung machen, zu Hause am Schreibtisch sitzen, sei es, um sich auf einen Test oder eine Klassenarbeit vorzubereiten oder einfach um etwas Schulisches nachzulesen.

Gibt es weiterhin ein gemeinsames Zimmer, sollten innerhalb des ersten Schuljahres auf jeden Fall zwei getrennte Arbeitsmöglichkeiten in verschiedenen Räumen geschaffen werden. Werden Sie kreativ. Eine Arbeitsecke im Wohnzimmer oder im Schlafzimmer reicht schon aus für ungestörtes Arbeiten. Achten Sie dabei auf Gleichbehandlung. Entweder schaffen Sie zwei Arbeitsplätze außerhalb des Kinderzimmers oder Sie kreieren gemeinsam mit den Zwillingen ein „Rotationssystem", in dem schriftlich festgehalten wird, wer an welchem Tag im Kinderzimmer oder am anderen Arbeitsplatz sitzen darf. Unterschätzen Sie den

Gerechtigkeitssinn Ihrer Kinder und die Auswirkungen einer gefühlten, dauerhaften Ungleichbehandlung dabei nicht! Auch wenn es uns Erwachsenen geradezu lächerlich vorkommen mag: Für Lena, die immer den Schreibtisch im Wohnzimmer bekommt, ist es eine Abwertung, wenn ihr Bruder Paul immer im Kinderzimmer bleiben darf.

Getrenntes Spielen ermöglichen

Sie hoffen, dass beide Kinder in verschiedenen Klassen unterschiedliche Freundschaften entwickeln werden. Um mit eigenen Freunden zu spielen, benötigen Zwillinge Möglichkeiten, die je nach Wohnsituation getrennte Einladungen erlauben. Hat jedes Ihrer Kinder einen eigenen Raum, können beide unproblematisch gleichzeitig neue Freunde einladen. Bewohnen Sie als Familie nur wenige Zimmer, wechseln sich Ihre Zwillinge mit dem Besuch einfach ab. Bekommt Lisa heute Besuch von ihrer Freundin, wird Jan seinen Freund besuchen gehen und umgekehrt. Auch hier ist es wichtig, gerecht zu bleiben. Führen Sie ruhig Buch darüber, wer wann zu Hause Besuch empfangen oder einen Übernachtungsgast einladen darf, um den Überblick zu behalten. Nicht selten spielen auch alle Kinder gemeinsam miteinander. So kann es bei vier Kindern, Zwillingen und zwei Geschwistern, durchaus vorkommen, dass jedes der vier Geschwisterkinder einen Freund zu Besuch hat und so acht Kinder einträchtig im Garten spielen.

Genügend Schlaf

Auch der nächtliche Schlaf, den alle Kinder brauchen, um am nächsten Morgen pünktlich, ausgeruht und voller Elan für die Schule zu sein, funktioniert oft besser in zwei getrennten Räumen. Das Sich-in-den-Schlaf-Plaudern dauert in der Regel zu lange für die elf Stun-

den Schlaf, die Kinder im Grundschulalter weiterhin benötigen. Wollen Ihre Zwillinge partout zusammen bleiben, probieren Sie es einfach aus, seien Sie aber konsequent, wenn es nicht funktioniert.

Unser Tipp

Wenn die Zwillinge gerne in einem Zimmer schlafen möchten, können Sie folgende Regelung ausprobieren: Während der Schulzeit schlafen die Kinder jeweils im eigenen Zimmer, während in Ferienzeiten das gemeinsame Übernachten erlaubt ist.

Kinder sind Landeier

Bewegung wird weiterhin großgeschrieben, gerade als Ausgleich zum vermehrten Sitzen an einem typischen Schultag. Eine Umgebung, in der Ihre Zwillinge vor die Tür können, um mit Nachbarskindern zu spielen, bietet sich dazu idealerweise an. So schön Stadtwohnungen für Eltern sind – Kindern erschließen sich die Vorteile des zentralen Wohnens in Stadt- oder sogar Großstadtlage erst viel später. Für sie ist das Wohnen auf dem Land in einem Gebiet mit verkehrsberuhigten Straßen und vielen Kindern in der nahen Umgebung das Paradies. Und dies gilt eigentlich auch für die Eltern, die beruhigt die Sommernachmittage genießen können, an denen sie allenfalls Getränke und Snacks für die Meute bereithalten, die sich bei kurzen Spielunterbrechungen im Wechsel zu verschiedenen Familien aufmacht, um sich dort für die nächste Runde zu stärken.

Wohnen Sie in der Stadt, sollten Sie mit Grundschulkindern jede freie Minute nutzen, um sich mit dem Picknick-Rucksack in einem Stadtpark ausgiebig zu „lüften". Ein Spielplatz mit vielen Bewegungs- und Klettermöglichkeiten ist dazu ideal. Ausgerüstet mit Ball, Seil und ähnlichem Spielzeug können Ihre Kinder sich auch auf einer großen Rasenfläche wunderbar austoben.

»Ich« bin »ich«

Rückzugsmöglichkeiten in ein eigenes Zimmer
oder zumindest in einen Bereich nur für sich
sind für Zwillinge wichtig. So haben sie die
Möglichkeit, im eigenen individuellen Tempo
an Aufgaben und Hobbys heranzugehen. Auch
wenn die beiden sich mögen und gut
miteinander klarkommen, brauchen sie
»Erholung« von zu viel Nähe und genießen Zeit
für sich alleine.

Ernährung

Gesunde Ernährung fördert die körperliche und geistige Entwicklung. Dies gilt erst recht für die Schulzeit, in der regelmäßige und gesunde Mahlzeiten wichtig für die Konzentrations- und Leistungsfähigkeit Ihrer Kinder sind.

Gestärkt in den Tag – das Frühstück

Gerade das Frühstück vor der Schule ist ein wichtiger Einstieg in den Tag. Gab es im Kindergarten noch zeitliche Spielräume, innerhalb deren die Kinder ankommen konnten, ist der Schulstart fix. Planen Sie daher genügend Zeit für ein Frühstück ein. Vielleicht schafft es die ganze Familie, gemeinsam am Frühstückstisch zu sitzen. Falls nicht, genießen Sie den Zwillingsvorteil. Ihre Kinder frühstücken nie alleine, sondern können immer in Gesellschaft in den Tag starten.

Sie gewinnen mit kleinen Tricks Zeit am Morgen. Optimieren Sie das Tischdecken mit einer Frühstücks-Kiste im Kühlschrank, in der alles Notwendige fürs Frühstück enthalten ist. In einem „Frühstücks-Schrank", in dem die notwendigen Utensilien wie Brettchen oder Brotdosen dazu stehen. So ist mit wenigen Handgriffen der Tisch gedeckt.

Ist eines Ihrer Kinder ein Frühstücks-Muffel, bestehen Sie darauf, dass eine Kleinigkeit gegessen wird: Cornflakes oder Müsli mit Milch, ein Joghurt oder ein Stück Obst sind immer eine Alternative zu einem belegten Brot. Auch ein Glas Milch, ein Obstsaft oder ein Becher Tee gehören auf jeden Fall dazu.

In die Schule sollten Ihre Kinder ausreichend Pausenfrühstück mitnehmen. Natürlich sollte Obst dabei sein, um die fünf Handvoll Obst und Gemüse, die weiterhin pro Tag empfohlen werden, sicher zu stellen. Auch ein Getränk sollte nicht fehlen, am besten Wasser oder ungezuckerte Früchtetees. Fragen Sie Ihre Kinder, was sie gerne mitnehmen möchten, und stellen Sie die Schulfrühstücke entsprechend zusammen. Schaffen Sie einen doppelten Satz an Butterbrotdosen für jedes Kind an, da die Dosen vom Vortag in der Regel nicht rechtzeitig für den neuen Tag gespült sind.

Gemeinsame Familienmahlzeiten

Essen Ihre Kinder in der Schule zu Mittag, bleibt Ihnen noch das Abendessen als die Mahlzeit, bei der möglichst viele Familienmitglieder gemeinsam am Tisch sitzen, sich austauschen über den Tag und miteinander das Essen genießen. Gerade für Grundschulkinder ist dies ein wichtiges Ritual. Ihre Kinder können erzählen, was sie erlebt haben, Spaß und Frust loswerden und sich miteinander austauschen. Für Zwillinge, die unterschiedliche Schulen mit Ganztagsbetreuung besuchen, ein wichtiger Fixpunkt, um auch gegenseitig auf dem Laufenden zu bleiben, und für Sie als Eltern eine effektive Möglichkeit, das Wichtigste des Tages komprimiert zu erfahren.

Achten Sie darauf, dass diese Mahlzeit eher früh am Abend eingenommen wird und leicht ist. Zwei warme, deftige Mahlzeiten pro Tag sind für Grundschulkinder zu viel. Lassen Sie das Essen in Ruhe ausklingen, räumen Sie gemeinsam ab und läuten Sie damit die Zeit der Abendrituale ein. Vielleicht haben Sie alle Spaß an einer gemeinsamen Spielrunde oder Sie schauen zusammen eine Lieblingssendung im Fernsehen an.

Schule, Hausaufgaben und Co

Ihre wissbegierigen Kinder, die endlich zur Schule dürfen, werden Ihnen freudig von allem Neuen, das sie lernen, berichten. Im Laufe der Schulzeit werden sie die neue Situation der Leistungsbeurteilung erleben und lernen müssen, Arbeiten für die Schule zuverlässig und sorgfältig zu erledigen.

Umgang mit unterschiedlichen Noten und Beurteilungen

In der Grundschule werden Ihre Kinder regelmäßige Leistungsbeurteilungen erleben. Dies sind nicht immer Schulnoten, auch verbale Beurteilungen gehören dazu. Ab wann Schulnoten eingeführt werden, ist von Bundesland zu Bundesland und teilweise von Schule zu Schule unterschiedlich.

Unabhängig davon, ob Ihre Kinder in einer gemeinsamen oder in getrennten Klassen sind, zu Hause müssen Sie trotzdem mit Vergleichssituationen umgehen. „Mama, ich habe eine Eins im Diktat!", ruft Lukas. Freuen Sie sich mit ihm! Trösten Sie hingegen die traurige Lucy und überlegen Sie gemeinsam mit ihr, wie sie die Vier im Diktat zukünftig vermeiden kann. Behandeln Sie einfach jedes Kind, als ob es ein Einzelkind wäre, und vermeiden Sie, auch wenn es nicht immer leicht ist, vor allem eines, den direkten Vergleich!

Haben Sie das Gefühl, Ihre Zwillinge unterscheiden sich stark in ihrer schulischen Leistungsfähigkeit, sind Sie vermutlich besorgt. Vergleichen Sie zunächst einmal die Leistungen jedes Ihrer Kinder mit anderen Kindern aus der Klasse. Vielleicht ist Paul einfach extrem gut im Rechnen, während Robert dem Klassendurchschnitt entspricht. Dies ist kein Grund zur Besorgnis und muss Sie nicht zum Handeln zwingen. Ihre Zwillinge sind Individuen mit unterschiedlichen Stärken und Schwächen. Auch bei eineiigen Zwillingen sind Leistungsunterschiede völlig normal. Ein Erziehungsziel von Zwillingseltern ist es immer, die Individualität der Kinder anzuerkennen und zu fördern. Warum also nicht hier?!

Es wird dann für die Zwillinge ein Problem, wenn Robert generell der Unterlegene von beiden ist. Jedes Kind hat Stärken und auch Robert wird welche haben. Betonen Sie diese wie auch schon in der Kindergartenzeit (siehe Seite 68). Vielleicht schreibt er wunderschöne Geschichten? Oder malt oder ist sehr gut in Sport? Loben Sie ihn dafür, so oft es geht, ebenso wie Sie Paul für seine guten schulischen Leistungen loben.

Wiederholen oder Überspringen – die Ausnahmen der Regel

Vielleicht ist Paul (Zwillingsbruder von Robert) so gut, dass er eine Klasse überspringen könnte. Lucy (Schwester von Lukas) hingegen, die mit Diktaten nicht klarkommt, soll auf Anraten der Lehrer die Klassenstufe wiederholen. Auch wenn Ihre Zwillinge in unterschiedlichen Klassen sind, betrifft sie dies gegenseitig. Ob das Überspringen oder Wiederholen einer Klasse die richtige Entscheidung für ein Kind ist, ist von Fall zu Fall verschieden.

Hier geht es neben der Bewertung der Vorteile für Paul bzw. Lucy aber auch um die grundsätzliche Entscheidung, ob man das Gemeinsame am Zwillingsdasein höher bewertet oder die Unterschiedlichkeit stärker im Blick hat.

Lassen Sie Paul in der Klassenstufe, um Robert nicht zu frustrieren? Entscheiden Sie, dass

Lucys Zwillingsbruder Lukas, der im Rechnen knapp dem Klassendurchschnitt entspricht, aber versetzt würde, mit ihr gemeinsam das Schuljahr wiederholt, um kein Ungleichgewicht zu schaffen? Oder entspricht es Ihren eigenen pädagogischen Vorstellungen mehr, Paul und Lukas überspringen bzw. weiterziehen zu lassen?

Wie immer ist wichtig: Stehen Sie klar hinter Ihrer Entscheidung, werden Ihre Kinder besser damit umgehen können. Vielleicht ist Robert sogar ein bisschen stolz auf Paul, seinen Bruder, der so gut ist, dass er eine Klasse überspringen kann. Auf jeden Fall hat er – trotz getrennter Klassen – den Leistungsvergleich mit dem superschlauen Zwillingsbruder nicht mehr dauernd vor der Nase. Natürlich wird Lucy traurig sein, wenn Lukas in der dritten Klasse ist, während sie die zweite Klasse wiederholt. Allerdings ist es fast wahrscheinlicher, dass sie ihre Freundinnen, die weiterrücken, vermissen wird!

Vermitteln Sie Ihren Kindern das Gefühl, unabhängig von schulischen Erfolgen akzeptiert, anerkannt und geliebt zu sein. Dazu mag es notwendig sein, Ihre eigenen Werte auf den Prüfstand zu stellen. Wie leistungsorientiert sind Sie und wie leicht oder schwer fällt es Ihnen, andere Maßstäbe anzulegen?

Achten Sie darauf, wie die weitere Familie mit den Leistungsunterschieden umgeht. Geld von der Oma für gute Noten ist oft eine beliebte Einnahmequelle, aber natürlich nur für diejenigen, die die guten Noten haben! Aus diesem Grunde sollten Sie sich Geldgeschenke für Zeugnisnoten gut überlegen. Haben Sie ein Kind, das gute Noten magisch anzieht, und vielleicht zwei andere Kinder, die hart um ein Befriedigend kämpfen müssen, entscheiden Sie sich vielleicht für ein halbjährliches Zeugnisessen, das in einem würdigen Rahmen im Restaurant begangen wird. Und wenn es denn doch Geld sein soll, so gibt es vielleicht einen gleichen Pauschalbetrag für alle, die sich gleichermaßen bemüht haben, auch wenn die Ergebnisse in Noten ausgedrückt unterschiedlich ausfallen mögen.

Hausaufgaben zu Hause schaffen

Sind Ihre Kinder in einer schulischen Ganztagsbetreuung, werden sie dort ihre Hausaufgaben machen. Haben oder wollen Sie diese Möglichkeit nicht, müssen Ihre Kinder zu Hause konzentriert daran arbeiten. In Klasse eins und zwei soll die Hausaufgabenzeit 30 Minuten nicht überschreiten, in den letzten beiden Schuljahren sind 60 Minuten ein angemessener Richtwert.

Eine kurze Pause zum Ausruhen oder Austoben je nach Temperament empfiehlt sich vor dem Hausaufgabenstart. Der Startpunkt sollte aber der Erfahrung nach nicht zu spät am Nachmittag liegen. Sonst bleibt nach den Hausaufgaben nicht genügend Zeit zum Spielen, vor allem, wenn Hobbys oder andere Termine anstehen. Außerdem wird die Motivation zu starten niedriger, wenn man sich so richtig „eingespielt" hat und nur wegen der Hausaufgaben aufhören muss. Für Zwillinge hat sich eine gemeinsame Hausaufgabenzeit bewährt, um Ablenkungen gering zu halten.

Zur vereinbarten Zeit starten Ihre Kinder idealerweise selbstständig am eigenen Arbeitsplatz. Hausaufgaben sollen ohne Eltern gemacht werden, ihre Aufgabe ist es, das geeignete Lernumfeld zu schaffen und zu motivieren. So weit die Theorie. In der Praxis ist es häufig auch schon in der Grundschulzeit so, dass Eltern ihre Kinder zu Hause unterstützen und Teile des Schulstoffes vertiefen und nacharbeiten. Dies können Sie, falls beide dies im gleichen Gebiet brauchen, mit Ihren Zwillingen gemeinsam machen. Achten Sie einfach darauf, nicht beide über einen Kamm zu scheren. Vielleicht braucht Niclas Unterstützung bei der Rechtschreibung, während sein Bruder Emil eher mit dem Einmaleins auf Kriegsfuß steht. Üben Sie in einem solchen Fall eher getrennt mit den Kindern. Bemerken Sie, dass Sie dies zeitlich nicht bewältigen können, weil zum Beispiel noch Geschwisterkinder da sind, überlegen Sie, ob eine Unterstützung von außen Sie entlasten kann.

Was Sie immer schaffen können, ist dafür zu sorgen, dass das Lernumfeld stimmt. Fernseher, Radio und andere Geräte bleiben aus und es wird nicht zwischendurch gespielt oder getrödelt. Kleine Geschwisterkinder müssen sich in dieser vereinbarten Hausaufgabenzeit ruhig verhalten. Manche Eltern legen die Hausaufgabenzeit so, dass kleinere Geschwisterkinder zu dieser Zeit noch im Kindergarten betreut sind. Achten Sie vor allem darauf, dass Ihre Zwillinge sich nicht gegenseitig ablenken. Sitzt ein gleichaltriger Spielkamerad mit am Tisch,

reicht ein Blick, ein Ton aus, um durch lautes Lachen die Konzentration zu stören und Hausaufgaben zu einer Stunden füllenden Beschäftigung zu machen. Bestehen Sie daher auf getrennten Arbeitsplätzen, um Ihre Kinder gar nicht erst in Versuchung zu führen!

Ebenso haben Sie einen entscheidenden Einfluss auf den selbstständigen Umgang Ihrer Kinder mit den Hausaufgaben. Haben Ihre Kinder die Hausaufgaben erledigt, schauen Sie sich getrennt mit jedem Kind an, was es gemacht hat. Loben Sie im Gespräch die selbstständige Leistung und nicht nur die Richtigkeit der Aufgaben. Braucht Ihr Kind Hilfe, führen Sie es durch gezielte Fragen zur Lösung und geben Sie diese nicht vor. So wird Ihr Kind das Selbstbewusstsein bekommen, selbst Lösungen zu finden. Solche Gespräche sollten nicht länger als 20 Minuten dauern und nicht zu einer Nachhilfestunde werden. Zeigen Sie Ihrem Kind damit vielmehr, dass Sie sich dafür interessieren, was es tut!

Erziehungstipps für den Alltag

Zwillinge erziehen heißt mit zunehmendem Alter mehr und mehr „Geschwister erziehen". Trotzdem gibt es immer wieder Fragestellungen, die sich bei Zwillingen unmittelbarer ergeben, zum Beispiel wenn die Kinder sich zu ähnlich oder zu unähnlich sind. Doch auch der richtige Umgang mit Geld und Medien wird verstärkt ein Thema ebenso wie die stärkere Einbindung in familiäre Pflichten.

Die Hinwendung nach außen unterstützen

Eineiige Zwillinge mit ähnlichen Eigenschaften verstärken sich oft gegenseitig, sodass ihnen die getrennte Entwicklung ihrer Persön-

lichkeit schwerer fällt als anderen Zwillingen. Häufig sind es gerade sehr ruhige, schüchterne Zwillinge, die sich damit schwertun, auf andere Menschen zuzugehen und eigene Kontakte zu knüpfen. Was Ihre beiden weiter in die Enge treiben wird, sind vermeintliche Aufmunterungen wie „Sei doch nicht so schüchtern!". Da bleibt man doch lieber in Ruhe bei dem Bruder oder der Schwester!

Zeigen Sie Ihren Kindern stattdessen, dass Sie ihre Eigenschaft akzeptieren. „Du sprichst nicht so gerne andere Kinder an, Marvin. Das macht nichts!" macht Ihrem Sohn deutlich, dass Sie ihn so nehmen, wie er ist. Im nächsten Schritt zeigen Sie neue Verhaltensmöglichkeiten auf. Leben Sie Ihren Kindern vor, wie wertvoll Freundschaften sind, indem Sie von Ihren eigenen Freunden berichten, diese einladen und damit zeigen, wie man Freundschaften pflegt. Oft kann es hilfreich sein, sich mit anderen Zwillingskindern zu treffen. In vielen Fällen ergibt sich die Konstellation, dass sich je zwei zusammentun und so der enge Zwillingsverbund etwas durchbrochen wird.

Sind Sie Eltern von solch schüchternen Zwillingen, werden Sie die beiden vermutlich in einer Klasse eingeschult haben, da alles andere ein großer Schock für die Kinder gewesen wäre. Besprechen Sie mit den Lehrkräften, dass Ihre Kinder an verschiedenen Tischen in Sichtweite sitzen, in Gruppenarbeiten getrennt werden und möglichst mit einem ähnlich zurückhaltenden Kind jeweils zusammenarbeiten.

Partylöwe und Mauerblümchen

Haben Sie zweieiige Zwillinge, die in ihrem Temperament sehr unterschiedlich sind? Während Eva zurückhaltend und schüchtern in der Ecke ihr Schulbrot isst, ist Anna der Mittelpunkt jeder Pause. Alle scharen sich um sie, wollen mit ihr spielen und eine Geburtstagseinladung jagt die nächste. Vielleicht sind beide Mädchen zufrieden mit ihrem Leben und Sie als Eltern leiden mehr, weil Sie vermuten, dass Eva doch unglücklich sein müsse, es aber nur nicht zeigt. Vielleicht ist Eva aber doch frustriert, wenn sie sich an ihrer charismatischen Schwester misst.

Akzeptieren Sie die Eigenarten beider Kinder von ganzem Herzen! Erst wenn auch Sie ganz davon überzeugt sind, dass es genauso gut ist, zurückhaltend zu sein, wie alle Aufmerksamkeit auf sich zu ziehen, können sie beide glaubhaft stärken! Als Nächstes schauen Sie genau hin: Was kann die ruhige Eva sehr gut, womit können Sie ihr Selbstbewusstsein stärken? Loben Sie sie und vermeiden Sie den direkten Vergleich. Ein Satz wie „Anna ist ja so beliebt, streng dich doch mal an!" tut niemandem gut. Unterstützen Sie Eva darin, eigene Freundinnen zu finden, die zu ihr passen. Ermutigen Sie sie, diese Mädchen einzuladen. Hilfreich kann es auch sein, ein eigenes Hobby zu pflegen, ein Instrument zu erlernen, zu tanzen, sich einfach in einem Rahmen ohne die Schwester zu bewegen und dort Selbstbewusstsein zu tanken.

Auch Anna wird sich mit der Situation nicht immer leichttun. Vielleicht hat sie ein schlechtes Gewissen ihrer Schwester gegenüber und nimmt sich zurück, um ihr nicht weh zu tun. Vielleicht wird sie sogar einige Einladungen nicht annehmen, damit ihre Schwester nicht so allein ist. Stärken Sie auch Anna – sie darf so sein, wie sie ist! Ermutigen Sie sie, sich an ihrer Beliebtheit zu freuen: „Toll, dass du am Samstag bei Mathilde eingeladen bist." Bemerken Sie allerdings, dass Ihre Versuche nichts nützen, Eva sich immer weiter zurück zieht in ihre Rolle als „ungeliebtes Mauerblümchen", dann ist professionelle Hilfe vonnöten. Hilfreiche Adressen haben wir im Serviceteil aufgeführt.

Umgang mit Geld

Der Schuleinstieg ist ein guter Start für Taschengeldzahlungen. Grundschulkinder sollten zunächst wöchentlich eine bestimmte Summe zur Verfügung gestellt bekommen, natürlich jedes Ihrer Kinder die gleiche Summe. Die deutschen Jugendämter empfehlen, mit 1,50 Euro pro Woche zu starten. Ab dem vierten Schuljahr kann auf eine monatliche Zahlung umgestellt werden.

Vermutlich werden Sie feststellen, dass jedes Ihrer Kinder seine eigene Art im Umgang mit Geld hat. Wenn Luisa regelmäßig Glitzerbleistifte im Schreibwarenladen des Dorfes einkauft, während Sibylle ihr Taschengeld wie ihren Augapfel in der Spardose hütet, halten Sie sich mit Kommentaren zurück. Sibylle wird noch genug Möglichkeiten zum Ausgeben finden und sich bis dahin vermutlich öfter mal einen Bleistift von Luisa ausleihen!

Umgang mit elektronischen Medien

Im Grundschulalter ist es sinnvoll, eine Stunde Gesamtzeit für Mediennutzung festzulegen. Neben der Lieblingsserie im Fernsehen bleibt dann immer noch genug Zeit für ein Computer- oder Spielkonsolenspiel.

Unser Tipp

Zwillinge schauen sich häufig gegenseitig zu bei Bildschirmspielen und einer ist dann meist der Ansicht: „Ich habe doch gar nicht gespielt!" Hier hilft die Regelung: Zuschau-Zeit ist auch immer Spielzeit.

Die Mehrzahl der Deutschen sieht die Altersstufe zwischen zehn und elf Jahren mit dem Wechsel von der Grund- auf die weiterführende Schule als ideales Einstiegsalter für das erste Mobiltelefon. Wenn Sie gute Gründe dafür haben, Ihren Kindern schon in der Grundschule ein Handy zu erlauben, dann muss jedes Kind ein eigenes Gerät haben. Statt eines Vertrags bieten sich für Kinder aufladbare Prepaid-Karten an, so haben Sie Kontrolle darüber, wie viel vertelefoniert wird. Außerdem können Sie eine Obergrenze festlegen – ist die Karte leer, müssen Ihre Kinder eine Neuaufladung selbst von ihrem wertvollen Taschengeld bezahlen.

Mithilfe im Haushalt

„Mama, erzähl den Leuten, dass es toll ist, Zwillinge zu haben. Da hat man immer zwei, die helfen können!" –gerade zu Beginn des Schulalters sind Ihre Kinder beseelt davon, groß zu sein. Nutzen Sie dies. Erstellen Sie Pläne, wo und wie Ihre Kinder mithelfen können, und verteilen Sie die Aufgaben klar. Die Mithilfe im Haushalt sollte nun geregelt werden und nicht von Lust und Laune abhängen. Ob Sie feste Dienste für bestimmte Zeiträume festlegen oder in einem steten Wechsel, das muss jede Familie für sich selbst festlegen. Was aber immer dabei sein sollte, sind ein Lob und ein Danke – so hilft es sich noch mal so gern. Und wie schön, wenn Ihnen dann irgendwann von zwei Seiten entgegenschallt: „Danke, dass du so gut gekocht hast!"

Erzieherische Maßnahmen

„Muss ich immer zur Sippenhaft greifen, wenn ich einen nicht bestrafen kann?" – „Wenn die beiden sich noch ein Zimmer teilen, wie kann ich eine Auszeit auf dem Zimmer einrichten, wenn dann plötzlich Nr. 2 hinterhermarschiert und beide dort fröhlich spielen, statt Buße zu tun?" Fragen, die praktische Probleme im Alltag mit Zwillingen zeigen und für die es keine perfekten Lösungen gibt. Fragen, die aber auch Eltern von unterschiedlich alten Geschwistern gerne stellen, ohne eine angemessene Antwort darauf zu bekommen.

Es ist ein Geschwister- und kein reines Zwillingsphänomen, das in vielen Fällen „überirdische Kräfte" Unfug machen und nicht herauszufinden ist, welches irdische Kind daran beteiligt war. Sehen Sie es positiv: In Ihrer Familie hält man zusammen! Wenn nicht herauszufinden ist, wer die Marmelade an die zum Glück abwaschbare Flurtapete geschmiert hat, dann bleibt Ihnen nur die „Sippenhaft", das gemeinsame Abwischen. Wenn zum wiederholten Mal das Badezimmer nach dem abendlichen Zähneputzen und Waschen unter Wasser steht, aber keines Ihrer Kinder dies bemerkt geschweige denn verursacht hat, dann müssen eben beide den Boden aufwischen. Völlig falsch wäre das Signal, es zähneknirschend selbst zu tun, um einem nicht Unrecht zu tun. Damit zeigen Sie Ihren Kindern: Ihr könnt tun, was ihr wollt, es hat keine negativen Konsequenzen für euch!

Eine „Auszeit" ist eine gute Methode, überbordende Emotionen in den Griff zu bekommen. Hat Lilly sich so aufgeregt, dass sie Sie nur noch anschreit, schicken Sie sie konsequent und bestimmt auf ihr Zimmer. Dort muss sie sich alleine aufhalten, um sich zu beruhigen. Die Botschaft für Lilly: Dein augenblickliches Verhalten ist inakzeptabel und wird nicht geduldet. Natürlich wird eine Auszeit ad absurdum geführt, wenn Zwillingsschwester Laura während der Auszeit in das gemeinsame Zimmer spaziert. Was können Sie tun? Wählen Sie einen Raum für die Auszeit, bei dem Sie sicher sein können, dass niemand dort hinein muss oder will. Erläutern Sie Laura, dass sie Lilly jetzt in Ruhe lassen muss. Sie selbst können den Raum jetzt nicht verlassen, eine Möglichkeit, die als Alternative für eine Auszeit gesehen wird, wenn das Kind partout den Raum nicht verlassen will. Gehen Sie, wird mit hoher Wahrscheinlichkeit Laura zu Lilly gehen und die beiden werden einträchtig miteinander spielen. Auch in diesem Fall erfährt Lilly keine Konsequenz für ihr unangemessenes Schreien.

Kann man Zwillinge also nicht erziehen und nur resigniert darauf hoffen, dass schon irgendwie anständige Menschen aus den beiden werden? Wir glauben nicht. Akzeptieren Sie einfach, dass Sie erzieherische Maßnahmen an die Zwillingssituation anpassen und akzeptieren müssen, dass Sie ab und an ungerecht zu einem der beiden sein werden. Keine Sorge, dieser Effekt mittelt sich im Laufe des Lebens, sodass jeder Zwilling das gleiche Maß an Ungerechtigkeit abbekommen wird. Ebenso wird er aber im Laufe seines Lebens das Zwillingsdasein genießen – Zwillinge sind einfach etwas Besonderes.

Service

Hinweise zur Vertiefung einzelner Themen

Allgemeines zu Entwicklung und Erziehung

Cramer, Bettina: **Von Prada zu Pampers: Eine Fernsehmoderatorin berichtet live vom Wickeltisch.** mvg Verlag, München 2011

Feenstra, Coks: **Das große Zwillingsbuch.** Beltz Verlag, Weinheim 2010.

Holst, Susanne; Klonk, Sabine: **Hoppla – Zwillinge!** TRIAS-Verlag, Stuttgart 2007

Von Gratkowski, Marion: **Zwillinge in Krippe, Kindergarten und Schule: Auf dem Weg in ein eigenes Leben.** Verlag Lutz von Gratkowski, Landsberg am Lech 2011.

Die Internet-Seite der Curtin University (Australien) über Zwillinge enthält viele Informationen zum Thema „Trennen oder nicht trennen": www.twinsandmultiples.org

Grundlegende Literatur
Berk, Laura E.: **Entwicklungspsychologie.** 3. Auflage, Pearson Studium, München 2005.

Haug-Schnabel, Gabriele, Bensel, Joachim, Schmidt, Hartmut W.: **Grundlagen der Entwicklungspsychologie. Die ersten 10 Jahre.** Herder Verlag, Freiburg im Breisgau 2011.

Kohnstamm, Rita: **Praktische Kinderpsychologie.** Huber Verlag, Bern 2006.

Largo, Remo: **Babyjahre.** Piper Verlag, München 2000.

Michaelis, Richard: **Die ersten fünf Jahre.** Wie sich Ihr Kind entwickelt, TRIAS-Verlag, Stuttgart 2012

Siegler, Robert, DeLoache, Judy, Eisenberg, Nancy: **Entwicklungspsychologie im Kindes- und Jugendalter.** Spektrum Akademischer Verlag, München 2005.

Tücke, Manfred: **Entwicklungspsychologie des Kindes- und Jugendalters für zukünftige Lehrer.** Lit Verlag, Berlin 2007.

Van de Rijt, Hetty, Plooij, Frans X. : **Oje, ich wachse!** Goldmann Verlag, München 2005.

Weiterführende Literatur
Biddulph, Steve, Biddulph, Shaaron: **Lieben, Lachen und Erziehen.** Heyne Verlag, München 2002.

Gebauer-Sesterhenn, Birgit, Pulkkinen, Anne, Edelmann, Katrin: **Die ersten drei Jahre meines Kindes.** Gräfe und Unzer Verlag, München 2011.

Riecke-Niklewski, Rose, Niklewski, Günter: **Schulkind! 5–12 Jahre. Von der Einschulung bis zur Pubertät.** Stiftung Warentest, Berlin 2004.

Erziehung

In Deutschland:
Bundesarbeitsgemeinschaft Elterninitiativen
(BAGE) e.V.: www.bage.de
Bundeskonferenz für Erziehungsberatung e.V.:
www.bke.de
www.familienhandbuch.de

In Österreich:
www.elternwerkstatt.at
www.eltern-bildung.at
www.eltern.kinder.at

In der Schweiz:
www.elternnotruf.ch
www.ggg-basel.ch

Linkshändigkeit

Sattler, Johanna B.: **Links und Rechts in der Wahrnehmung des Menschen. Zur Geschichte der Linkshändigkeit.** Auer GmbH, Donauwörth 2000.

Weber, Sylvia: **Linkshändige Kinder richtig fördern.** Reinhardt-Verlag, München 2008.

Zoche, Hermann-Josef: **Ich sehe die Welt auch von der anderen Seite. Die besonderen Talente der Linkshänder.** Ariston Verlag, Berlin 2002.

www.linkshaender.de
www.mitlinks.de

Topftraining

Haug-Schnabel, Gabriele: **Wie Kinder trocken werden können.** Oberstebrink Verlag, Ratingen 1998.

Von Gontard, Alexander: **Ratgeber Einkoten: Informationen für Betroffene, Eltern, Lehrer und Erzieher.** Hogrefe-Verlag, Göttingen 2010.

Zuleger, Irmgard: **So wird Ihr Kind trocken. Das 20-Stufen-Programm zur Problemlösung.** Honos-Verlag, Köln 2005.

Bücher für Kinder
Eriksson, Eva, Lindgren, Barbro: **Max und die Windel.** Oetinger Verlag, Hamburg 2004.

Eriksson, Eva, Lindgren, Barbro: **Max und das Töpfchen.** Oetinger Verlag, Hamburg 2004.

Moost, Neel: **Welcher Po passt auf welches Klo?** Esslinger Verlag, Esslingen 2002.

www.initiative-trockene-nacht.de

Trotzalter

Glaser, Ute: **Die Eltern-Trickkiste.** Gräfe und Unzer Verlag, München 2010.

Kast-Zahn, Annette: **Gelassen durch die Trotzphase.** Gräfe und Unzer Verlag, München 2011.

Arbeitskreis Neue Erziehung e.V.: www.ane.de

Umgang mit Medien

Fernsehen: Programmberatung für Eltern unter www.flimmo.de

Fit fürs Handy. Kostenlos über das Deutsche Kinderhilfswerks, www.dkhw.de

Gesundheit

Frühgeborene

www.fruehgeborene.de
EFCNI-European Foundation for the Care of
Newborn Infants: www.efcni.org

Kinder mit Behinderung

www.lebenshilfe.de
www.behinderte-kinder.de
www.bvkm.de
www.familienhandbuch.de > Leben mit
Behinderung
www.kindergesundheit-info.de > Wegweiser
für Familien mit einem behinderten Kind
www.lv-koerperbehinderte-bw.de/pdf/
Mutter_Kind_Kuren.pdf

Kindervorsorge

In Österreich wird ein kombinierter Mutter-
Kind-Pass ausgestellt. Sämtliche Vorsorgeuntersuchungen während der Schwangerschaft und
die kinderärztlichen Untersuchungen in den
ersten Lebensjahren der Kinder werden darin
dokumentiert. Die vorgesehenen Untersuchungen sind gesetzlich nicht vorgeschrieben, der
lückenlose Nachweis ist aber Voraussetzung für
die Gewährung des vollen Kinderbetreuungs-
geldes ab dem 21. Lebensmonat.

In Liechtenstein werden Kinder von ihrer
Geburt bis zum vierzehnten Lebensjahr regelmäßig untersucht und die Ergebnisse dokumentiert, wie in Deutschland im gelben Untersuchungsheft.

In der Schweiz erhalten Eltern das „Schweize-
rische Gesundheitsheft für das Kind". Insgesamt finden zwölf Vorsorgeuntersuchungen
bis zum 16. Lebensjahr statt.

Eltern-Kind-Kur

www.ak-familienhilfe.de
www.muetterberatung.de
Schwerpunkt Zwillinge
www.mutter-kind.de > Zwillinge
www.groemitz.de/mutterkind-kur-kliniken.
html

Literatur zum Expertenbeitrag Seite 132

Tully, L.A., Moffitt, T.E., Caspi, A., Taylor, A.,
Kiernan, H. & Andreou, P. (2004). What Effect
Does Classroom Separation Have on Twins'
Behavior, Progress at School, and Reading
Abilities? *Twin Research, 7* (2), 115–124.

van Leeuwen, M., van den Berg, S.M., van
Beijsterveldt, T. & Boomsma, D.I. (2005).
Effects of Twin Separation in Primary School.
Twin Research and Human Genetics, 8 (4),
384–391.

Watzlawik, M. (2008). Sind Zwillinge wirklich
anders? Geschwister in der Pubertät. Mar-
burg: Tectum.

Kindergarten und Schule

Kindergarten

Friedl, Johanna: **Der Kindergartenratgeber.** Kösel Verlag, München 1999.

Krenz, Anja: **Entwicklung und Lernen im Kindergarten.** Herder Verlag, Freiburg 1997.

www.INSM-Kindergartenmonitor.de
www.montessori.de
www.bundesverband-waldkinder.de

Schulfähigkeit und Einschulungs- untersuchung

Die Internetseiten der deutschen Bundeslän- der bzw. ihrer Kultusministerien bieten viele aktuelle Informationen zum Bildungssystem und zur Gültigkeit der Schulempfehlung.

Jäkel, Karin: **Frühgeborene in der Grundschu- le.** Herausgeber: Landesverband „Früh- und Risikogeborene Kinder Rheinland-Pfalz" e.V., zu beziehen über www.fruehgeborene-rlp.de

Krenz, Armin: **Ist mein Kind schulfähig? Ein Orientierungsbuch.** Kösel Verlag, München 2003.

Bildungssystem Österreich, Schweiz und Liechtenstein

Die österreichische Schulpflicht beginnt für Sechsjährige mit der Volksschule. Die Kinder werden an der Schule vorgestellt. Eine Rück- stellung oder vorzeitige Einschulung erfolgt mit Gutachten auf Antrag. Nicht schulreife Kinder werden entweder in eine Vorschulklas- se aufgenommen oder innerhalb der ersten

Klasse nach dem Vorschullehrplan unterrich- tet. Nach vier Volksschuljahren wechseln die Kinder entweder auf die vierjährige Haupt- schule oder eine allgemein bildende höhere Schule (AHS), die nach acht Jahren mit der Matura abschließt. Mit der „Neuen Mittel- schule" wird eine gemeinsame Schule für alle 10- bis 14-Jährigen getestet. In der vierten Volksschulklasse werden Eltern hinsichtlich des weiteren Bildungswegs durch die Lehr- kraft beraten. Während man die Hauptschule mit dem erfolgreichen Abschluss der vierten Klasse besuchen kann, sind die Vorausetzun- gen für die Aufnahme in die AHS entweder an die Zeugnisnoten, eine spezielle Empfehlung der Schulkonferenz der Volksschule oder eine Aufnahmeprüfung gekoppelt.

Mehr Infos: www.abindieschule.at

Das Schweizer Bildungssystem ist Kantons- sache. Der Eintritt in die Primarstufe erfolgt mit dem vollendeten sechsten Lebensjahr. Die Lehrpersonen der Vorschulstufe beurteilen die Schulfähigkeit, die endgültige Entschei- dung über den Übertritt liegt je nach Kanton bei den Eltern oder bei der Schulpflege. Ist ein Kind nicht schulreif, kann es ein weiteres Jahr den Kindergarten oder eine Einschulungsklas- se im Rahmen der Primarstufe besuchen. Die Primarschule dauert überwiegend sechs, in einigen Kantonen auch nur vier Schuljahre. Die Leistungen am Ende der Primarstufe, die Empfehlung der Lehrperson, teilweise eine Übertrittsprüfung entscheiden über die Zu- teilung zu einem Leistungsniveau auf der wei- terführenden Sekundarstufe I, die mit dem neunten Schuljahr abschließt. Der Unterricht erfolgt leistungsdifferenziert je nach Kanton in voneinander getrennten Schultypen oder in getrennten Stammklassen. Es gibt auch

Modelle, in denen alle Kinder gemeinsam in einer Klasse unterrichtet werden ungeachtet ihres Leistungsniveaus. Nach der neunten Klasse folgt eine allgemeinbildende Schule, eine Fachmittelschule oder die berufliche Grundbildung.

Mehr Infos: www.educa.ch > Bildungsszene

In Liechtenstein erfolgt der Eintritt in die Primarstufe mit dem vollendeten sechsten Lebensjahr. Eine Rückstellung kann ebenso wie eine vorzeitige Einschulung auf Antrag erfolgen. Zurückgestellte Kinder besuchen entweder eine einjährige Vorschulklasse, die binnen zwei Jahren auf den Übertritt in die zweite Klasse der Regelschule vorbereitet. Die Primarstufe umfasst fünf Jahre. Im fünften Primarstufenjahr erfolgt die Zuweisungsempfehlung durch die Lehrperson, eine andere Schulwahl ist nur mit schriftlicher Prüfung möglich, nach deren Ergebnis der Schulrat entscheidet. Liechtenstein hat ein gegliedertes Schulsystem: die Oberschule und die Realschule mit den Schulstufen sechs bis neun sowie das siebenjährige Gymnasium, das mit der Matura abschließt.

Mehr Infos: www.familienportal.li > Familienpolitik > Bildungspolitik

Register

SERVICE

Liebe Leserin, lieber Leser,

hat Ihnen dieses Buch weitergeholfen? Für Anregungen, Kritik, aber auch für Lob sind wir
offen. So können wir in Zukunft noch besser auf Ihre Wünsche eingehen. Schreiben Sie uns,
denn Ihre Meinung zählt!

Ihr TRIAS Verlag
E-Mail Leserservice: heike.schmid@medizinverlage.de
Lektorat TRIAS Verlag, Postfach 30 05 04, 70445 Stuttgart, Fax: 0711 89 31-748

Bibliografische Information der
Deutschen Nationalbibliothek
Die Deutsche Nationalbibliothek verzeichnet diese
Publikation in der Deutschen Nationalbibliografie;
detaillierte bibliografische Daten sind im Internet über
http://dnb.d-nb.de abrufbar.

Programmplanung: Alke Rockmann, Astrid Nedbal

Redaktion: Dr. Sabine Klonk
Bildredaktion: Christoph Frick

Umschlaggestaltung und Layout:
CYCLUS Visuelle Kommunikation, Stuttgart

Bildnachweis:
Umschlagfoto: F1 online
Fotos im Innenteil: Leo Bossmann: S. 4, 14, 29, 44/45;
alle anderen Fotos: Jens van Zoest, Wuppertal

Beiträge von:
Julia Ackerschott, Dina Bahrouz, Anne Busian,
Konstanze Ebel, Christina Endemann, Cornelia
Euskirchen, Daniela Fink, Esther Fünderich-Jortzick,
Regina Eileen Johnson, Ursula Katthöfer, Ines Kriesten,
Marco Melzer, Rike Puy, Willi Wallau, Britta Maria
Wiebers, Christina Wiltfang

1. Auflage

Wichtiger Hinweis: Wie jede Wissenschaft ist
die Medizin ständigen Entwicklungen unterworfen.
Forschung und klinische Erfahrung erweitern unsere
Erkenntnisse, insbesondere was Behandlung und
medikamentöse Therapie anbelangt. Soweit in diesem
Werk eine Dosierung oder eine Applikation erwähnt
wird oder Ratschläge und Empfehlungen gegeben
werden, darf der Leser zwar darauf vertrauen, dass
Autoren, Herausgeber und Verlag große Sorgfalt darauf
verwandt haben, dass diese Angaben dem Wissens-
stand bei Fertigstellung des Werkes entsprechen,
jedoch kann eine Garantie nicht übernommen werden.
Eine Haftung des Autors, des Verlags oder seiner
Beauftragten für Personen-, Sach- oder Vermögens-
schäden ist ausgeschlossen.

Geschützte Warennamen (Warenzeichen) werden
nicht besonders kenntlich gemacht. Aus dem Fehlen
eines solchen Hinweises kann also nicht geschlossen
werden, dass es sich um einen freien Warennamen
handelt.

© 2013 TRIAS Verlag in
MVS Medizinverlage Stuttgart GmbH & Co. KG
Oswald-Hesse-Straße 50, 70469 Stuttgart

Printed in Germany

Satz und Repro:
kaltner verlagsmedien GmbH, Bobingen
gesetzt in InDesign CS5
Druck: Grafisches Centrum Cuno GmbH & Co. KG,
Calbe (Saale)

gedruckt auf chlorfrei gebleichtem Papier

ISBN 978-3-8304-3869-4

Auch erhältlich als E-Book:
eISBN (PDF)   978-3-8304-6561-4
eISBN (ePub) 978-3-8304-6553-9

1 2 3 4 5 6

Besuchen Sie uns auf facebook!
www.facebook.com/
mama.mag.trias